稳打稳赢的投资策略

基金、可转债与股票

蒋怡青 吴晓瑞◎著

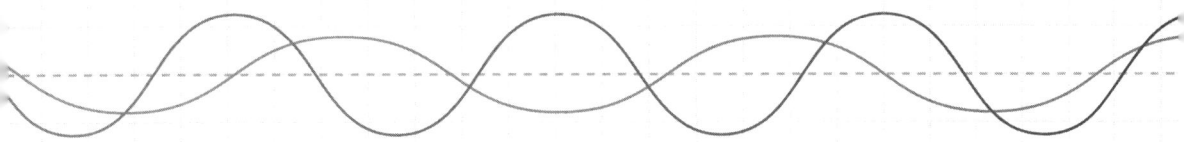

中国铁道出版社有限公司
CHINA RAILWAY PUBLISHING HOUSE CO., LTD.

图书在版编目（CIP）数据

稳打稳赢的投资策略：基金、可转债与股票 / 蒋怡
青，吴晓瑞著 . -- 北京：中国铁道出版社有限公司，
2024.10.-- ISBN 978-7-113-30850-6

Ⅰ. F830.59

中国国家版本馆 CIP 数据核字第 2024AR5383 号

书　　名：稳打稳赢的投资策略——基金、可转债与股票
　　　　　WEN DA WEN YING DE TOUZI CELÜE: JIJIN、KEZHUANZHAI YU GUPIAO
作　　者：蒋怡青　吴晓瑞

责任编辑：张亚慧　　　　　编辑部电话：（010）51873035　　　电子邮箱：lampard @ vip.163.com
封面设计：宿　萌
责任校对：苗　丹
责任印制：赵星辰

出版发行：中国铁道出版社有限公司（100054，北京市西城区右安门西街 8 号）
印　　刷：北京联兴盛业印刷股份有限公司
版　　次：2024 年 10 月第 1 版　2024 年 10 月第 1 次印刷
开　　本：710 mm×1 000 mm　1/16　印张：14.25　字数：224 千
书　　号：ISBN 978-7-113-30850-6
定　　价：69.00 元

前　言

随着国家经济的不断发展，越来越多的投资者想要通过理财逐步实现财务自由。然而，随着 A 股市场牛短熊长、P2P 市场爆雷、信托打破刚兑等局面的出现，投资者切实感受到了投资的难度，但又苦于缺少学习的渠道。本书是我们在市场上摸爬滚打多年，在不断学习中慢慢摸索出来的一些低风险投资机会的挖掘方法与实操总结。正因为经历了投资过程中的艰辛，因此，将我们的投资经验和理解总结成文、整理成册，与大家分享，希望大家少走弯路，逐步实现财务自由。

如果你有如下问题，可以学习本书内容：

• 除了逆回购，不知道还有哪些场内现金管理工具，不知道一周能赚 9 天收益的现金管理策略。

• 想要知道 LOF 基金一年下来能多赚 15% 的方法和策略。

• 港股打新如何实现一年翻倍？可转债打新如何预估上市价格？

• 想要找到 2022 年可转债各种策略组合怎样按周回测数据、各种可转债策略的特点，以及这些策略分别适合哪种投资者的答案。

• 想知道股票有哪些轻松获利的机会。

相信你读完本书，不仅可以对基金、可转债、股票中的低风险投资机会有一个比较全面的认识，还可以从案例中学到挖掘、操作各种机会的方法、技巧和策略。另外，你也可以从各种低风险投资机会中找到适合自己的低风险投资方式，建立自己的投资体系。

当然，没有一种策略能适合所有时期的市场，过去的所有经验也不能在未来的市场上生搬硬套。大家只有跟着"市场先生"不断地调整自身以适应市场，才能收获超额收益。所以，投资是要学一辈子的，每日复盘，选出这一时期胜率最高的投资品种和投资策略，同时对策略因子不断优化。想要做好投资，必须不断地向"市场先生"学习。

理财这件事，选择比努力重要，选对了方向再努力，努力才会产生正向效果，比如 2022 年选择可转债比选择股票更容易收获正收益（前提是用对投资策略）。如果你发现努力的方向错了，则要及时纠偏（关于这一点，持有中概基金并且浮亏加仓的朋友一定深有体会）。记住一句话：最适合某一时刻的投资方法一定是当下"阻力最小的路"。

方向对了，努力可以结合量化方法，一切经不起量化回测推敲的、经不起常识推敲的投资策略，都要打个问号。希望书中的回测方法可以被读者借鉴并运用到各种投资机会上，挖掘出更适合自己的投资方式。

本书主要介绍各种低风险投资机会的相关知识，但投资不仅需要好的方式方法，还需要好的心态。当市场暴跌时，要对市场抱有信心；当市场暴涨时，要对市场保持敬畏。只有克服贪婪和恐惧，才能长期在市场上获利。

"知易行难"，相信看完本书的各位读者已经踏出了低风险投资的第一步，因为"天助自助者"。

最后，我们想说的是，投资只是人生的一部分，如果你无法享受无尽的复盘、回测、优化等带来的乐趣，甚至影响了睡眠，那么，你真的没必要坚持下去。毕竟我们追求的是快乐的、享受的投资，而不是痛苦的投资。

由于阅历有限，书中难免有不妥之处，还望各位读者不吝指出。希望本书能为各位读者的投资之路添砖加瓦，请牢记，任何投资都有风险，当慎之又慎。

作　者

2024 年 7 月

目　录

第 1 章

现金管理的高阶玩法

炒股不会永远都是满仓操作，证券账户中难免会有闲置资金，如果不加以利用，则会在无形中损失利息。在不影响股票操作、保持充分流动性的前提下，如何让这些资金最大幅度地增值？相信大家都想知道答案。

本章将为大家讲述股市（场内）现金管理的大杀器——逆回购、场内货币基金，以及两者结合一周赚 9 天收益的策略，目标是在保证资金安全性、流动性的基础上，获取每年 4% 以上的收益。

1.1 股民余额宝 1: 逆回购

既不想让闲钱在账户里睡大觉，又不想有转出的麻烦，更不想错过任何机会，怎么办? 教大家一招期限灵活、交易便捷的小技巧: 逆回购。

1.1.1 什么是逆回购

逆回购是指投资者把自己证券账户中的闲置资金借出去，向资本市场提供资金; 其他人用债券作为质押，到期后还本付息，示意图如下图所示。

逆回购中有如下三方参与者。

•融资方: 持有国债或债券，现急需现金。

•投资者: 手持现金，需要找到让它增值的地方。

•监督方: 上海证券交易所 (以下简称 "上交所") 与深圳证券交易所 (以下简称 "深交所")。

逆回购的本质可以理解为一种短期贷款，投资者通过证券交易平台把闲置资金借给需要的人，获得固定利息，融资方或借款人则用国债或债券作为质押，由沪、深交易所监督，到期给投资者还本付息，示意图如下图所示。

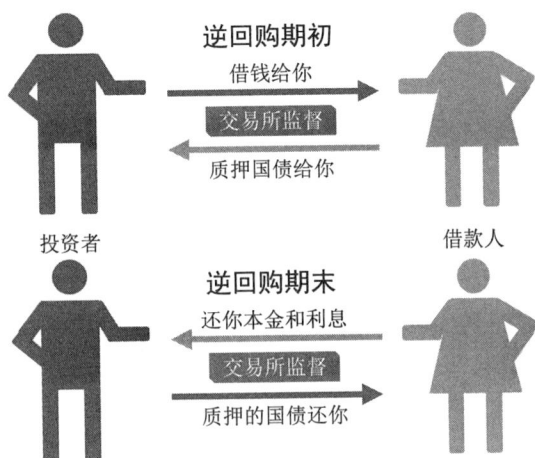

与股票交易不同的是，国债逆回购以年化收益率计算，在成交之后不再承担价格波动的风险，收益率的高低在成交时随即确定，而且风险极低。

1.1.2　逆回购有哪些品种

国债逆回购的品种较多，期限从 1 天到 182 天不等，可满足投资者对不同流动性的需求。

目前，上交所和深交所分别有 9 个逆回购交易品种。自 2022 年 5 月 16 日起，上交所的逆回购新规将参与门槛降低到 1 000 元（10 张，每张 100 元），和深交所的参与门槛一样（在此之前，上交所逆回购的参与门槛为最低 10 万元，并且必须是 10 万元的整数倍）。可以根据操作的天数不同，选择对应的交易品种。另外，手续费率根据持有天数为十万分之一至万分之三不等，如下表所示。

上交所逆回购		手续费率	每 10 万元手续费 / 元	深交所逆回购	
代码	名称			代码	名称
204001	GC001	0.01‰	1	131810	R－001
204002	GC002	0.02‰	2	131811	R－002
204003	GC003	0.03‰	3	131800	R－003
204004	GC004	0.04‰	4	131809	R－004

续上表

上交所逆回购		手续费率	每10万元 手续费/元	深交所逆回购	
代码	名称			代码	名称
204007	GC007	0.05‰	5	131801	R−007
204014	GC014	0.1‰	10	131802	R−014
204028	GC028	0.2‰	20	131803	R−028
204091	GC091	0.3‰	30	131805	R−091
204182	GC182	0.3‰	30	131806	R−182

国债逆回购操作方便，到期资金自动到账，流动性高。很多股民除了购买股票，其实账户上还"躺"着很多闲置资金，如果动动手指选择国债逆回购，则也会有额外的收益。

以1天期逆回购（204001）为例，T+1日资金可用，早上本金和利息自动回款，还能参加集合竞价，无须再次交易，且不影响买卖股票交易。T+2日资金可转账、可取。换言之，如果周四操作，那么周五早上资金就可用，还能享受三天的收益。

1.1.3　逆回购有哪些特质

逆回购的交易方式跟股票的交易方式一样，卖出131810，成交价格即代表约定的年化收益率。比如，以3.88%卖出131810，表示成交当日以年化3.88%的利率借出资金一天。

注意：这里不是买入，相当于借出资金。现在券商App一般提供了"一键借出"的逆回购功能，相对于以前操作更加方便。

• 优点：资金的安全性类似于银行存款。当天做的1天期逆回购，当晚券商结算后资金就回到账户中，不会错过第二天早上的集合竞价，而且操作简单、结算方便。不像场内货币基金（如银华日利），需要第二天操作后资金才能到账，从而错过第二天的集合竞价。在一般情况下，上证1天期204001的价格高于深证1天期131810的价格，不过有时也有例外。如果我们周四操作，则可以享受三天的收益。

• 缺点：对比场内货币基金，有手续费（一般为十万分之一）。逆回购有不同期限，周五做不划算，因为 1 天期、2 天期和 3 天期都是周一到期，都只计息一天。

逆回购的特点总结如下：

• 1 天期逆回购 204001 和 131810 是逆回购中最重要且最常见的品种，投资者可以根据自己的资金量大小选择 204001 或 131810。现在有些券商 App 提供了自动逆回购理财功能，可以设定每天 15:00 之后自动帮客户把剩余资金借出 1 天期，自动吃利息，非常方便。

• 通常尾盘逆回购的价格较低，应尽量避免尾盘操作。同时，逆回购每天 15:30 收市，15:00 收盘后有足够的时间可以操作。

• 不同期限的逆回购，资金冻结时间均按照自然日计算。在一般情况下，周四逆回购价格高，如果周四操作，那么周五资金可用，还能享受三天的收益。如果周五操作，则只能享受一天的利息，收益会变低。但周五成交的 204001、204002 和 204003 都会在下周一将资金解冻，以供我们使用。

• 在一般情况下，同一时间，204001 的价格高于 131810 的价格。

• 在周末、月末、季末、年末或市场资金紧张时，逆回购的价格相对较高。

1.1.4　逆回购计息天数和交易资金到账时间

逆回购是按照自然日（N）计息的，但是到账日必须是交易日。T 日操作 N 天国债逆回购，若 T+N 为交易日，则到账日是 T+N 日；若 T+N 为非交易日，则顺延至 T+N 日的下一个交易日到账。比如交易 3 天期的逆回购，具体交易及到账时间如下表所示。

成交日	资金到账（可用不可取）	资金可取日
周一	周四	周五
周二	周五	下周一
周三	下周一	下周二
周四	下周一	下周二
周五	下周一	下周二

现在逆回购的计息天数是实际占款天数。实际占款天数是指从国债逆回购的首次交收日（含）到到期交收日（不含）的天数，按自然日计算，以天为单位，如下表所示。

参与品种	参与日期	首次交收日	资金可用	资金可取	计息区间	计息天数（天）
1 天期	周四	周五	周五	下周一	周五—周日	3
3 天期	周四	周五	下周一	下周二	周五—下周一	4
1 天期	周五	下周一	下周一	下周二	下周一	1
3 天期	周五	下周一	下周一	下周二	下周一	1

这里需要我们注意的是，资金 T+N 日可用，T+N+1 日可取，而且要等到交易日才会回到账户中。如果遇到休市，那么到账的日期就要顺延。以 1 天期国债逆回购为例，如果资金周一借出，则周二资金回账，就可以买卖股票等，但要等到周三才可以取出；如果资金周四借出，则周五资金可用，但要等到下周一才可以取出。如果遇到节假日则会顺延。

目前国债逆回购周末也正常计息。如果周四借出 10 万元用于 1 天期国债逆回购，那么，虽然资金下周一才可取，但周四晚上交割完成之后，一般就能用于隔夜下单。次交易日 9:15 参与集合竞价挂单买股票更加妥当，而周六、周日依然有利息。相当于资金借出去一天，却收回来三天的利息，是非常划算的交易。

大家可以对照下表。

实际占款天数与回购期限对照表					
回购品种	初始成交日	到期日	首次交收日	到期交收日	实际占款天数（天）
1 天期	周一	周二	周二	周三	1
	周二	周三	周三	周四	1
	周三	周四	周四	周五	1
	周四	周五	周五	下周一	3
	周五	下周一	下周一	下周二	1
2 天期	周一	周三	周二	周四	2
	周二	周四	周三	周五	2
	周三	周五	周四	下周一	4
	周四	下周一	周五	下周二	4
	周五	下周一	下周一	下周二	1

续上表

实际占款天数与回购期限对照表				
回购品种	初始成交日	到期日	首次交收日	到期交收日	实际占款天数（天）
3 天期	周一	周四	周二	周五	3
	周二	周五	周三	下周一	5
	周三	下周一	周四	下周二	5
	周四	下周一	周五	下周二	4
	周五	*下周一*	*下周一*	*下周二*	1
4 天期	周一	周五	周二	下周一	6
	周二	下周一	周三	下周二	6
	周三	下周一	周四	下周二	5
	周四	下周一	周五	下周二	4
	周五	*下周二*	*下周一*	*下周三*	2
7 天期	周一	下周一	周二	下周二	7
	周二	下周二	周三	下周三	7
	周三	下周三	周四	下周四	7
	周四	下周四	周五	下周五	7
	周五	下周五	下周一	下下周一	7

在上表中，字体加粗期限的时间表示实际占款天数（计息天数）>逆回购品种期限，即当天借出 N 天逆回购相对投资者而言可以获得超过期限的利息；字体倾斜期限的时间表示实际占款天数（计息天数）<逆回购品种期限，即当天借出 N 天逆回购相对投资者而言获得的利息天数小于期限 N 天。

1.1.5　逆回购收益（率）如何计算

逆回购收益如何计算？公式如下：

收益（元）= 交易金额 × 收益率（成交价）× 计息天数 N÷365

逆回购成交的收益率即最终的收益率，在各个逆回购品种的行情中，展示的价格即逆回购的收益率。由于计息天数不一定等同于逆回购期限，所以，逆回购报价显示的年收益率不能完全体现真实的收益率。不过，我们可以用"可用日年化"作为选择参考，毕竟它能更加直观地显示收益率（可用日年化是指从资金借出日到资金可用日所获得的年化收益率）。

例如，2017 年 6 月 29 日周四用 10 万元趁着高点 12.05% 借出国债逆回购 GC001。先用 10 万元乘以年收益率 12.05% 除以 365 天，再乘以计息天数 3 天，扣除手续费 1 元后得到实际到账利息约 98 元（100 000×12.05%÷365×3−1），然后按照资金实际占用 1 天计算，竟然发现可用日年化高达 35.78% [（100 000×12.05%÷365×3−1）÷100 000×365]。

个别券商 App 为客户提供了"可用日年化"的计算结果，如下图所示。

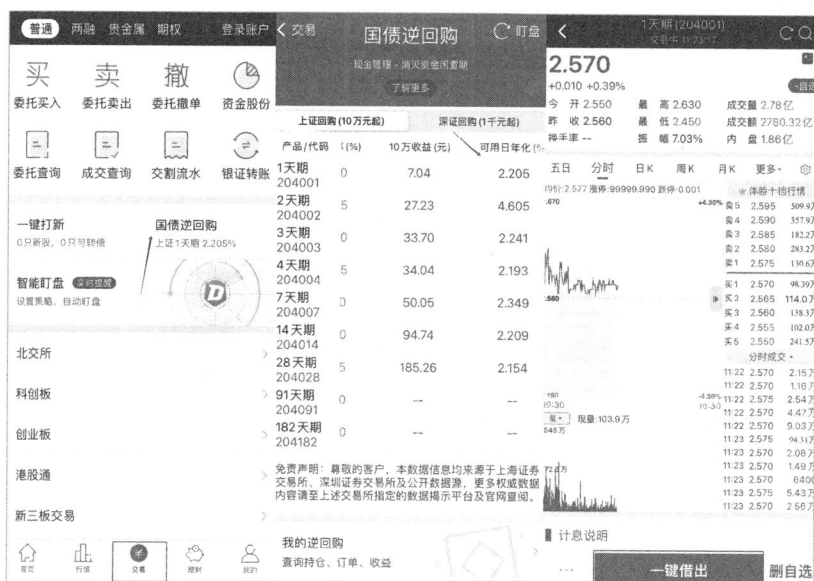

1.1.6　逆回购如何操作

逆回购到底该如何操作呢？在券商 App 中开通"逆回购"功能权限后，进入交易界面，点击"国债逆回购"，就可以选择品种。有人会问：为什么是借出呢？因为逆回购就是你把钱借给融资方，融资方把国债质押给你，所以，这里是往外借钱。

逆回购的收益率跟市场的资金面有关，资金面越紧张，市场越需要钱，逆回购的收益率越高。通常在节假日前一天或资金紧缺的日子，比如月末、季末、半年末、年末等特殊时间点，对应的年收益率甚至可以达到 10% 以上。

1.2 股民余额宝 2：场内货基

继续介绍期限灵活、交易便捷的场内第二种捡钱小技巧——场内货币基金，简称场内货基，它被行内人士戏称为消灭资金闲置期的"战斗机"。

1.2.1 什么是场内货基

大家都知道余额宝，但余额宝只是货币基金的一种，属于场外货基。一般人们谈论的宝宝类货币基金都属于场外货币基金，因为它的申购、赎回等交易都是在交易所以外的地方开展的，比如支付宝、天天基金、银行等代销机构交易或基金公司 App 的直销系统交易。

而场内货币基金是在沪、深交易账户里操作的，即股票账户，它是一种适合场内闲置资金增值的投资渠道。

可以这样认为，货币基金分为两大类别：场外货基和场内货基。场内是指上海证券交易所和深圳证券交易所，在股票账户里操作的货基。场外是指在两个交易所以外，不在股票账户里操作的货基。先用下表做一个简单的对比。

货币基金种类	
场内货币基金	场外货币基金
参与方式	买卖 / 申赎	申赎
收益起止时间	买入当日有收益，卖出当日无收益（算头不算尾）	申购当日无收益，赎回当日有收益（算尾不算头）
操作时间	与股票的操作时间一样，仅在交易日内可以操作	余额宝 7×24 小时都可以操作，从交易日开始计息
套利机会	有套利机会	无套利机会
优势	T+0 回转交易，无缝对接股票交易，T+1 日才可提现	可以快速赎回，比如余额宝，快速赎回当日无收益
缺点	高买低卖可能会损失本金	流动性不如场内货基

由此可见，场内货币基金适合股票账户里有闲置资金，经常炒股或买卖场内ETF等基金的投资者。例如，小王准备买5万元的场内中证500ETF，但现在又不敢全买，只买了2万元的，剩下的3万元买了场内货币基金，一旦市场有机会就可以及时卖出场内货币基金去购买ETF。

如果投资者不想购买股票或者其他场内基金，那么，可以把现金继续放在银行里，作为灵活理财，既方便，利息还高。在这里多说一句：每个人都应该有一个股票账户，不全是为了炒股票，因为市场上有很多低风险投资机会。

另外，场内货币基金还可以分为两大类：纯申赎型场内货币基金和交易型场内货币基金。

1.2.2　什么是纯申赎型场内货币基金

纯申赎型场内货币基金只能在场内申购和赎回，不能买卖交易，赎回资金立即到账，故此，它的全名是T+0纯申赎型场内货币基金，举例如下表所示。

代码	名称	计息规则	万份收益（元）	7日年化
519898	现金宝A	算头不算尾	0.358 4	2.83%
519888	添富快线	算头不算尾	0.440 4	1.58%
519878	国保A	算头不算尾	0.420 3	1.56%
519858	广发宝A	算头不算尾	0.392 0	1.45%
519800	保证金A	算头不算尾	0.292 8	1.14%

数据来源：集思录，2022年3月18日。

纯申赎型场内货币基金具有以下优点。

优点一：赎回秒到账，类似余额宝的快速赎回。如果投资者发现场内投资机会，则可快速赎回纯申赎型场内货币基金，去购买股票或其他场内基金，参与次日的集合竞价。

优点二：T日申购，T日计息（这里的T日指的都是交易日）。而场外货币基金（如余额宝等）计算利息都是算尾不算头的，T日申购，T+1日计息。对此大家可能有点儿难以理解。例如，周五申购余额宝，起息日是下周一，这中间的周五、周六和周日三天是没有收益的。但如果周五申购添富快线（519888），周五就开始计算利息，不浪费任何一天的收益。如果周二普通赎回余额宝，周三到账，那么周二当天是计算利息的。但添富快线赎回立马到账，当日是不计算利息的。二者的区别总结如下表所示。

	余额宝	添富快线（519888）
周五申购后起息日	周五至周日不计息，下周一起计息	周五当日起计息，周末有利息
周二赎回	普通赎回当日有收益，周三到账	申购当日有收益，赎回当日无收益
计息规则	算尾不算头	算头不算尾
操作方式	场外申购和赎回	场内申购和赎回
操作时间	一般快速赎回支持 7×24 小时	交易时间内
申购门槛	无门槛	1 000 元起购

另外，操作纯申赎型场内货基要注意以下事项：

• 在操作上，只能申购和赎回，不能买卖。

• 从数据统计来看，纯申赎型场内货基的年化收益率略低于交易型场内货基的年化收益率。

• 纯申赎型场内货基只能在交易日内操作，而余额宝在节假日能少量快速赎回资金。

• 纯申赎型场内货基有申购门槛，比如添富快线是 1 000 元起购，单账户每日净申购有上限，一般周五的单账户每日净申购上限为 300 万元，准确数据可以在汇添富官网上查询，如下图所示。

• 在资金特别紧张时，如果遇到大额申购和大额赎回，则不排除出现申购和赎回失败的情况。

• 持有期间的收益在赎回后第二天以利息的形式回到账户里，即收益 T+2 日到账。

纯申赎型场内货基的操作方式如下图所示。

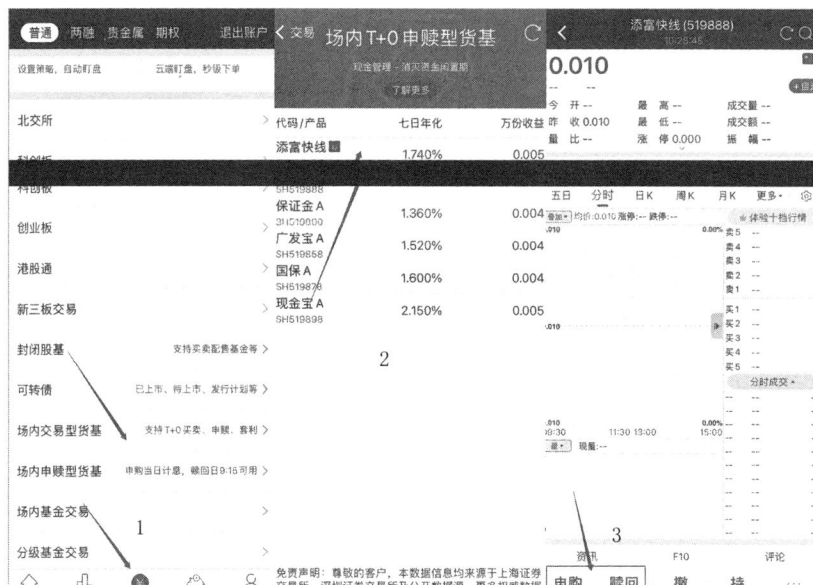

1.2.3 什么是交易型场内货币基金

交易型场内货币基金不仅可以在场内进行申购和赎回，而且可以像股票一样买卖。它支持 T+0 交易，也就意味着，投资者当天买入可以当天立即卖出，卖出所得的资金立即可用，不像 T+0 纯申赎型场内货币基金，当日申购不能当日赎回。但是，交易型场内货基有如下缺点：

• 买入最小单位为 1 手，即 100 份，每份价格在 100 元左右，即起购额在 10 000 元左右。

• 交易价格是波动的，如果买入价格高于卖出价格和收益之和，则可能会损失本金。

- 持有交易型场内货基必须在开市卖出后才能买入股票，所以，投资者会错过集合竞价。

交易型场内货币基金分为如下三种类型，它们的交易规则略有不同。

- 银华日利（511880）：支持套利，收益计入净值，买入当日有收益，卖出当日无收益，申购当日无收益，赎回当日有收益。买卖收益算头不算尾，申赎收益算尾不算头。

- 华宝添益（511990）和其他以 511 开头的交易型场内货基：支持套利，净值维持在 100 元，买入当日有收益，卖出当日无收益，申购当日无收益，赎回当日有收益。同样是买卖收益算头不算尾，申赎收益算尾不算头。简单概括如下表所示。

操作	T 日收益	份额可用	资金可用	资金可取	交易价格
买入	享受	T 日可赎 / 可卖	—	—	市价
卖出	不享受	—	即时	T+1 日	市价
申购	不享受	T+2 日	—	—	100 元
赎回	享受	—	T+2 日	T+2 日	100 元
套利：买入并赎回	享受	—	T+2 日	T+2 日	当日收益：100 元　市价＋当日基金收益
套利：卖出并申购	不享受	T+2 日	—	—	当日收益：市价　100 元
套利：日内买入并卖出	不享受	—	即时	T＋1 日	当日收益：卖出价　买入价

- 以 159 开头的交易型场内货基：不可套利，净值维持在 100 元，买入 / 申购份额即时到账，当日无收益，卖出 / 赎回当日有收益，本息即时到账，收益算尾不算头。

1. 交易型场内货基的收益

银华日利的收益多少全部在价格上体现，所以，它的走势是不断向上的，如下图所示。

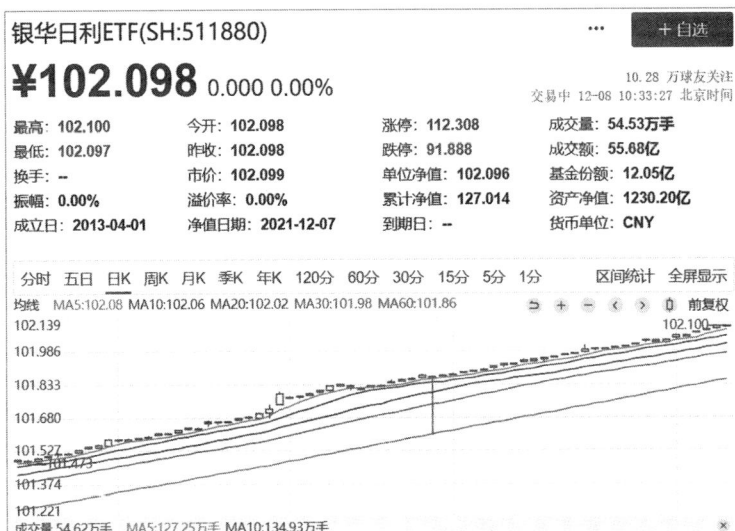

除银华日利外的交易型场内货基，比如华宝添益，收益满百元才看得见，即收益每满 100 元，股票账户上增加 1 份货基；不足 100 元的部分，股票账户上不显示；等到卖出 / 赎回所有的基金份额后，不足 100 元的部分会在 T+2 日到账。从下图中可以看出，华宝添益的二级市场交易价格始终围绕价值 100 元上下波动。

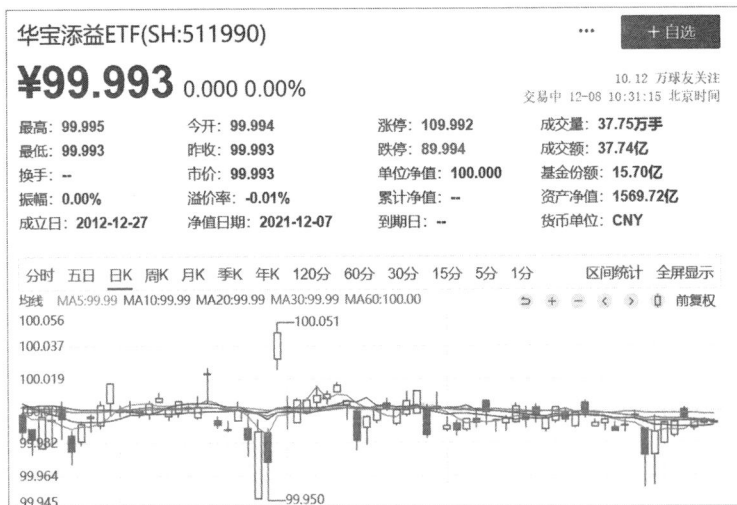

另外，交易型场内货基在节假日前上涨，在节假日后又跌回来，这种现象称为翘尾效应。因为周五资金没处去，很多人购买，供小于求，会推高货币基金的

价格。我们也可以认为，在节假日前，交易型场内货基已经在价格上提前透支了部分假期收益。但有胜于无，只要价格高得不是太离谱，总好过资金闲置。这样一来就会出现这样的问题：如果我们以 100.05 元买入华宝添益，然后价格回到 99.98 元，那么我们是不是亏了？答案是不一定。因为华宝添益的净值永远是100 元，我们以 100.05 元买入，算是溢价买入。这种情况极有可能发生在节假日前夕，这时大家都在买货币基金，所以价格会被推高。但是，只要不是当天卖出，加上假期几天的货基收益，想亏也很难。实际情况可能是：如果我们按 100 元净值买入，则可以赚到 20 元的收益；但由于我们多付出了 5 元，那么现在收益只有 15 元。但是，如果我们当天高买低卖，没有日收益，那么我们还是会亏损本金的，这一点需要大家切记。

2. 交易型场内货基具体有哪些

截至 2021 年 11 月 29 日，现有的交易型场内货基共有 27 只，如下表所示。其中，华宝添益的规模为 1 656.47 亿元，是场内规模最大的货币基金。

代码	名称	净值（元）	交易价格（元）	溢价率	买入赎回年化	申购卖出年化	到账日	7 日年化	规模（亿元）
511990	华宝添益	100.005	99.975	−0.03%	5.56%	−3.56%	12/1（周三）	2.00%	1 656.47
511880	银华日利	102.050	102.022	−0.03%	4.95%	−2.98%	12/1（周三）	2.07%	1 280.44
511660	建信添益	100.006	99.986	−0.02%	3.66%	−1.45%	12/1（周三）	2.22%	274.85
511850	财富宝 E	100.006	99.980	−0.03%	4.78%	−2.52%	12/1（周三）	2.26%	56.03
511810	理财金 H	100.005	99.982	−0.02%	4.28%	−2.29%	12/1（周三）	1.98%	41.67
159001	保证金	100.005	100.002	0.00%	—	—	—	2.00%	32.44
511690	交易货币	100.005	99.977	−0.03%	5.19%	−3.21%	12/1（周三）	1.99%	19.31
159003	招商快线	100.006	99.927	−0.08%	—	—	—	2.09%	7.50
511800	易货币	100.005	99.991	−0.01%	2.54%	−0.74%	12/1（周三）	1.80%	3.15
511700	场内货币	100.006	99.990	−0.02%	3.00%	−0.65%	12/1（周三）	2.36%	2.25

续上表

代码	名称	净值（元）	交易价格（元）	溢价率	买入赎回年化	申购卖出年化	到账日	7日年化	规模（亿元）
511820	鹏华添利	100.006	99.987	−0.02%	3.42%	−1.33%	12/1（周三）	2.09%	1.81
511900	富国货币	100.006	99.989	−0.02%	3.01%	−1.00%	12/1（周三）	2.01%	1.44
511650	华夏快线	100.005	99.987	−0.02%	3.23%	−1.52%	12/1（周三）	1.71%	1.43
511860	博时货币	100.005	99.985	−0.02%	3.70%	−1.77%	12/1（周三）	1.93%	1.36
511620	货币基金	100.005	99.978	−0.03%	4.86%	−3.17%	12/1（周三）	1.68%	0.37
511980	现金添富	100.005	99.986	−0.02%	3.50%	−1.61%	12/1（周三）	1.88%	0.36
511600	货币ETF	100.006	99.962	−0.04%	8.02%	−5.85%	12/1（周三）	2.18%	0.29
159005	添富快钱	100.006	99.999	−0.01%	——	——	——	2.15%	0.20
511830	华泰货币	100.006	99.985	−0.02%	3.79%	−1.68%	12/1（周三）	2.11%	0.15
511920	广发货币	100.006	99.984	−0.02%	4.06%	−1.78%	12/1（周三）	2.28%	0.12
511670	华泰天金	100.005	99.990	−0.02%	2.80%	−0.85%	12/1（周三）	1.94%	0.11
511950	广发添利	100.005	100.000	−0.01%	0.94%	0.94%	12/1（周三）	1.89%	0.11
511960	嘉实快线	100.006	100.000	−0.01%	1.12%	1.12%	12/1（周三）	2.25%	0.10
511970	国寿货币	100.006	99.985	−0.02%	3.82%	−1.66%	12/1（周三）	2.16%	0.07
511910	融通货币	100.006	100.007	0.00%	−0.21%	2.35%	12/1（周三）	2.14%	0.03
511770	金鹰增益	100.000	100.000	0.00%	0.05%	0.05%	12/1（周三）	0.11%	0.03
511930	中融日盈	100.005	99.965	−0.04%	7.24%	−5.54%	12/1（周三）	1.70%	0.01

数据来源：集思录，2021年11月29日。

虽然华宝添益买卖代码和申赎代码是不同的，但都是在场内进行的。下面以规模和交易量最大的华宝添益为例，分析这类货币基金（如果大家对某只交易型场内货币基金感兴趣，那么在操作之前请一定仔细查阅资料，交易规则可能不一样）。

买入与申购详细对比如下表所示。

场内交易	场内买入	场内申购
代码	511990	511991
市场	上交所二级市场	上交所一级市场
计息起始日	T 日	T+1 日
份额可用	T 日可赎 / 可卖	T+2 日可赎 / 可卖
交易价格（每份）	市价	100 元
参与门槛	100 份	1 份
参与上限	无	无
交易费用	交易佣金（多数券商设为 0 元）	0 元
融资能否参与	能	否

卖出与赎回详细对比如下表所示。

场内交易	场内卖出	场内赎回
代码	511990	511991
市场	上交所二级市场	上交所一级市场
是否享受赎回日收益	不享受	享受
资金可用	卖出即时可用	T+2 日可用
资金可取	T+1 日	T+2 日
交易价格（每份）	市价	100 元
退出上限	无	无
交易费用	交易佣金（多数券商设为 0 元）	0 元
融资能否参与	能	否

由于交易型场内货基除了可以买卖，还可以申赎，因此，一旦交易价格偏离净值达到一定幅度，大家就可以利用折价或者溢价进行套利，比如溢价套利（交易价格 > 净值 + 收益），即卖出 + 申购。

最后，必须提醒各位投资者，货基赎回额度每日是有上限的，一旦赎回额度满了，赎回操作确认失败，可能致使套利失败。所以，套利还是要选交易量大的品种。

【卖出申购套利（溢价套利）原理】

当华宝添益在二级市场中出现溢价，即当它的二级市场价格明显高于净值100 元时，持有该基金的投资者可以通过"卖出当日并申购"进行套利，这种操作的前提是交易前股票账户里已经有华宝添益的份额。投资者可自"卖出并申购"的下一个交易日开始享受基金收益。此外，参与交易的每份基金份额还能额外创造（卖出价 −100 元）的差价收益，申购后基金份额 T+2 日可卖出。高溢价时两个收益相加会明显高于同期持有华宝添益所获得的基金每百份收益，示意图如下图所示。

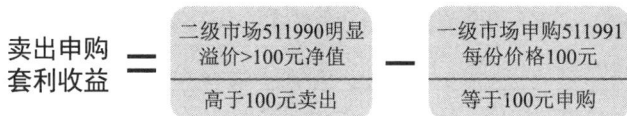

$$\begin{array}{c} \text{卖出申购} \\ \text{套利收益} \end{array} = \begin{array}{c} \text{二级市场511990明显} \\ \text{溢价>100元净值} \\ \hline \text{高于100元卖出} \end{array} - \begin{array}{c} \text{一级市场申购511991} \\ \text{每份价格100元} \\ \hline \text{等于100元申购} \end{array}$$

举个反例，交易价格为 100.005 元，当日基金收益为 0.8 元，那么，每 100 份进行套利的收益为 100.005×100−10 000=0.5（元），小于当日基金收益 0.8 元，这时套利反被套。所以，溢价套利的必要条件并非仅仅是交易价格>净值100元，而是套利收益 = 交易价格 − 净值 100 元>当日基金收益，才有套利价值。

在套利操作中，T 日、T+1 日、T+2 日均为上交所交易日，如下表所示。

交易操作	享受收益起始日	份额可用	套利收益 / 每份	当日总收益 / 每份
T 日：卖出并申购	T+1 日	T+2 日	市价 −100 元 / 手	市价 −100 元 / 手

【买入赎回套利（折价套利）原理】

当华宝添益在二级市场中出现折价，即当它的二级市场价格明显低于净值100 元时，持有该基金的投资者可以通过"买入当日并赎回"进行套利。投资者可以从自己买入当日开始享受基金收益，在持有基金的每百份收益之外，参与交易的每份基金份额还能额外创造（100 元 − 买入价）的差价收益，示意图如下图所示，但资金在赎回后 T+2 日可用。

$$
\text{买入赎回套利收益} = \frac{\text{一级市场赎回511991 每份价格100元}}{\text{等于100元卖出}} - \frac{\text{二级市场买入511990 明显折价<100元净值}}{\text{低于100元申购}} + \text{当日货币基金收益}
$$

有些投资者可能会觉得套利是很复杂的事情，但是实际操作还算简单，毕竟集思录网站已经帮大家计算好了套利收益率，即买入赎回年化和申购卖出年化。

由于华宝添益买入当天就可以申请赎回，因此，它就是买入赎回 / 折价套利操作。下面一起复盘 2021 年 11 月 29 日华宝添益的数据，如下表所示。

代码	名称	净值（元）	交易价格（元）	溢价率	买入赎回年化	申购卖出年化	到账日
511990	华宝添益	100.005	99.975	−0.03%	5.56%	−3.56%	12−01（周三）

从上表中可以看出，当天买入赎回年化为 5.56%，表示 2021 年 11 月 29 日，投资者以 99.975 元的价格买入 511990，赎回 511991 的价格为 100 元，轻松赚取 0.025 元的差价，同时，买入华宝添益当天还能享受单日的货币基金收益。资金到账日为 2021 年 12 月 1 日（周三），实际上，2021 年 11 月 30 日华宝添益每百份基金收益为 0.539 0 元，如果我们买入 10 000 份，则可获得 0.025×10 000+100×0.539 0=303.9（元），示意图如下图所示，即可获得 5.55% 的年化收益率，与集思录在 2021 年 11 月 29 日预测的买入赎回年化 5.56% 非常接近。

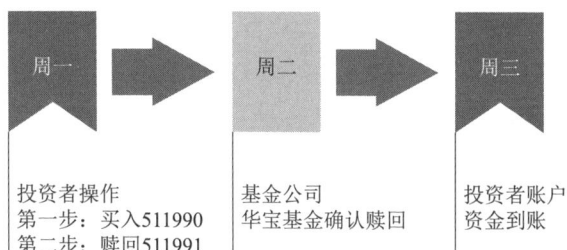

在套利操作中先买入，随后即可赎回。其中，T 日、T+1 日、T+2 日均为上交所交易日，如下表所示。

交易操作	享受收益起始日	资金可用可取	套利收益 / 每份	当日总收益 / 每份
T 日：买入并赎回	T 日	T+2 日	100 元 / 手 – 市价	100 元 / 手 – 市价 + 当日基金收益

【套利收益率计算方法】

假设套利操作当日市场价格为 P；隐含收益天数 N=T 日后续的节假日天数 +1；当日隐含 1 份基金收益 R = T–1 日 7 日年化收益率 $\div 365 \times 100 \times N$。

• 卖出申购收益率计算。

前提：有可用的份额。

卖出申购提醒价格 $P > 100+R$。

卖出申购的单次收益率计算 $r=(P-100+R) \div 100$。

卖出申购的年化收益率计算 $Y = r \times 365 \div (1+N)$。

交易操作	T 日收益	T+1 日收益	份额可用	交易价格
套利：卖出并申购	不享受	享受	T+2 日	当日收益：市价　100 元

• 买入赎回收益率计算。

前提：有可用的资金。

买入赎回提醒价格 $P < 100-R$。

买入赎回的单次收益率计算 $r=(100-P+R) \div 100$。

买入赎回的年化收益率计算 $Y = r \times 365 \div (1+N)$。

交易操作	T 日收益	资金可用	资金可取	交易价格
套利：买入并赎回	享受	T+2 日	T+2 日	当日收益：100 元 – 市价 + 当日基金收益

【套利测算实例】

实例 1：卖出申购套利。

假设投资者在 2015 年 1 月 19 日参与华宝添益的卖出申购套利，1 月 18 日 7 日年化收益率为 4.662 0%，卖出价为当日的最高成交价 100.200 元，则相应计算如下：

隐含收益天数 N = 0+1=1（天）。

当日隐含 1 份基金收益 R = 4.462 0%÷365×100×1=0.012 22（元）。

卖出申购提醒价格 P（100.200 元）> 100 元 +R（100 元 +0.012 22 元）。

卖出申购的单次收益率计算 r=（100.200−100+0.012 22）÷100=0.212 22%。

卖出申购的年化收益率计算 Y = 0.212 22%×365÷（1+1）= 38.730 2%。

值得注意的是，2015 年 1 月 19 日华宝添益为什么出现了较高的溢价呢？答案是长假效应。由于在节假日期间货币基金依然计息，因此，往往会有不少大资金在节假日前涌入货币基金市场以赚取更多收益。在这种操作习惯的带动下，每逢长假（春节、国庆节、五一劳动节等节日）前一两日，华宝添益的二级市场价格往往出现高溢价现象，投资者可以布局踩点，在合适时套利。当然，这时也要比较逆回购的价格，选择最赚钱的机会。

实例 2：买入赎回套利。

假设投资者在 2014 年 12 月 16 日参与华宝添益的买入赎回套利，12 月16 日 7 日年化收益率为 3.711 0%，卖出价为当日的最低成交价 99.000 元，则相应计算如下：

隐含收益天数 N = 0+1=1（天）。

当日隐含 1 份基金收益 R = 3.711 0%÷365×100×1=0.010 17（元）。

买入赎回提醒价格 P（99.000 元）< 100 元 −R（100 元 −0.010 17 元）。

买入赎回的单次收益率计算 r=（100−99.000+0.010 17）÷100=1.010 17%。

买入赎回的年化收益率计算 Y = 1.010 17%×365÷（1+1）= 184.36%。

所以，当华宝添益场内价格出现大幅度折价时，便是投资者的套利机会。看到这里，大家一定会问：怎么才能发现这个折价机会呢？现在很多券商 App 都提供了智能盯盘、条件单功能，只需进行相应的设置即可，比如设置 511990 的价格低于 99.975 元（大约对应折价套利收益 5.5%）。如果大家希望获得更高的收益，则可以把条件设置得严格一些。

以上是华宝添益的套利内容，小结如下：

• 卖出申购 / 溢价套利的前提是手中有货基份额。

• 买入赎回 / 折价套利的前提是手中有现金。

• 必要条件是套利收益＞当日货基收益。

在这里重申一下规模的重要性。大家在集思录网站上看到套利机会时，千万不能只看套利收益率，还需要看规模大小。比如 2021 年 11 月 29 日的数据根据买入赎回年化收益率进行排序，结果如下表所示。

代码	名称	净值（元）	交易价格（元）	溢价率	买入赎回年化	申购卖出年化	到账日	7 日年化	规模（亿元）
511600	货币 ETF	100.006	99.962	−0.04%	8.02%	−5.85%	12/1（周三）	2.18%	0.29
511930	中融日盈	100.005	99.965	−0.04%	7.24%	−5.54%	12/1（周三）	1.70%	0.01
511990	华宝添益	100.005	99.975	−0.03%	5.56%	−3.56%	12/1（周三）	2.00%	1 656.47
511690	交易货币	100.005	99.977	−0.03%	5.19%	−3.21%	12/1（周三）	1.99%	19.31
511880	银华日利	102.050	102.022	−0.03%	4.95%	−2.98%	12/1（周三）	2.07%	1 280.44
511620	货币基金	100.005	99.978	−0.03%	4.86%	−3.17%	12/1（周三）	1.68%	0.37
511850	财富宝 E	100.006	99.980	−0.03%	4.78%	−2.52%	12/1（周三）	2.26%	56.03
511810	理财金 H	100.005	99.982	−0.02%	4.28%	−2.29%	12/1（周三）	1.98%	41.67
511920	广发货币	100.006	99.984	−0.02%	4.06%	−1.78%	12/1（周三）	2.28%	0.12
511970	国寿货币	100.006	99.985	−0.02%	3.82%	−1.66%	12/1（周三）	2.16%	0.07
511830	华泰货币	100.006	99.985	−0.02%	3.79%	−1.68%	12/1（周三）	2.11%	0.15
511860	博时货币	100.005	99.985	−0.02%	3.70%	−1.77%	12/1（周三）	1.93%	1.36
511660	建信添益	100.006	99.986	−0.02%	3.66%	−1.45%	12/1（周三）	2.22%	274.85
511980	现金添富	100.005	99.986	−0.02%	3.50%	−1.61%	12/1（周三）	1.88%	0.36
511820	鹏华添利	100.006	99.987	−0.02%	3.42%	−1.33%	12/1（周三）	2.09%	1.81

代码	名称	净值（元）	交易价格（元）	溢价率	买入赎回年化	申购卖出年化	到账日	7日年化	规模（亿元）
511650	华夏快线	100.005	99.987	−0.02%	3.23%	−1.52%	12/1（周三）	1.71%	1.43
511900	富国货币	100.006	99.989	−0.02%	3.01%	−1.00%	12/1（周三）	2.01%	1.44
511700	场内货币	100.006	99.990	−0.02%	3.00%	−0.65%	12/1（周三）	2.36%	2.25
511670	华泰天金	100.005	99.990	−0.02%	2.80%	−0.85%	12/1（周三）	1.94%	0.11
511800	易货币	100.005	99.991	−0.01%	2.54%	−0.74%	12/1（周三）	1.80%	3.15
511960	嘉实快线	100.006	100.000	−0.01%	1.12%	1.12%	12/1（周三）	2.25%	0.10
511950	广发添利	100.005	100.000	−0.01%	0.94%	0.94%	12/1（周三）	1.89%	0.11
511770	金鹰增益	100.000	100.000	0.00%	0.05%	0.05%	12/1（周三）	0.11%	0.03
511910	融通货币	100.006	100.007	0.00%	−0.21%	2.35%	12/1（周三）	2.14%	0.03
159001	保证金	100.005	100.002	0.00%	—	—	—	2.00%	32.44
159003	招商快线	100.006	99.927	−0.08%	—	—	—	2.09%	7.50
159005	添富快线	100.006	99.999	−0.01%	—	—	—	2.15%	0.20

数据来源：集思录，2021 年 11 月 29 日。

从上表中可以看出，有两只交易型场内货基的买入赎回年化收益率比华宝添益的买入赎回年化收益率还要高，但是，511600、511930 的规模分别只有 0.29 亿元、0.01 亿元，其场内交易金额可能只有数万元，这样的交易量是不足以支撑套利操作的。所以，在选择交易品种时，我们一定要选择规模大的品种。

值得一提的是，交易型场内货基还是综合性价比超强的融资融券质押物，可以作为融资融券业务的保证金，无障碍地参与融资融券交易。例如，将华宝添益作为质押物，不仅能规避市场行情波动带来的质押物价值下跌风险，安全性远远高于股票质押或权益类 ETF 质押的安全性，且担保期间还能获得逾 10 倍的活期存款收益，比起现金质押划算得多。

- 高折算率：华宝添益为场内折算率最高的品种之一，折算率可高达90%。
- 华宝添益波动小，可有效规避市场行情波动带来的质押物价值下跌风险。
- 担保期间还能享受货币基金收益，大幅摊低信用成本，安全性一般胜于股票质押或权益类 ETF 质押的安全性。

例如，将200万元的华宝添益份额用于质押，可融入的证券或资金规模最高能达到360万元，担保期间还能获得逾10倍的活期存款收益，示意图如下图所示。

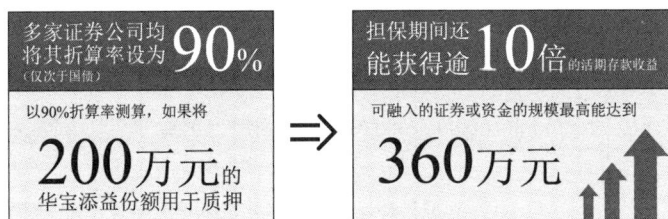

1.3　一周赚 9 天收益的策略

一周赚 9 天收益的策略并不是什么新发明，只是将逆回购、交易型场内货基和纯申赎型场内货基进行了巧妙组合。其中，逆回购是指 1 天期逆回购周四计息 3 天，资金可以参与 T+1 日集合竞价，在收盘后操作，不影响任何股票交易；交易型场内货基以华宝添益、银华日利为典型；纯申赎型场内货基以添富快线为典型，如下表所示。

	逆回购 1 天期	华宝添益、银华日利	添富快线
周五	计息 1 天	周五申购不计息，周五买入有利息（但买入价格高）	周五当日起息，周五至周日有利息
周四	计息 3 天	周四申购周五计息，周四买入当日计息	申购当日有收益，赎回当日无收益
计息规则		算尾不算头	算头不算尾

续上表

	逆回购 1 天期	华宝添益、银华日利	添富快线
到账时间	可参与次日集合竞价	场内卖出实时可用，无法参与集合竞价	场内赎回实时可用，无法参与集合竞价
操作时间	9:30—15:30	9:30—15:00	9:30—15:00
门槛	1 000 元起购	申购门槛在 100 元左右，买入门槛在 10 000 元左右	1 000 元起购

例如，华宝添益（511990）+ 逆回购（131810）+ 添富快线（519888），如下表所示。

	周一	周二	周三	周四	周五	周六	周日
操作	赎回添富快线买入华宝添益	无操作	无操作	卖出华宝添益逆回购借出	申购添富快线	无操作	无操作
计息天数	1 天	1 天	1 天	3 天	1 天	1 天	1 天

具体以 2017 年 6 月 12 日—18 日，操作 10 万元资金为例。下图所示是历史收益。

历史收益　更多>

日期	每百份收益	7日年化
2017-06-21	1.1399	3.9940%
2017-06-20	1.0776	3.9450%
2017-06-19	1.0682	3.9040%
2017-06-18	2.1185	3.8690%
2017-06-16	1.0586	3.8070%
2017-06-15	1.0485	3.7760%
2017-06-14	1.0484	3.7490%
2017-06-13	1.0024	3.7580%
2017-06-12	1.0047	3.7740%
2017-06-11	2.0027	3.7830%
2017-06-09	1.0013	3.7770%

基金收益结转：日结

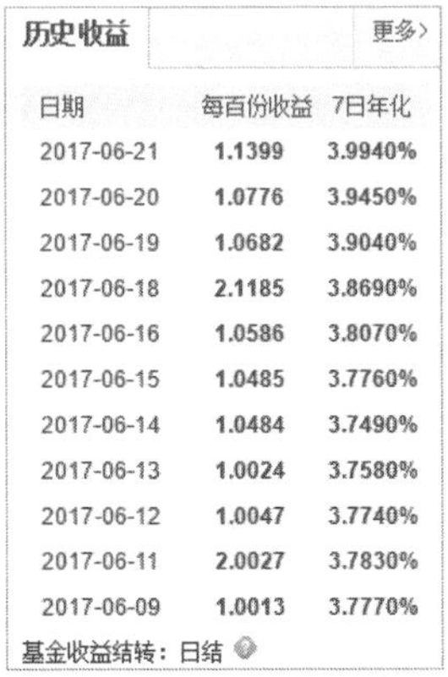

该策略的具体操作方法如下（其中一份 100 元，103 元资金相当于 10 个百份）：

第一步，周一买入华宝添益，周四卖出，享受 6 月 12 日—14 日收益：

（1.004 7+1.002 4+1.048 4）×10=30.56（元）。

第二步，周四借出逆回购，享受收益 30.5 元。

第三步，周五继续买入华宝添益，下周一卖出，享受 6 月 16 日—18 日收益：
（1.058 6+2.118 5+1.068 2）×10=42.45（元）。

第四步，计算出合计收益为 103.51 元，合计 7 日年化收益率为 103.51÷
（100 000×7）×365=5.4%。

虽然 2021 年货币基金的整体收益率比 2017 年货币基金的整体收益率低了
很多，但是用上述方法一周赚 9 天收益是大概率能实现的。

很多投资者可能想知道逆回购与场内货币基金相比哪个更强。尤其是在小长
假之前，如何选择能让自己获得的收益更多？可以通过对比 2020 年末和 2021 年
国庆节前后逆回购和场内货币基金的收益情况来找到答案，如下表所示。

场内短期理财工具区间收益比拼				
	银华日利（511880）每10万元收益/元，以收盘价计算	204001 收盘价每10万元收益/元	204001 平均价每10万元收益/元	204001 最高价每10万元收益/元	204001 最低价每10万元收益/元
2021 年 9 月15 日—10 月 8 日	145.63	170.96	179.10	219.30	138.90
2020 年 12 月15 日—30 日	82.34	103.18	101.14	125.23	77.04

从上表中可以看出，1 天期逆回购在国庆节前后的表现大概率比银华日利的
表现要好，原因是投资者没有买在每天逆回购的最低价，以收盘价、均价计算，
都好于以银华日利为代表的场内货币基金。

注意：该方法仅仅是短期数据统计，在实际操作中大家还需要具体情况具体
分析，先比较当期利率，再决定如何选择。

第 2 章

基金高手的套利手法

在讲解套利之前，先给大家打一剂"预防针"：要遵守套利的原则，若套利套成基民，就违反了套利的纪律。不论本次套利是赚了还是亏了，都不要抱着不放，而要按照计划，将套利策略（申购→卖出）执行到底。做套利就做套利，不要将套利变成持有，除非你长期看好这只基金持有的股票。

行业中有一句话，大家一定要记住：套利套利，快就有利，慢只剩套。

例如，2020年2月的华宝油气套利让投资者收获满满，仅春节后一周就赚了1 800元，其溢价率如下图所示。

162411 华宝油气 历史数据								
日期	收盘价	T-1净值	T-1估值	估值误差	溢价率	份额(万份)	份额涨幅	指数涨幅
2020-02-11	0.359	0.3335	0.3327	-0.24%	7.65%	698256	2.630%	-2.54%
2020-02-10	0.361	0.3405	0.3400	-0.15%	6.02%	680386	2.850%	-1.80%
2020-02-07	0.365	0.3470	0.3467	-0.09%	5.19%	661501	2.620%	-2.00%
2020-02-06	0.372	0.3526	0.3536	0.28%	5.50%	644632	2.120%	5.61%
2020-02-05	0.362	0.3355	0.3355	0.00%	7.90%	631225	1.020%	0.35%
2020-02-04	0.362	0.3320	0.3312	-0.24%	9.04%	624836	0.880%	-9.56%
2020-02-03	0.357	0.3622	0.3344	-7.68%	-1.44%	619411	0.340%	-9.40%

而2020年3月的原油套利却是一波三折。

2020年3月13日—18日，投资者集中投资南方原油、嘉实原油、石油基金、广发石油，出现了先赚后亏的情况。投资者虽然忙碌了一周的原油套利，但最后还是小亏40元。

2020年3月23日—24日申购原油基金（161129），投资者选择的海通通道很通畅，隔夜下跌停单使他们能及时卖出成交（有些小券商的营业部由于套利人数太多，通道拥堵，不少投资者在第1、2天都没能在跌停板卖出），3月26日卖出3月23日申购的原油基金，获利56.96%；3月27日卖出3月24日申购的原油基金，获利36.04%，收益颇丰，如下图所示。

申购日期	净值（元）	3.26价格（元）	3.26卖出毛利率	3.27价格（元）	3.27卖出毛利率	3.28假如跌停价格（元）	3.28假如跌停预期毛利率
3月23日	0.5409	0.849	56.96%	0.764	41 25%	0.688	27.12%
3月24日	0.5616	0.849	未到账	0.764	36.04%	0.688	22.44%

究其原因，有如下几点：

• 投资者一开始害怕踩踏，因此参与较晚，没有吃到足够的红利。

• 在溢价率高时参与的人少，而在获利的基础上，在溢价率不是很高时，一些投资者加大了投入（这是我10年前做期货交易时有过的教训）。

• 投资者没有充分相信自己的溢价率模型，当溢价率达到 10% 时本想少量参与，但受到很多人都准备套利的影响，最后申购太多，导致回吐了利润，甚至小亏。

2.1　一天赚 56% 的原油套利

如果说 2020 年 2 月春节后华宝油气的溢价率已经超过 9%，一周赚 1 800 元的结果已经令人非常满意了，那么，3 月 23 日易方达原油基金 66% 的溢价率完全可以说是"逆天"（3 月 26 日跌停板卖出的实际收益率为 56%）。另外，同期高溢价率的南方原油等品种已经暂停申购，否则也是有套利空间的，如下图所示。

名称	代码	预估溢价	卖一价	涨幅	成交额(万元)	成交量(万份)	换手率	净值	净值日期	基金份额(万份)
易方达油/原油基金	161129.SZ	66.8%	0.8300	-0.96%	1,519	1,844	9.32%	0.5705	2020-03-19	7,930
华安石油/石油基金	160416.SZ	-0.4%	0.6040	-1.47%	7,198	12,041	10.63%	0.5870	2020-03-19	19,873
诺安油气	163208.SZ	1.4%	0.4140	-2.82%	804	1,946	14.05%	0.4050	2020-03-19	10,291
南方原油	501018.SH	45.4%	0.7850	-2.49%	7,706	9,843	6.63%	0.5826	2020-03-19	28,588
广发石油	162719.SZ	2.6%	0.4980	1.22%	2,264	4,633	14.53%	0.4745	2020-03-19	4,496
嘉实原油	160723.SZ	32.1%	0.7710	-3.14%	10,579	13,780	15.08%	0.6392	2020-03-19	6,606
华宝油气	162411.SZ	34.4%	0.2350	-1.68%	5,418	23,223	2.74%	0.1769	2020-03-19	1,049,960
国泰商品	160216.SZ	13.5%	0.2640	-3.66%	1,227	4,660	4.95%	0.2330	2020-03-19	54,623

2.1.1　原油套利能赚多少钱

在相同的买入金额下，原油套利的多少与溢价率息息相关。简言之，综合溢价率越高，套利越多，具体的金额也能通过简单的计算方式得出（毛利 − 申购费）。

例如，2020 年 2 月 11 日华宝油气 7.65% 的溢价率套利能赚多少钱呢？

假设 2020 年 2 月 11 日收盘之前的溢价率在 7% 以上，于是投资者卖出手中持有的华宝油气，同时申购华宝油气。华宝油气的申购限额是 1 000 元，溢价率为 7.65%，意味着毛利是 76.5 元；申购费率为 1.5%，意味着卖出基金的佣金门槛较低。净利润为 61.5 元（1 000×7.65%–1 000×1.5%）。

一张身份证可以开通 3 个深 A 账户 +3 个深封闭式基金账户，一共 6 个账户，累计申购上限为 6 000 元，7.65% 的溢价率合计能赚 369 元（6 000×7.65%–6 000×1.5%）。

申购后 T+3 日份额到账，又可以再次循环操作。假设单账户申购上限是 1 000 元，一张身份开通的 6 个账户的累计申购上限为 6 000 元，3 天轮回一次，那么一次轮回将占用资金 18 000 元。

2.1.2　什么是 QDII-LOF 基金

所谓 QDII-LOF 基金，可以简单地理解为 QDII 基金和 LOF 基金的组合。其中，QDII 基金是投资海外市场的基金；LOF 基金可以简单地理解为上市型开放式基金。简言之，QDII-LOF 基金就是跨境、海外上市的开放式基金。例如，华宝油气就是比较典型的原油 QDII-LOF 基金，它跟踪的是标普石油天然气股票上游指数（SPSIOP）。如果要吃透 LOF 基金的定义，那么大家可以按其常规定义理解。

LOF 的全称是 Listed Open-Ended Fund，也就是我们所说的上市型开放式基金，它是指在证券交易所发行、上市及交易的开放式证券投资基金。上市型开放式基金既可以通过证券交易所发行认购和集中交易，也可以通过基金管理人、银行及其他代销机构认购、申购和赎回。它在保持现行开放式基金运作模式不变的基础上，增加了交易所发行和交易的渠道。也就是当上市型开放式基金发行结束后，投资者既可以在指定网点（场外）申购与赎回基金份额，也可以在交易所（场内）买卖该基金。

所以，LOF 基金有以下两个价格：

• 根据基金净资产计算的基金净值。

• 根据供求关系产生的交易价格。

LOF 基金也有以下两种交易方式：

• 按照基金净值申购和赎回。

• 按照交易价格买入和卖出。

另外，跨境基金比一般的国内 LOF 基金要晚一天到账，国内的 LOF 基金申购后 T+2 日到账，而 QDII-LOF 基金申购后 T+3 日到账。例如，国内 LOF 基金的交易流程为 T 日申购→ T+2 日到账可卖出；华宝油气的交易流程为 T 日申购→ T+3 日到账可卖出。

2.1.3　LOF 基金套利的原理和分类

1. LOF 基金套利的原理

简言之，LOF 基金既支持场内申购和赎回，又支持场内买入和卖出。LOF 基金场内买入和卖出的依据是二级市场交易价格，申购和赎回的依据是基金净值，交易价格是在交易时间内实时波动的，而基金净值每天只有一个。当交易价格和基金净值拉开差距时，就会出现套利的机会。

2. LOF 基金套利的分类

当交易价格>基金净值时，称为溢价，对应的套利操作为卖出 + 申购。

当交易价格<基金净值时，称为折价或负溢价，对应的套利操作为买入 + 赎回。

由于交易价格是实时波动的，基金净值一般都是估算的，所以，溢价率 / 折价率也是根据交易价格和估算的基金净值实时波动的。

3. LOF 基金套利最好在收盘之前进行

因为估算基金净值需要根据 LOF 基金持有的一揽子股票的仓位和价格，加之股票的盘中价格实时波动，临近收盘估算的基金净值最为接近当日的基金净值，所以，此时的溢价率参考价值最大，是套利最合适的操作时机。

值得一提的是，如果 LOF 基金套利的标的是指数基金，那么基金持有的一揽子股票的仓位是已知的，基金净值也相对容易估算；如果 LOF 基金套利的标的是主动型基金，那么季报中只公布了前十大持仓，年报中才会公布所有持仓，而季报、年报的发布都非常滞后，所以，基金净值相对较难估算准确，套利最好能在溢价率绝对值较大时进行，以防套利反被套。这虽然听起来难度很大，不过，基金净值不用自己估算，可以在天天基金网、集思录官网上查询，在集思录官网上甚至能查到实时溢价率。

4. 溢价率的计算方法

一般用溢价率表示折价 / 溢价情况，当溢价率为负时就相当于折价率。

溢价率 =（交易价格 - 基金净值）÷ 基金净值 ×100%，即交易价格和基金净值之间的偏差百分比。

5. 折价套利：交易价格 < 基金净值；操作：买入 + 赎回

当场内交易价格低于基金净值或溢价率 < 0 时，比如基金净值为 1 元，交易价格为 0.95 元，就可以先以 0.95 元的价格买入基金，再以 1 元的价格赎回基金，赚取 1-0.95=0.05（元）的差价，扣除交易成本之后就是净利润。

交易成本包括赎回费和买入佣金。

折价套利的前提：基金净值 - 买入价格 -（赎回费 + 买入佣金）> 0，即 - 溢价率 > 交易成本。实际上可以设置溢价率 - 交易成本 =N，即阈值为 N，比如 N=3%，当 N>3% 时操作会有 3% 的收益率。

这里之所以取阈值为 3%，是因为 2022 年的活期理财收益率一般能达到这个水平。如果套利的收益率不到 3%，不如把资金放在活期理财里面，没必要进行套利操作了。

6. 溢价套利：交易价格 < 基金净值；操作：卖出 + 申购；前提是事先有持仓

当场内交易价格高于基金净值或溢价率 > 0 时，比如基金净值为 1 元，交易价格为 1.05 元，如果有持仓，就可以先以 1.05 元的价格卖出基金，再以 1 元的价格申购基金，赚取 1.05-1=0.05（元）的差价，扣除交易成本之后就是净利润。

交易成本包括申购费和卖出佣金。

溢价套利的前提：卖出价格 - 基金净值 -（申购费 + 卖出佣金）> 0，即溢价率 > 交易成本。同样，投资者可以设置溢价率 - 交易成本 =N，即阈值为 N，此时要求有持仓才能参与，它代表持有者看好此 LOF 基金。当然，可以将这个阈值设置得更小，比如 0.7%，当 N 大于 0.7% 时操作，这样，当天会比单纯持有此 LOF 基金增厚 0.7% 的收益率。

由于溢价套利必须有持仓，这对于长期持有此 LOF 基金的投资者而言意味着增厚收益率，所以阈值没必要设置得很高，0.7% 以上就能做溢价套利。每天 0.7%，一年 250 个交易日中只要有 30 日有 0.7% 的溢价套利，全年累计就有 21% 的增厚收益率，也是一笔不菲的收入。

7. LOF 基金套利之前的准备

在做 LOF 基金套利之前，投资者首先需要了解自己开户券商的交易佣金成本、起购门槛、申购费（折扣）、赎回费，计算交易成本。

其次，在集思录官网上找到套利页面，在每个交易日收盘之前查看 LOF 基金的溢价率，当它满足自己的交易条件时即可参与套利，如下图所示。

集思录 JISILU.CN　首页　投资日历　实时数据　社区-知识库

股票LOF　指数LOF

指数LOF基金(手动刷新)　30秒自动刷新　场内基金份额查询器　香港中小 FAQ　仅看自选

代码	名称	现价	涨幅	成交(万元)	场内份额(万份)	场内新增(万份)	换手率	基金净值	净值日期	实时估值	溢价率	跟踪指数
161811	银华300	1.100	1.85%	8.88	1195	0	0.69%	1.0781	2021-12-13	1.0712	2.69%	沪深300
163821	中银300E	2.170	-0.14%	4.29	44	0	4.54%	2.1490	2021-12-13	2.1331	1.73%	300等权
160415	华安量化	1.999	-1.33%	2.07	50	0	2.08%	1.9872	2021-12-13	1.9764	1.14%	深证300
160620	资源LOF	1.808	-0.55%	2.79	1537	0	0.10%	1.8300	2021-12-13	1.7954	0.70%	A股资源
165520	信诚有色	1.889	-1.82%	49.83	1547	-1	1.71%	1.9259	2021-12-13	1.8791	0.53%	800有色
160628	地产LOF	0.990	-1.69%	11.38	1444	0	0.80%	1.0020	2021-12-13	0.9857	0.44%	800地产
161907	万家红利	2.233	-1.19%	18.10	1339	0	0.60%	2.2468	2021-12-13	2.2246	0.38%	中证红利
502023	钢铁LOF	1.837	-1.13%	39.32	875	-13	2.44%	1.8640	2021-12-13	1.8304	0.36%	国证钢铁
161724	煤炭等权	1.480	-1.00%	40.86	1714	15	1.61%	1.5020	2021-12-13	1.4749	0.35%	煤炭等权
161121	银行	1.144	-0.95%	42.40	2886	1	1.28%	1.1553	2021-12-13	1.1405	0.31%	中证银行
501058	新能车C	3.271	-0.88%	131.90	2179	-5	1.85%	3.3064	2021-12-13	3.2615	0.29%	新能源车
502040	上50LOF	1.181	-0.34%	7.87	964	0	0.69%	1.1832	2021-12-13	1.1780	0.25%	上证50

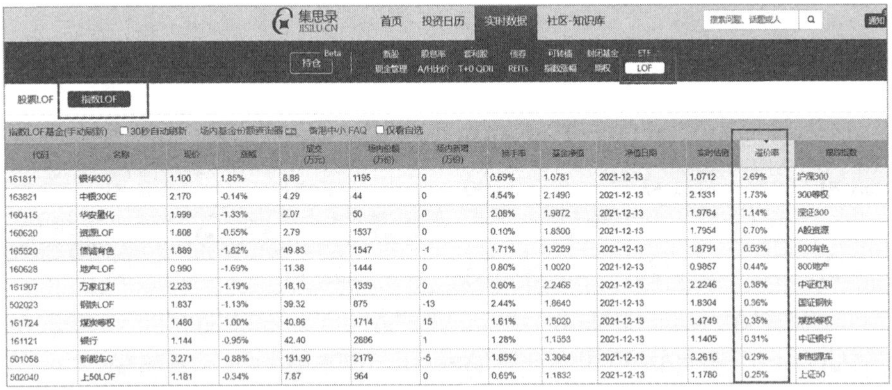

在这里补充一个小技巧：在查看溢价率之前，有必要查看这只基金的成交额（万元）和场内新增份额（万份），如下图所示。如果成交额只有百万元级，那么卖出很可能无法成交；如果场内新增份额为 0，则可能无法申购成功。所以，在这两种情况下，LOF 基金没必要考虑套利。

集思录 JISILU.CN　首页　投资日历　实时数据　社区-知识库　fishnene

股票LOF　指数LOF

股票LOF基金(手动刷新)　30秒自动刷新　场内基金份额查询器　仅看自选

代码	名称	现价	涨幅	成交(万元)	场内份额(万份)	场内新增(万份)	换手率	基金净值	净值日期	实时估值	溢价率	股票占比	[illegible]	申购费	赎回费
161834	银华鑫锐	1.951	0.10%	19.14	4088	47	0.24%	1.9450	2021-12-14	1.9349	0.83%	70.40%	-0.52%	1.50%	1.50%
161903	万家优选	2.129	-1.39%	1167.19	45487	39	1.20%	2.1665	2021-12-14	2.1367	-0.45%	93.78%	-1.28%	1.50%	1.50%
163409	兴全绿色	2.455	-0.24%	534.77	10418	10	2.08%	2.4570	2021-12-14	2.4417	0.54%	90.04%	-0.62%	1.50%	1.50%
163406	兴全合润	2.097	-0.80%	1063.38	68724	7	0.73%	2.1261	2021-12-14	2.1009	-0.19%	92.75%	-1.28%	1.2%	1.5%
167001	平安鼎泰	2.157	-0.28%	52.56	3900	3	0.62%	2.1788	2021-12-14	2.1505	0.30%	89.07%	-1.30%	1.50%	1.50%
168105	九泰泰富	2.350	-0.30%	30.41	3527	3	0.37%	2.3359	2021-12-14	2.3271	0.98%	58.66%	-0.37%	1.50%	1.50%
163412	兴全轻资	4.060	0.05%	129.50	6099	2	0.52%	4.0550	2021-12-14	4.0383	0.54%	91.61%	-0.41%	1.50%	1.50%
160642	鹏华策略	2.251	0.54%	2.05	51	1	1.78%	2.2775	2021-12-14	2.2605	-0.42%	65.10%	-0.75%	1.50%	1.50%
164403	农业精选	1.450	-0.62%	19.42	2298	1	0.58%	1.4650	2021-12-14	1.4616	-0.79%	64.14%	-0.23%	1.50%	1.50%
160215	国泰价值	2.456	-0.37%	5.27	341	0	0.63%	2.5030	2021-12-14	2.4624	-0.26%	91.16%	-1.62%	1.50%	1.50%

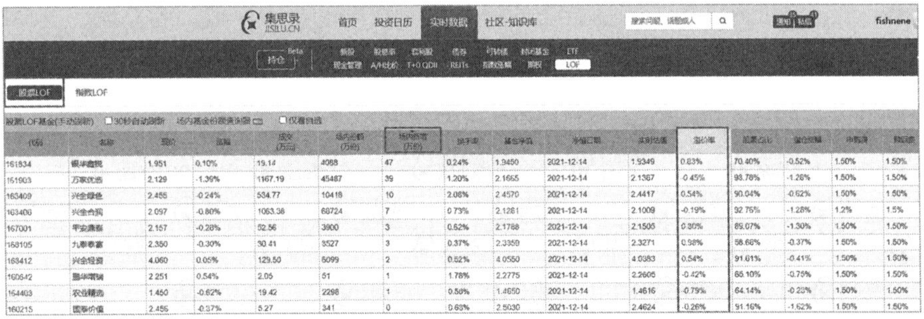

2.1.4　QDII-LOF 基金套利的不同之处

集思录官网上 QDII-LOF 基金的数据查看入口与普通 LOF 基金的数据查看入口是不在一起的，有单独的 QDII 菜单（见下图），菜单下的基金包含 ETF 和

LOF，我们在操作时要确认基金的类别（关于 ETF 基金套利将在后面的章节中详述，这里不再赘述）。

代码	名称	现价	涨幅	成交(万元)	场内份额(万份)	场内新增(万份)	T-2净值	净值日期	T-1估值	估值日期	T-1溢价率
162719	广发石油	1.259	-0.79%	65.51	2000	1	1.2590	21-12-13	1.2493	21-12-14	0.78%
160719	嘉实黄金	0.857	-0.35%	4.41	1401	7	0.8600	21-12-13	0.8528	21-12-14	0.49%
162411	华宝油气	0.458	-2.14%	3520.53	201786	-579	0.4648	21-12-13	0.4571	21-12-14	0.20%
161116	易基黄金	0.733	-0.40%	44.32	1885	35	0.7340	21-12-13	-	-	-
164701	添富贵金	0.734	0.14%	6.44	904	15	0.7370	21-12-13	-	-	-
163208	诺安油气	0.680	-1.02%	8.44	2919	-2	0.6860	21-12-13	0.6816	21-12-14	-0.23%
165513	信诚商品	0.403	-0.74%	11.77	7704	5	0.4090	21-12-13	0.4055	21-12-14	-0.62%
501018	南方原油	0.838	-1.64%	566.47	26356	-2	0.8528	21-12-13	0.8440	21-12-14	-0.71%
160723	嘉实原油	0.961	-1.33%	72.42	11012	-1	0.9821	21-12-13	0.9683	21-12-14	-0.75%
161129	原油基金	0.824	-1.90%	277.60	11050	-2	0.8410	21-12-13	0.8311	21-12-14	-0.85%
160416	石油基金	1.042	-0.48%	33.80	9554	-42	1.0550	21-12-13	1.0523	21-12-14	-0.98%
161815	银华通胀	0.550	-1.08%	13.01	2760	0	0.5600	21-12-13	0.5556	21-12-14	-1.01%
160216	国泰商品	0.306	-1.61%	247.00	29605	-317	0.3130	21-12-13	0.3099	21-12-14	-1.26%

在上图中，按照溢价率排序，同时剔除场内新增份额为 0 的基金（这类基金大多暂停申购，无法套利），以及成交额较小的基金（这类基金成交清淡，卖出不易，套利不成反容易被套）。

原油溢价套利：在 T 日收盘前，选择（溢价率 − 申购费率）> 阈值 N 的时候申购。其中的阈值 N 该怎么确定？

原油 LOF 套利有一点非常重要：由于原油 QDII-LOF 跟踪的标的都是欧美指数，T 日溢价率计算中的基金净值是外盘收盘时的基金净值，而外盘的交易时间是我们收盘后的当晚，所以，QDII-LOF 基金的溢价率无法估算 T 日的实时溢价率，一般我们要在自己的交易时间内进行买卖，就只能参考 T−1 日的溢价率。投资者要多承受一个 T 日晚上的波动风险，阈值 N 就要设置得更大。

如果外盘行情波动较大，那么阈值 N 设置为 10% 也不保险；如果外盘行情平稳，那么阈值 N 设置为 4% 也是可以的。

2.1.5　原油套利风险

1. 原油溢价套利风险

参与原油溢价套利时经常是没有底仓的，这意味着投资者除了要承受 T 日当晚外盘的波动风险，还要承受 T+1 日、T+2 日的波动风险，以及 T+3 日卖出时开盘价的下跌风险。

原油溢价套利风险：申购风险（当晚原油大涨压缩溢价率）+ 卖出风险（两个交易日的波动风险 + 开盘价的下跌风险）。

2. 原油折价套利风险：赎回风险（当晚原油大跌压缩折价率）

申购风险、赎回风险都属于净值波动带来的风险。

由此可见，在选择原油套利时，溢价率的阈值 N 一定要设置得比普通 LOF 基金套利的阈值 N 高一点，以抵御净值波动。

2.1.6 原油套利的实战技巧

1. 抓住罕见的原油套利机会

2020 年 3 月 23 日易方达原油基金（161129）恢复申购两天后，3 月 25 日暂停申购。之后，诺安油气（163208）、之前单日限购 1 000 元的华安石油基金（160416）也都从 3 月 26 日开始暂停申购。至此，8 只原油类 QDII-LOF 基金全部暂停申购，原油套利暂时结束。

想要抓住原油套利机会的投资者一定要时常看看原油基金发布的公告。公告发布后，雪球、集思录"大 V"们也会积极转发，投资者只需稍微留意一下，就能抓住机会。

例如，华宝油气（162411）在 2020 年 5 月 16 日发布公告称将于 2020 年 5 月 19 日恢复申购，单账户限制申购金额为 1 000 元，如下图所示。

每次套利机会来临的时候，投资者都要严格根据溢价率决定是否套利。例如，2020年3月，笔者为了更好地抓住机会，根据 Wind 数据自制了实时溢价率数据，如下图所示。

名称	代码	预估溢价率	卖一价	涨幅	成交额(万元)	成交量(万份)	换手率	净值	净值日期	基金份额(万份)	预估净值	估值日期	单日申购上限(元)	申购费率	跟踪标的
易方达原油/原油基金	161129.SZ	66.8%	0.8300	-0.96%	1,519	1,844	9.32%	0.5705	2020-03-19	7,930	0.4975	2020-03-20	3.23开始限500	1.20%	标普高盛原油商品指数
华安标普/石油基金	160416.SZ	-0.4%	0.6040	-1.47%	7,198	12,041	10.63%	0.5870	2020-03-19	19,873	0.6066	2020-03-20	10,000	集思录上显示0	标普全球石油公司净总收益指数
诺安油气	163208.SZ	1.4%	0.4140	-2.82%	804	1,946	14.05%	0.4050	2020-03-19	10,291	0.4083	2020-03-20	不限购	<50w1.5%	标普油气勘探及生产指数
南方原油	501018.SH	45.4%	0.7850	-2.49%	7,706	9,843	6.63%	0.5826	2020-03-19	28,588	0.5399	2020-03-23	暂停申购	1.20%	60%WTI原油价格收益率+40%BRENT原油价格
广发石油	162719.SZ	2.6%	0.4980	1.22%	2,264	4,633	14.53%	0.4745	2020-03-19	4,496	0.4855	2020-03-20	暂停申购	1.20%	道琼斯美国石油开发与生产指数
嘉实原油	160723.SZ	32.1%	0.7710	-3.14%	10,579	13,780	15.08%	0.6392	2020-03-19	6,606	0.5836	2020-03-20	暂停申购	1.20%	100%WTI原油价格收益率
华宝油气	162411.SZ	34.4%	0.2350	-1.68%	5,418	23,223	2.74%	0.1769	2020-03-19	1,049,960	0.1749	2020-03-20	暂停申购	1.50%	标普石油天然气上游股指数
国泰商品	160216.SZ	13.5%	0.2640	-3.66%	1,227	4,660	4.95%	0.2330	2020-03-19	54,623	0.2326	2020-03-20	暂停申购	1.50%	国泰大宗商品配置指数(主动型溢价不同)

名称	代码	预估溢价率	最新价	涨幅	成交额(万元)	成交量(万份)	换手率	净值	净值日期	基金份额(万份)	预估净值	估值日期	单日申购上限(元)	申购费率
标普科技	161128.SZ	1.3%	1.5840	-1.12%	399.7	252.8	2.90%	1.5728	2020-03-24	13,042	1.5629	2020-03-25	500	1.20%
标普生物	161127.SZ	1.8%	1.1520	0.35%	240.8	211.0	14.42%	1.1353	2020-03-24	5,356	1.1312	2020-03-25	500	1.20%
香港小盘	161124.SZ	-2.3%	0.9890	-0.90%	0.2	0.2	0.04%	1.0020	2020-03-25	2,640	1.0119	2020-03-26	500	1.20%
标普500	161125.SZ	3.0%	1.1430	-2.81%	1,246.2	1,090.0	13.51%	1.1013	2020-03-24	16,174	1.1093	2020-03-25	500	1.20%
纳指LOF	161130.SZ	2.6%	1.3080	-2.82%	605.9	462.6	5.42%	1.2926	2020-03-24	10,035	1.2743	2020-03-25	500	1.20%
白银基金	161226.SZ	-0.6%	0.6950	-1.14%	2,746	3,971	3.59%	0.6970	2020-03-25	87,986	0.6990	2020-03-26	2,000,000	1.00%
易方达原油/原油基金	161129.SZ	51.7%	0.8490	-9.97%	3,249	3,827	9.76%	0.5616	2020-03-24	7,930	0.5596	2020-03-26	3.25开始暂停申购	1.20%
华安石油/石油基金	160416.SZ	7.0%	0.6930	-0.86%	12,799	18,605	15.22%	0.6500	2020-03-24	19,873	0.6476	2020-03-26	3.26开始暂停申购	1.20%
诺安油气	163208.SZ	4.6%	0.4520	-5.24%	5,123	11,284	32.33%	0.4150	2020-03-24	10,291	0.4321	2020-03-26	3.26开始暂停申购	1.5%(<50万元)
南方原油	501018.SH	37.6%	0.7910	-1.98%	5,927	7,484	5.02%	0.5771	2020-03-24	28,588	0.5747	2020-03-25	暂停申购	1.20%
广发石油	162719.SZ	8.4%	0.5750	-1.71%	3,959	6,922	21.72%	0.5163	2020-03-24	4,496	0.5302	2020-03-25	暂停申购	1.20%
嘉实原油	160723.SZ	22.1%	0.7740	-2.52%	5,203	6,711	7.18%	0.6377	2020-03-24	6,606	0.6339	2020-03-26	暂停申购	1.20%
华宝油气	162411.SZ	39.1%	0.2520	-1.18%	4,475	17,815	2.10%	0.1818	2020-03-24	1,049,960	0.1811	2020-03-25	暂停申购	1.50%

2. 申购到账后隔夜下单卖出

例如，2020年3月23日套利申购的易方达原油基金3月25日晚上到账后，笔者设置了跌停价格挂单，3月26日参与集合竞价全部卖出。账户申购500元，赚了270.370元，收益率达到54%，如下图所示。

原油基金	0	0.849	+270.370
0.000	0	0.000	+0.00%

在隔夜下跌停单时，投资者肯定会担心能不能卖出，其实只要选择的通道通畅，大概率都能卖出。有些小券商的营业部由于套利人数太多，会造成通道拥堵，不少投资者在第一、二天都没能在跌停板卖出，等到3月28日才卖出3月23日申购的基金，套利收益率仅仅剩余27%，比实际收益率54%少了一半。

所以，原油套利申购之后，应在 T+2 日晚上尽早下跌停单，比如海通证券一般在20:00交割完毕，大家在20:00登录 e 海通财 App 下单，下单价格取T+2日收盘价的90%，即跌停价。实际上，集合竞价成交遵循时间优先 + 价格优先的原则，隔夜下跌停单是为了优先以开盘价成交。

注意：各家券商的隔夜下单开启时间不一样，投资者一定要详询自己开户券商的客服。

另外，有些券商的场内基金申购费也有折扣，可以降低套利成本。投资者可以在套利空间小时考虑选择那些小券商，当套利空间足够时，仍要优先考虑通道的畅通程度。

3. 挂 6 个账户最大化套利收益

华宝油气和易方达原油基金都属于深市的基金，支持深市 6 个账户分别申购。所以，投资者可以用一张身份证开通 3 个深 A 股东户 +3 个深基金户（也叫封闭式基金），加挂到一起，以便以后在同一个 App 上操作比较。

有人会问：基金户能否在网上开通？银河证券、华宝证券支持在 App 上开户、下挂。海通证券首次开通基金户可以在 e 海通财 App 上完成，后续增开和下挂等操作需要去营业部。

在 e 海通财 App 上首次开通基金户的操作流程如下图所示。

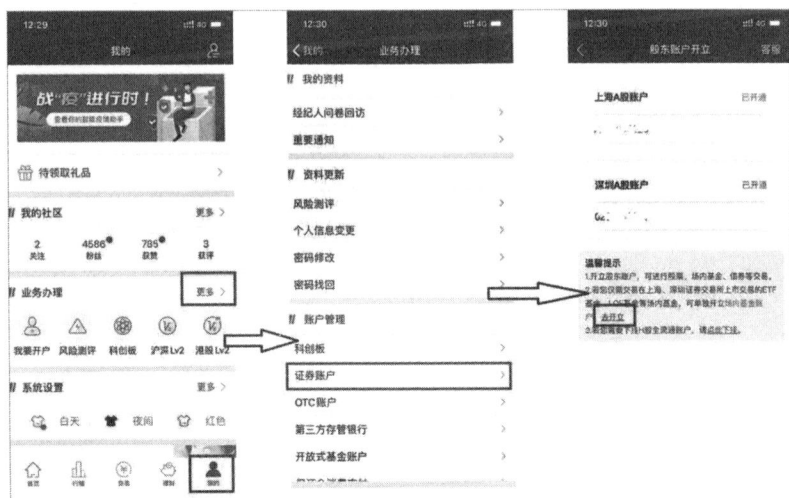

2.1.7　华宝油气套利操作流程

第一步，场内申购。

在收盘之前，先看溢价率是否足够大，如果足够大就可以场内申购。以在 e 海通财 App 上操作为例（注意在第三个截图里操作），先填写基金代码 162411，再选择股东账号，最后填写申购金额 1 000，提交申购即可，如下图所示。如果投资者想要 6 个账户都申购，则只需重复操作 6 次，每次选择不同的账户即可。

由于每家券商的具体情况不一样，这里再以华泰操作为例，如下图所示。

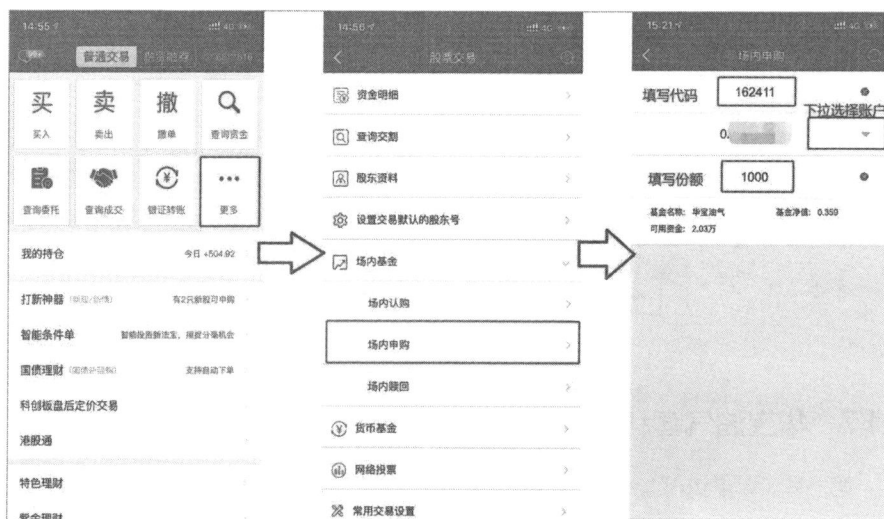

第二步，T+3 日将到账的华宝油气（162411）份额直接卖出。

从股票账户持仓中选择华宝油气，卖出。注意，在持仓中多个账户的华宝油气分开显示 6 条持仓记录，卖出也要分别卖出，也就是要卖出 6 次。

至此，单日收益超过 50% 的套利就讲述完了，各位读者看懂了吗？

想知道自己有没有看懂，可以问自己这样一个问题：假如你并未持有 1 只 QDII-LOF 基金，那么你的溢价套利阈值 *N* 打算怎么设置？

2.2　买 BAT 的中国互联基金如何套利

上一节讲解了 QDII-LOF 原油套利，在这里不得不说另一只大家熟悉的 QDII-LOF：中国互联。

同样，在集思录官网的实时数据 QDII 下面可以看到中国互联和中概互联两只“孪生”指数基金，如下图所示。下面将从这两只基金的区别、中国互联套利等方面展开讲解。

代码	名称	现价	涨幅	成交(万元)	场内份额(万份)	场内新增(万份)	T-2净值	净值日期	T-1估值	估值日期	T-1溢价率	实时估值	实时溢价率	相关标的	T-1指数涨幅	申购费	赎回费
513050	中概互联	1.282	-2.21%	117501.33	2448143	10000	1.2402	21-12-15	1.2238	21-12-16	4.76%	-	-	中国互联网50	-1.32%	0.50%	0.50%
161128	标普科技	3.006	-2.15%	124.27	3102	18	3.0249	21-12-15	2.9393	21-12-16	2.27%	-	-	标普500信息科技指数	-2.86%	1.20%	1.50%
162415	美国消费	2.345	-2.13%	50.44	845	2	2.3650	21-12-15	2.3131	21-12-16	1.38%	-	-	标普可选消费品精选板块指数	-2.19%	1.20%	1.50%
161130	纳指LOF	2.378	-1.96%	144.65	5252	-81	2.4196	21-12-15	2.3568	21-12-16	0.77%	2.3542	0.88%	纳斯达克100	-2.61%	1.20%	1.50%
513300	纳斯达克	1.282	-2.81%	4068.53	39367	0	1.3121	21-12-15	1.2763	21-12-16	0.45%	1.2749	0.56%	纳斯达克100	-2.61%	0.50%	0.50%
161127	标普生物	1.463	-1.61%	50.15	2492	34	1.5006	21-12-15	1.4570	21-12-16	0.41%	-	-	标普生物科技精选行业指数	-2.94%	1.20%	1.50%
513100	纳指ETF	5.189	-2.95%	14842.97	52862	0	5.3180	21-12-15	5.1728	21-12-16	0.31%	5.1671	0.42%	纳斯达克100	-2.61%	0.50%	0.50%
159941	纳指ETF	3.141	-2.73%	4012.75	35105	100	3.2236	21-12-15	3.1358	21-12-16	0.17%	3.1324	0.27%	纳斯达克100	-2.61%	0.50%	0.50%
513500	标普500	2.809	-1.65%	3739.25	186682	3300	2.8369	21-12-15	2.8088	21-12-16	0.01%	2.8063	0.10%	标普500	-0.87%	0.50%	0.50%
513080	法国ETF	1.277	-0.85%	72.04	4542	0	1.2619	21-12-15	1.2781	21-12-16	-0.09%	-	-	法国CAC40	1.12%		
161125	标普500	1.842	-0.97%	21.72	2915	0	1.8629	21-12-15	1.8454	21-12-16	-0.18%	1.8437	-0.09%	标普500	-0.87%	1.20%	1.50%
513030	德国30	1.153	-0.60%	222.11	50778	0	1.1420	21-12-15	1.1556	21-12-16	-0.22%	1.1476	0.47%	德国DAX	1.03%	0.50%	0.50%
164906	中国互联	1.074	-1.92%	10909.64	221379	7863	1.0920	21-12-15	1.0803	21-12-16	-0.58%	-	-	中证海外中国互联网指数	-1.13%	1.20%	1.50%
159607	中概互联	0.909	-2.26%	4645.44	47783	300	0.9236	21-12-15	0.9186	21-12-16	-1.05%	-	-	中证海外中国互联网30指数	-1.24%	0.00%	0.00%
159605	互联中概	0.902	-1.85%	17600.50	220849	9400	0.9226	21-12-15	0.9117	21-12-16	-1.06%	-	-	中证海外中国互联网30指数	-1.24%	-	-
159822	新经济	0.753	-1.44%	1499.38	41923	550	0.7644	21-12-15	0.7640	21-12-16	-1.44%	-	-	标普中国新经济行业指数	0.07%		1.50%
161126	标普医药	1.732	0.23%	31.21	404	0	1.7497	21-12-15	1.7573	21-12-16	-1.44%	-	-	标普500医疗保健等权重指数	0.58%	1.20%	1.50%
164824	印度基金	1.163	0.60%	219.69	5289	45	1.1891	21-12-15	-	-	-	-	-	[illegible]	-	1.20%	1.50%

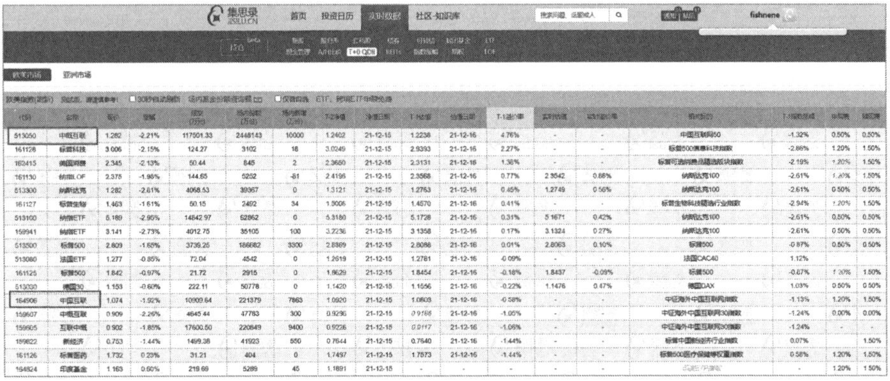

2.2.1　中国互联和中概互联的区别

中国互联和中概互联有以下两点区别：

（1）中国互联（164906）是 QDII-LOF 基金，而中概互联（513050）是 QDII-ETF 基金。

（2）中国互联跟踪的指数是中证海外中国互联网指数（H11136），前十大权重股包括腾讯控股、阿里巴巴、美团 -W、京东、百度等，合计权重占 60.84%；中概互联跟踪的指数是中证海外中国互联网 50 指数（H30533），前十大权重股同样包括腾讯控股、阿里巴巴、美团 -W、京东、百度等，合计权重占 89.27%，集中度非常高，而且腾讯控股单只权重超过 30%，阿里巴巴单只权重超过 21%，美团 -W 单只权重超过 15%，所以，该指数基金受到前三大权重股的影响非常大。

正是由于中概互联中腾讯控股、阿里巴巴、美团 -W 的权重大于 67%，而 2021 年这三只股票的整体表现好于大多数互联网公司的整体表现，所以，中概互联的跌幅小于中国互联的跌幅，造成 2021 年及 2022 年，其至近三年、近五年都是中概互联的表现更佳。

中国互联和中概互联的区别总结如下表所示。

	中国互联（164906）		中概互联（513050）	
跟踪指数	中证海外中国互联网指数（H11136）		中证海外中国互联网 50 指数（H30533）	
近一个月收益率（%）	−22.07		−19.33	
近三个月收益率（%）	−16.91		−11.41	
2021 年至今收益率（%）	−48.54		−39.95	
近一年年化收益率（%）	−46.99		−39.33	
近三年年化收益率（%）	−2.13		3.36	
近五年年化收益率（%）	2.47		6.34	
前十大权重股	证券名称	权重（%）	证券名称	权重（%）
	腾讯控股	10.12	腾讯控股	30.35
	阿里巴巴	8.87	阿里巴巴	21.63
	美团 -W	8.27	美团 -W	15.44
	京东	6.82	京东	5.58
	百度	5.72	百度	4
	BOSS 直聘	5.13	网易	3.29

	中国互联（164906）		中概互联（513050）	
前十大权重股	拼多多	4.2	小米集团 -W	3.28
	快手 -W	4.12	拼多多	3.01
	网易	3.84	快手 -W	1.42
	满帮集团	3.75	BOSS 直聘	1.27
	前十合计	60.84	前十合计	89.27
数据统计截止日期：2021/12/15				

2.2.2　中国互联如何套利

中国互联与华宝油气一样，都是 QDII-LOF 基金，所以套利方法也是一样的。下面结合中国互联的套利数据计算，回顾总结 QDII-LOF 的套利方法。

1. 折价套利操作：T 日买入 + 赎回；交易价格 < 基金净值

折价套利的前提：基金净值 − 买入价格 − 交易成本 > 0，即 − 溢价率 > 交易成本（交易成本 = 赎回费 + 买入佣金）；折价套利收益率：$N= −$ 溢价率 − 交易成本，当 $N>3\%$ 时操作会有 3% 的收益率。

中国互联的赎回费率为 1.5%，而赎回费率一般不打折，佣金费率如果是 0.02%（根据自己所选券商的佣金费率计算，佣金门槛一般是 5 元），套利金额为 10 000 元，则佣金成本为门槛 5 元；如果套利金额大于或等于 25 000 元，比如 30 000 元，则佣金成本为 30 000×0.02%=6（元）。

可见，当交易金额 ≥ 25 000 元时，折价套利的前提是：$−N >$ 赎回费率 1.5%+ 佣金费率 0.02%=1.52%；当交易金额 < 25 000 元时，折价套利的前提是：$−N > （1.5\% ×$ 赎回金额 +5 元）÷ 买入金额。

折价套利收益率 $−N=$ 实时溢价率 −（1.5% × 赎回金额 +5 元）÷ 买入金额，当买入金额 ≥ 25 000 元时，折价套利收益率 $−N=$ 实时溢价率 −1.52%。

那么，当预期获得 4% 的收益率时，需要在实时溢价率 ≤ −4%−1.52%= −5.52% 时进行操作。

2. 溢价套利操作：T 日卖出 + 申购；前提是事先有持仓

无底仓流程：T 日申购 → T+3 日到账可卖出。

溢价套利的前提：卖出价格 − 基金净值 −（申购费 + 卖出佣金）> 0，即溢价率 > 交易成本；溢价套利收益率：$N=$ 溢价率 − 交易成本。

交易成本 = 申购费率（部分券商打 1 折）+ 佣金费率（0.02% 或者门槛 5 元）

= 0.12%（假设打 1 折）+ 佣金费率（0.02% 或者门槛 5 元）

可以估算出，当交易金额大于 25 000 元时，交易成本大约为 0.14%。如果券商对场内基金申购费率不打 1 折，那么交易成本大约为 1.22%。对于大多数时候溢价率不到 8% 的情况，建议大家尽量选择场内基金申购费率打 1 折的券商。如果溢价率有机会大于 8%，那么套利的投资者势必会非常多，这时有必要牺牲 1% 的套利收益率，以换取更快成交的交易通道。

假设投资者有持仓，用 25 000 元在申购费率打 1 折的券商那里参与溢价套利，当 $N > 2\%$ 时操作，这样，当天会比单纯持有此 LOF 基金增厚大于 2%-0.14%=1.86% 的收益率。这里取 2% 是为了留点儿余量，毕竟投资者要承受一个晚上的外盘价格波动。

假设投资者无持仓，用 25 000 元在申购费率打 1 折的券商那里参与溢价套利，当 $N > 3\%$ 时操作，套利收益率大于 3%-0.14%=2.86%。这里取 3% 表示应多留点儿余量，毕竟投资者要承受两个晚上的外盘价格波动 + 一个场内开盘价的波动。

2.2.3 中国互联套利空间回顾

简单回顾一下 2021 年 11 月 18 日至 2021 年 12 月 17 日这一个月之内中国互联的溢价率情况和套利机会，如下表所示。

价格日期	收盘价（元）	净值日期	净值（元）	估值日期	估值（元）	估值误差	溢价率	场内份额（万份）	场内新增（万份）	份额涨幅	指数涨幅
2021/12/17	1.069	2021/12/16	1.079	2021/12/16	1.0803	0.12%	-0.93%	221379	7863	3.68%	-1.13%
2021/12/16	1.095	2021/12/15	1.092	2021/12/15	1.089	-0.27%	0.27%	213516	227	0.11%	-2.55%
2021/12/15	1.108	2021/12/14	1.116	2021/12/14	1.1147	-0.12%	-0.72%	213289	709	0.33%	-1.06%

续上表

价格日期	收盘价（元）	净值日期	净值（元）	估值日期	估值（元）	估值误差	溢价率	场内份额（万份）	场内新增（万份）	份额涨幅	指数涨幅
2021/12/14	1.122	2021/12/13	1.126	2021/12/13	1.1224	−0.32%	−0.36%	212580	157	0.07%	−2.35%
2021/12/13	1.154	2021/12/10	1.148	2021/12/10	1.1454	−0.23%	0.52%	212423	133	0.06%	0.04%
2021/12/10	1.143	2021/12/9	1.145	2021/12/9	1.1519	0.60%	−0.17%	212290	2449	1.17%	0.27%
2021/12/9	1.155	2021/12/8	1.149	2021/12/8	1.1478	−0.10%	0.52%	209841	11007	5.54%	−0.11%
2021/12/8	1.143	2021/12/7	1.149	2021/12/7	1.1521	0.27%	−0.52%	198834	9821	5.20%	5.09%
2021/12/7	1.132	2021/12/6	1.099	2021/12/6	1.0994	0.04%	3.00%	189013	1217	0.65%	0.71%
2021/12/6	1.103	2021/12/3	1.092	2021/12/3	1.086	−0.55%	1.01%	187796	2360	1.27%	−6.03%
2021/12/3	1.154	2021/12/2	1.152	2021/12/2	1.1536	0.14%	0.17%	185436	1692	0.92%	−0.76%
2021/12/2	1.177	2021/12/1	1.162	2021/12/1	1.1622	0.02%	1.29%	183744	14237	8.40%	−1.15%
2021/12/1	1.211	2021/11/30	1.175	2021/11/30	1.1699	−0.43%	3.06%	169507	8036	4.98%	−2.64%
2021/11/30	1.21	2021/11/29	1.2	2021/11/29	1.2003	0.03%	0.83%	161471	260	0.16%	−1.70%
2021/11/29	1.222	2021/11/26	1.22	2021/11/26	1.2203	0.02%	0.16%	161211	7346	4.77%	−3.56%
2021/11/26	1.257	2021/11/25	1.263	2021/11/25	1.258	−0.40%	−0.48%	153865	5594	3.77%	0.00%
2021/11/25	1.282	2021/11/24	1.258	2021/11/24	1.2591	0.09%	1.91%	148271	2818	1.94%	1.11%
2021/11/24	1.278	2021/11/23	1.246	2021/11/23	1.2463	0.02%	2.57%	145453	2052	1.43%	−1.39%
2021/11/23	1.275	2021/11/22	1.263	2021/11/22	1.2592	−0.30%	0.95%	143401	423	0.30%	−2.03%
2021/11/22	1.291	2021/11/19	1.284	2021/11/19	1.2832	−0.06%	0.55%	142978	−478	−0.33%	−0.47%
2021/11/19	1.3	2021/11/18	1.289	2021/11/18	1.2915	0.19%	0.85%	143456	−507	−0.35%	−3.20%
2021/11/18	1.318	2021/11/17	1.332	2021/11/17	1.3284	−0.27%	−1.05%	143963	−440	−0.30%	−2.75%

由上表可见，2021 年 11 月 18 日至 2021 年 12 月 17 日共计 22 个交易日，其中有 3 个交易日的溢价率超过 2.57%，如果我们在这 3 个交易日内都进行了溢价套利操作，且申购费率打 1 折，套利金额≥ 25 000 元，按照 0.02% 的佣金费率计算，则实际可获得 3.00%+3.06%+2.57%−0.14%×3=8.21% 的套利收益率；如果本金为 25 000 元，则可以获利 25 000×8.21%=2 052.5（元）。对于本身有持仓的投资者而言，可以增厚 8.21% 的收益率。

虽然中国互联 2021 年跌幅较大，但不妨用溢价套利来降低交易成本。

2.3 LOF 基金套利一年多赚 15%

本章前面两节介绍了原油基金和中国互联两种 QDII-LOF 基金套利的方法，本节回到国内市场，用真实案例来讲解普通 LOF 基金套利一年可以赚多少收益率。

2.3.1 国内普通 LOF 基金有哪些可以套利

1. 指数 LOF 基金

如果 LOF 套利的标的是指数基金，那么基金持有的一揽子股票的仓位是已知的（可以从指数官网上查询到），估算净值也相对容易计算，预估溢价率也相对容易计算，估值误差一般不会太大。

就 2021 年 12 月 21 日的指数 LOF 基金而言，根据在 2.1.3 中介绍的小技巧，选择场内新增份额大于 0 且成交额大于百万元的基金，由上图筛选得出下表中的标的。

代码	名称	现价	涨幅	成交（万元）	场内份额（万份）	场内新增（万份）	换手率	基金净值	净值日期	实时估值	溢价率	跟踪指数	指数涨幅	申赎状态
161725	白酒基金	1.397	-0.14%	4 220.34	82 832	439	3.63%	1.385 0	12/17	1.388 7	0.60%	中证白酒	0.28%	限大额/开放
501057	新能源车	3.121	-3.34%	1 058.93	10 641	141	3.16%	3.185 6	12/17	3.065 8	1.80%	新能源车	-3.96%	开放/开放
502056	医疗基金	1.25	-2.34%	170.86	2 121	109	6.39%	1.272 8	12/17	1.243 8	0.50%	中证医疗	-2.40%	开放/开放
161726	生物医药	0.854	-1.84%	552.04	17 638	80	3.63%	0.866 6	12/17	0.847 0	0.83%	生物医药	-2.38%	开放/开放
501058	新能源车 C	3.063	-3.83%	386.31	2 351	48	5.30%	3.153 7	12/17	3.035 1	0.92%	新能源车	-3.96%	开放/开放
161028	新能源车	1.517	-2.19%	512.16	15 095	40	2.22%	1.532 0	12/17	1.474 8	2.86%	CS 新能车	-3.93%	开放/开放
162412	医疗基金	1.114	-1.59%	257.02	12 765	38	1.79%	1.124 7	12/17	1.099 1	1.36%	中证医疗	-2.40%	开放/开放
160225	新汽车	2.336	-2.34%	235.79	2 529	16	3.94%	2.364 2	12/17	2.274 8	2.69%	新能源车	-3.98%	开放/开放
501009	生物科技	2.127	-1.66%	143.45	4 868	6	1.38%	2.156 0	12/17	2.122 0	0.24%	中证生科	-1.66%	开放/开放
501030	环境治理	0.669	-1.91%	290.68	6 864	2	6.31%	0.678 8	12/17	0.667 9	0.16%	环境治理	-1.69%	开放/开放

在上表中，新能源车（161028）、新汽车（160225）在 2021 年 12 月 21 日的溢价率都超过 2%，可以考虑参与当日的套利。

以新能源车（161028）为例，其历史数据如下表所示。

日期	收盘价	净值	估值	估值误差	溢价率	场内份额（万份）	场内新增（万份）	份额涨幅	指数涨幅
2021/12/20	1.517	1.476	1.474 8	−0.08%	2.78%	15 563	40	3.10%	−3.93%
2021/12/17	1.551	1.532	1.531 9	−0.01%	1.24%	15 095	105	0.27%	−2.36%
2021/12/16	1.571	1.567	1.567 0	0.00%	0.26%	15 055	2	0.70%	−0.07%
2021/12/15	1.571	1.568	1.568 0	0.00%	0.19%	14 950	1	0.01%	−1.13%
2021/12/14	1.586	1.585	1.584 7	−0.02%	0.06%	14 948	1	0.01%	−1.46%
2021/12/13	1.601	1.607	1.607 6	0.04%	−0.37%	14 947	32	0.01%	−0.55%
2021/12/10	1.606	1.616	1.612 9	−0.19%	−0.62%	14 946	1	0.21%	1.18%
2021/12/9	1.595	1.595	1.596 0	0.06%	0.00%	14 914	418	0.01%	−0.13%
2021/12/8	1.594	1.598	1.599 1	0.07%	−0.25%	14 913	39	2.88%	2.57%
2021/12/7	1.575	1.561	1.560 5	−0.03%	0.90%	14 495	−148	0.27%	−2.92%
2021/12/6	1.609	1.605	1.605 3	0.02%	0.25%	14 456	−107	−1.01%	−2.79%
2021/12/3	1.639	1.649	1.649 1	0.01%	−0.61%	14 711	−5	−0.03%	−0.06%
2021/12/2	1.638	1.650	1.649 6	−0.02%	−0.73%	14 716	−36	−0.24%	0.55%
2021/12/1	1.634	1.641	1.640 6	−0.02%	−0.43%	14 752	−106	−0.71%	−0.85%
2021/11/30	1.638	1.654	1.654 0	0.00%	−0.97%	14 752	−261	−0.71%	−0.57%
2021/11/29	1.650	1.663	1.664 1	0.07%	−0.78%	14 858	0	−1.73%	1.81%
2021/11/26	1.627	1.636	1.636 7	0.04%	−0.55%	15 119	1	0.00%	1.61%
2021/11/25	1.611	1.612	1.611 4	−0.04%	−0.06%	15 119	−26	0.01%	−0.43%
2021/11/24	1.614	1.618	1.618 4	0.02%	−0.25%	15 118	−169	−0.17%	−1.64%
2021/11/23	1.632	1.644	1.643 4	−0.04%	−0.73%	15 144	20	−1.10%	−0.55%
2021/11/22	1.636	1.652	1.652 7	0.04%	−0.97%	15 313	13	0.13%	4.98%
2021/11/19	1.574	1.578	1.578 6	0.04%	−0.25%	15 293	17	0.09%	0.31%
2021/11/18	1.571	1.574	1.573 7	−0.02%	−0.19%	15 280	173	0.11%	−0.22%
2021/11/17	1.579	1.577	1.578 2	0.08%	0.13%	15 263	342	1.15%	1.57%
2021/11/16	1.570	1.555	1.554 1	−0.06%	0.96%	15 090	−1	2.32%	−1.53%
				合计	5.88%				−6.61%

由上表可见，在近 20 个交易日中，溢价套利的机会出现了 4 次，累计套利空间为 5.88%，这段时间基金的累计收益率为 −6.61%，如果投资者参与套利，则能抹平同期大多数净值损失，更重要的是能抚平亏损带来的心理伤害。

截至 2022 年 7 月 25 日，已上市可以交易的指数 LOF 基金有 123 只，成交额大于百万元的已经填充灰色底纹，如下表所示，可见目前 123 只指数 LOF 基金中只有 11 只值得关注可套利机会。

代码	名称	现价	涨幅	成交（万元）	场内份额（万份）	场内新增（万份）	换手率	基金净值	净值日期	实时估值	溢价率	跟踪指数	指数涨幅
161725	白酒基金	1.187	0.34%	2 867.62	106 255	469	2.29%	1.181 6	7/22	1.189 5	-0.21%	中证白酒	0.70%
501011	中药基金	1.140	0.18%	656.97	24 027	3	2.40%	1.135 2	7/22	1.142 3	-0.20%	中证中药	0.66%
165525	基建工程	0.774	-0.77%	409.88	47 520	-98	1.11%	0.784 5	7/22	0.775 3	-0.17%	基建工程	-1.24%
501057	新能源车	2.917	-0.88%	401.63	10 456	-3	1.31%	2.957 0	7/22	2.923 9	-0.24%	新能源车	-1.18%
161028	新能源车	1.405	-0.92%	347.38	15 710	-40	1.57%	1.427 0	7/22	1.412 2	-0.51%	CS 新能车	-1.09%
167301	保险主题	0.675	-0.30%	206.94	53 159	-1575	0.58%	0.680 0	7/22	0.678 3	-0.49%	保险主题	-0.26%
161024	军工	1.163	-1.11%	204.35	26 013	-50	0.67%	1.184 0	7/22	1.168 7	-0.49%	中证军工	-1.36%
161022	创业板	1.126	-1.14%	144.63	22 238	-4	0.58%	1.144 0	7/22	1.131 2	-0.46%	创业板指	-1.18%
501058	新能车 C	2.890	0.00%	141.4	2 513	4	1.94%	2.923 1	7/22	2.890 3	-0.01%	新能源车	-1.18%
161726	生物医药	0.692	-1.33%	141.23	23 165	72	0.88%	0.690 3	7/22	0.691 9	0.01%	生物医药	0.25%
161039	富国 1000	2.006	-1.33%	117.01	2 101	59	2.75%	2.013 0	7/22	1.989 7	0.82%	中证 1000	-1.22%
161032	煤炭	1.926	0.16%	96.92	1 846	14	2.72%	1.918 0	7/22	1.932 6	-0.34%	中证煤炭	0.80%
160629	传媒 LOF	0.771	-1.03%	0.63	1 741	0	0.05%	0.782 0	7/22	0.773 2	-0.28%	中证传媒	-1.18%
161816	银华 90	0.864	-0.58%	0.63	5 287	0	0.01%	0.873 7	7/22	0.868 8	-0.55%	等权 90	-0.59%
165522	信诚 TMT	0.704	-1.54%	0.55	1 602	0	0.05%	0.714 9	7/22	0.706 2	-0.31%	中证 TMT	-1.28%
160616	鹏华 500	1.708	-0.93%	0.47	618	0	0.04%	1.720 0	7/22	1.704 8	0.19%	中证 500	-0.93%
501008	互联医 C	0.938	-2.60%	0.41	88	0	0.49%	0.943 4	7/22	0.937 2	0.09%	CS 互联医疗	-0.69%
164508	国富 100	1.229	-0.89%	0.39	329	0	0.10%	1.211 0	7/22	1.203 4	2.13%	中证 100	-0.66%
161031	工业 40	0.982	-0.51%	0.38	1 751	-3	0.02%	0.991 0	7/22	0.983 3	-0.13%	工业 4.0	-0.82%
160135	高铁基金	0.978	0.31%	0.35	814	-1	0.04%	0.986 2	7/22	0.977 8	0.02%	高铁产业	-0.90%
163116	申万电子	0.802	-1.11%	0.24	777	0	0.04%	0.818 6	7/22	0.807 2	-0.64%	CSSW 电子	-1.47%
161035	医药增强	1.625	-0.67%	0.2	538	0	0.02%	1.618 0	7/22	1.620 2	0.30%	中证医药	0.14%
501037	中证 500C	1.137	0.00%	0.2	329	-20	0.05%	1.144 7	7/22	1.134 6	0.21%	中证 500	-0.93%
163821	中银 300E	1.840	-0.11%	0.19	35	0	0.30%	1.843 0	7/22	1.828 3	0.64%	300 等权	-0.84%

2. 股票 LOF 基金

因为 LOF 套利的标的是主动型基金，季报中只公布了前十大持仓，年报中才会公布所有持仓，而季报、年报的公布都非常滞后，所以，主动型 LOF 基金的净值较难估算准确，估值误差比较大，而在季报刚公布时估算误差比较小。

代码	名称	现价	涨幅	成交(万元)	场内份额(万份)	场内新增(万份)	换手率	基金净值	净值日期	实时估值	溢价率	股票占比
163417	兴全合宜	1.921	0.84%	3500.23	394849	503	0.46%	1.8969	2021-12-20	1.9185	0.13%	93.30%
163406	兴全合润	2.078	1.02%	1067.64	68963	195	0.75%	2.0493	2021-12-20	2.0711	0.33%	92.76%
163409	兴全绿色	2.425	0.75%	510.26	10905	188	1.93%	2.3970	2021-12-20	2.4137	0.47%	90.04%
163402	兴全趋势	0.857	0.94%	2099.48	202227	92	1.21%	0.8439	2021-12-20	0.8528	0.49%	65.57%
162006	长城久富	2.196	-2.23%	31.76	3528	21	0.41%	2.1566	2021-12-20	2.1886	0.34%	86.59%
167001	平安鼎泰	2.079	0.68%	52.75	3944	11	0.65%	2.0831	2021-12-20	2.0923	-0.64%	89.07%
161834	银华鑫锐	1.949	0.62%	79.36	4327	10	0.94%	1.9280	2021-12-20	1.9362	0.66%	70.40%
163412	兴全轻资	4.020	1.35%	121.09	6142	10	0.49%	3.9560	2021-12-20	4.0206	-0.01%	91.61%
162605	景顺鼎益	2.940	0.82%	2480.03	61391	7	1.38%	2.9220	2021-12-20	2.9410	-0.03%	91.18%
169104	东证睿满	2.494	0.24%	102.41	5209	7	0.75%	2.4920	2021-12-20	2.5011	-0.28%	93.38%
163503	天治核心	0.793	0.25%	7.30	6093	5	0.15%	0.7606	2021-12-20	0.7614	4.15%	94.00%
165311	建信半裕	2.145	-5.84%	7.91	35	4	10.44%	2.1250	2021-12-20	2.1341	0.51%	82.23%
160805	长盛同策	1.345	3.62%	21.02	3644	2	0.42%	1.2374	2021-12-20	1.2366	8.77%	94.82%
161005	富国天惠	3.459	0.17%	2184.06	89545	2	0.71%	3.4435	2021-12-20	3.4493	0.26%	93.77%
163415	兴全模式	3.890	1.04%	368.99	20883	2	0.46%	3.8410	2021-12-20	3.8779	0.31%	94.23%
168002	国寿精选	2.868	-0.62%	5.08	99	2	1.82%	2.7658	2021-12-20	2.7978	2.51%	80.61%
168104	九泰锐丰	2.086	0.48%	26.36	88	2	15.50%	2.0828	2021-12-20	2.0933	-0.35%	81.31%
167002	平安鼎越	2.892	-0.79%	19.20	623	1	1.07%	2.8844	2021-12-20	2.8970	-0.17%	89.11%
168301	东海祥龙	1.385	-5.59%	1.86	557	1	0.24%	1.3547	2021-12-20	1.3572	2.05%	47.82%
168401	红土精选	3.120	-0.79%	7.87	372	1	0.68%	3.1040	2021-12-20	3.1188	0.04%	82.33%

就 2021 年 12 月 22 日的股票 LOF 基金而言，选择场内新增份额大于 0 且成交额大于百万元的基金，由上图筛选得出下表中的标的。

代码	名称	现价	涨幅	成交（万元）	场内份额（万份）	场内新增（万份）	换手率	基金净值	净值日期	实时估值	溢价率	股票占比	重仓涨幅	申赎状态
163417	兴全合宜	1.921	0.84%	3 500.23	394 849	503	0.46%	1.898 9	2021/12/20	1.918 5	0.13%	93.30%	1.03%	开放／开放
163406	兴全合润	2.078	1.02%	1 067.64	68 963	195	0.75%	2.049 3	2021/12/20	2.071 1	0.33%	92.76%	1.06%	开放／开放
163409	兴全绿色	2.425	0.75%	510.26	10 905	188	1.93%	2.397 0	2021/12/20	2.413 7	0.47%	90.04%	0.70%	限大额／开放
163402	兴全趋势	0.857	0.94%	2 099.48	202 227	92	1.21%	0.843 9	2021/12/20	0.852 8	0.49%	65.57%	1.05%	限大额／开放
163412	兴全轻资	4.020	1.39%	121.09	6 142	10	0.49%	3.956 0	2021/12/20	4.020 6	−0.01%	91.61%	1.63%	开放／开放
162605	景顺鼎益	2.940	0.82%	2 480.03	61 391	7	1.38%	2.922 0	2021/12/20	2.941 0	−0.03%	91.18%	0.65%	限大额／开放
169104	东证睿满	2.494	0.24%	102.41	5 209	7	0.79%	2.492 0	2021/12/20	2.501 1	−0.28%	93.38%	0.36%	开放／开放
161005	富国天惠	3.459	0.17%	2 184.06	89 545	2	0.71%	3.443 5	2021/12/20	3.449 3	0.28%	93.77%	0.17%	限大额／开放
163415	兴全模式	3.890	1.04%	368.99	20 883	2	0.46%	3.841 0	2021/12/20	3.877 9	0.31%	94.23%	0.96%	限大额／开放

比如兴全绿色（163409）和兴全趋势（163402）在 2021 年 12 月 22 日的临近收盘溢价率都超过 0.45%。对于风险承受能力较强且持有底仓的投资者而言，可以考虑参与当日的套利。

截至 2022 年 7 月 25 日，已上市可以交易的股票 LOF 基金有 127 只，成交额大于百万元的已经标有灰色底纹，如上表所示，可见目前 127 只股票 LOF 基金中只有 17 只值得关注可套利机会。

代码	名称	现价	涨幅	成交 （万元）	场内份额 （万份）	基金 净值	实时 估值	溢价率	股票 占比
163417	兴全合宜	1.598	-0.13%	2 482.97	337 534	1.617 8	1.610 9	-0.80%	92.96%
161005	富国天惠	2.883	-0.76%	897.40	88 678	2.897 9	2.883 2	-0.01%	93.98%
162703	广发小盘	2.244	-1.97%	837.31	26 247	2.283 1	2.251 4	-0.33%	92.41%
501079	科创大成	2.289	-0.87%	675.93	16 507	2.335 8	2.317 6	-1.23%	85.73%
162605	景顺鼎益	2.613	0.35%	606.63	58 596	2.617 0	2.622 6	-0.37%	93.38%
501078	科创配置	2.309	-2.08%	583.33	22 761	2.357 5	2.327 8	-0.81%	93.77%
163402	兴全趋势	0.706	-0.42%	333.91	200 525	0.714 3	0.709 2	-0.45%	88.51%
163406	兴全合润	1.688	-0.71%	332.29	69 827	1.703 2	1.696 3	-0.49%	90.01%
501075	科创主题	2.150	-0.19%	222.70	8 187	2.164 1	2.141 3	0.41%	90.64%
163415	兴全模式	3.241	-0.40%	213.16	17 218	3.272 0	3.255 1	-0.43%	94.37%
161903	万家优选	1.202	-1.15%	207.37	46 358	1.218 0	1.208 2	-0.51%	94.94%
501082	科创投资	1.962	-2.34%	206.91	41 445	2.015 5	1.988 1	-1.31%	87.25%
501085	科创财通	1.792	-2.34%	173.03	12 504	1.835 3	1.807 2	-0.84%	91.16%
165516	信诚周期	5.224	-1.62%	153.18	1 516	5.337 9	5.285 8	-1.17%	90.32%
501080	科创中金	1.783	-1.93%	146.74	13 538	1.831 8	1.805 2	-1.23%	96.23%
160505	博时主题	1.272	-1.24%	110.65	48 990	1.282 0	1.274 2	-0.17%	83.36%
501022	银华鑫盛	2.247	-0.58%	101.45	5 169	2.271 0	2.263 8	-0.74%	82.67%
501083	科创银华	1.541	-0.96%	79.90	25 456	1.564 1	1.558 1	-1.10%	62.24%
501203	易基未来	1.095	-0.82%	75.22	7 912 395	1.112 3	1.103 7	-0.79%	81.92%
163409	兴全绿色	1.945	-0.92%	72.09	11 250	1.967 0	1.953 6	-0.44%	90.11%
161834	银华鑫锐	1.716	-0.41%	58.69	5 680	1.720 0	1.714 9	0.06%	82.42%
501208	中欧创新	0.922	-1.07%	51.41	23 814	0.938 0	0.928 3	-0.68%	85.32%
163412	兴全轻资	3.295	0.37%	45.85	6 686	3.324 0	3.308 7	-0.41%	89.73%
501077	创新企业	1.767	-1.34%	43.55	12 608	1.795 9	1.779 3	-0.69%	93.85%
166009	中欧动力	3.234	-1.94%	42.79	249	3.299 9	3.289 9	-1.70%	85.60%
501206	添富创新	0.785	-1.63%	42.58	15 666	0.799 1	0.792 2	-0.91%	80.55%
501207	华夏创新	0.940	-0.95%	41.18	16 554	0.954 4	0.946 8	-0.72%	93.06%
167001	平安鼎泰	1.786	-0.78%	41.17	3 482	1.815 0	1.801 1	-0.84%	93.67%
501081	科创中欧	1.746	-2.08%	37.45	8 260	1.791 0	1.763 8	-1.01%	80.14%
501205	鹏华创新	0.618	-0.48%	31.45	7 644 029	0.624 5	0.623 0	-0.80%	79.64%
160106	南方高增	1.434	0.00%	31.11	5 010	1.448 5	1.439 2	-0.36%	93.47%
166001	中欧趋势	1.400	-0.57%	29.46	5 815	1.412 0	1.401 7	-0.12%	90.78%
168103	九泰锐益	1.783	-1.16%	28.78	13 655	1.814 0	1.795 8	-0.71%	95.28%

2.3.2　对普通 LOF 基金套利一年，能获得 15% 以上的利润

在真实的交易中，坚持套利一年，能获得多少收益呢？以 2020 年兴全合宜 LOF（163417.SZ）为例，用 Wind 客户端下载 2020 年全年兴全合宜 LOF 的收盘价和净值（由于集思录只提供近月的估算净值，2020 年的数据只能用 Wind 客户端下载真实净值来计算真实溢价率去进行回测）。

计算出每日溢价率之后，如果我们只做溢价套利，则选择溢价率 > 0.4% 时操作，其他日期放弃。如果我们选择的是申购费率打 1 折、佣金费率为 0.02% 的券商，则交易费率 = 申购费率 ×10%+ 佣金费率 =1.50%×10%+0.02%=0.17%。

2020 年累计有 48 个交易日的溢价率 > 0.4%，如果每次都进行套利操作，则套利收益率 = 累计溢价率 − 累计交易成本 =40.97%−0.17%×48=32.81%。

而兴全合宜 LOF 在 2020 年全年的净值增长率为 71.77%，那么兴全合宜 LOF 在 2020 年全年的净值增长率 + 套利收益率 =71.77%+32.81%=104.58%。

LOF 套利为持有兴全合宜 LOF 的投资者增厚了 45% 的收益率。虽然套利操作不轻松，但是这个收益率是非常吸引投资者的。

此时可能有人会问：2021 年套利机会多吗？

笔者做了一项统计，截至 2021 年 12 月 21 日，共计 33 个交易日出现溢价率 > 0.4% 的套利机会，累计溢价率也高达 30.72%，扣除累计交易成本 0.17%×33=5.61%，累计套利收益率为 25.11%，而兴全合宜 LOF 从 2021 年以来净值增长率为 −1.51%。假如持有 + 套利，2021 年总收益率为 24.77%−1.51%=23.26%。2021 年的套利机会大多数出现在 1—5 月，12 月 17 日又开始出现套利机会。2020 年和 2021 年兴全合宜 LOF 的测算数据如下表所示。

2020 年兴全合宜 LOF（163417.SZ）			
日期	单位净值	收盘价	溢价率
2020/11/30	1.829 6	1.841	0.62%
2020/11/27	1.844 2	1.855	0.59%
2020/11/26	1.830 3	1.839	0.48%
2020/11/25	1.830 2	1.840	0.54%
2020/11/23	1.886 7	1.899	0.65%

续上表

2020 年兴全合宜 LOF（163417.SZ）			
日期	单位净值	收盘价	溢价率
2020/11/20	1.877 0	1.887	0.53%
2020/11/16	1.867 3	1.879	0.63%
2020/11/13	1.852 2	1.863	0.58%
2020/11/11	1.823 8	1.855	1.71%
2020/11/10	1.875 2	1.902	1.43%
2020/11/09	1.899 0	1.935	1.90%
2020/11/06	1.879 4	1.887	0.40%
2020/11/04	1.842 8	1.854	0.61%
2020/11/03	1.835 4	1.847	0.63%
2020/10/29	1.824 3	1.832	0.42%
2020/10/23	1.721 6	1.740	1.07%
2020/10/19	1.742 7	1.767	1.39%
2020/10/16	1.767 7	1.789	1.20%
2020/10/15	1.781 6	1.805	1.31%
2020/10/14	1.802 0	1.813	0.61%
2020/10/13	1.802 4	1.826	1.31%
2020/10/12	1.791 3	1.802	0.60%
2020/09/29	1.670 2	1.688	1.07%
2020/09/25	1.654 3	1.670	0.95%
2020/09/24	1.660 6	1.668	0.45%
2020/09/21	1.695 9	1.704	0.48%
2020/09/18	1.712 6	1.727	0.84%
2020/09/08	1.655 2	1.670	0.89%
2020/09/07	1.655 6	1.665	0.57%
2020/09/04	1.712 1	1.721	0.52%
2020/09/02	1.739 8	1.752	0.70%
2020/09/01	1.740 4	1.755	0.84%
2020/08/31	1.711 5	1.744	1.90%
2020/08/28	1.735 2	1.762	1.54%
2020/08/19	1.629 3	1.637	0.47%

续上表

2020 年兴全合宜 LOF（163417.SZ）			
日期	单位净值	收盘价	溢价率
2020/08/17	1.634 8	1.647	0.75%
2020/08/14	1.624 2	1.636	0.73%
2020/08/12	1.604 0	1.614	0.62%
2020/08/10	1.656 4	1.673	1.00%
2020/08/03	1.645 4	1.652	0.40%
2020/07/31	1.612 2	1.620	0.48%
2020/07/24	1.531 7	1.539	0.48%
2020/07/20	1.551 7	1.568	1.05%
2020/07/14	1.577 0	1.591	0.89%
2020/07/06	1.501 0	1.522	1.40%
2020/07/02	1.447 8	1.463	1.05%
2020/07/01	1.430 1	1.447	1.18%
2020/06/18	1.353 1	1.360	0.51%
48 天		求和	40.97%
2021 年兴全合宜 LOF（163417.SZ）			
日期	单位净值	收盘价	溢价率
2021/12/17	1.936 4	1.952	0.81%
2021/05/14	2.009 5	2.029	0.97%
2021/05/12	2.003 3	2.020	0.83%
2021/05/11	1.998 8	2.027	1.41%
2021/05/10	2.010 5	2.026	0.77%
2021/05/07	2.019 2	2.043	1.18%
2021/04/30	2.073 5	2.087	0.65%
2021/04/29	2.077 6	2.110	1.56%
2021/04/28	2.087 6	2.098	0.50%
2021/04/19	2.008 6	2.019	0.52%
2021/04/14	1.965 5	1.975	0.48%
2021/04/02	2.040 8	2.053	0.60%
2021/03/03	2.112 4	2.125	0.60%
2021/02/26	2.058 1	2.074	0.77%

2021 年兴全合宜 LOF（163417.SZ）			
日期	单位净值	收盘价	溢价率
2021/02/25	2.114 1	2.129	0.70%
2021/02/24	2.106 4	2.118	0.55%
2021/02/18	2.190 7	2.202	0.52%
2021/02/10	2.214 2	2.261	2.11%
2021/02/09	2.191 7	2.235	1.98%
2021/02/08	2.157 4	2.173	0.72%
2021/02/02	2.136 9	2.161	1.13%
2021/02/01	2.099 9	2.115	0.72%
2021/01/29	2.054 1	2.078	1.16%
2021/01/28	2.068 1	2.087	0.91%
2021/01/27	2.131 5	2.146	0.68%
2021/01/26	2.129 5	2.148	0.87%
2021/01/25	2.182 8	2.206	1.06%
2021/01/22	2.150 3	2.172	1.01%
2021/01/21	2.136 5	2.158	1.01%
2021/01/19	2.074 7	2.085	0.50%
2021/01/18	2.085 0	2.117	1.53%
2021/01/14	2.070 4	2.092	1.04%
2021/01/13	2.085 9	2.104	0.87%
33 天		求和	30.72%

兴全合宜 LOF 在 2020—2021 年套利机会的出现基本上伴随着基金净值平稳走高，这说明当基金净值向上时，场内资金对基金也会有较高的预期而给予高出估值的溢价，从而导致溢价套利机会的出现。

以上测算均根据收盘价、单位净值来计算，实际上溢价率是根据估值计算得出的，可能会存在差异。过去的成绩并不能代表未来的表现，希望投资者不要刻舟求剑，理财知识一定要与时俱进，哪里出现投资机会就去哪里。

2.4　抓住转瞬即逝的 ETF 套利利润

ETF 已经逐渐成为财富管理中资产配置的主力军，其高效跟踪基准的表现和便捷的交易方式吸引了越来越多的投资者，全市场 ETF 的规模已经从 2010 年的 656.27 亿元增长到 2023 年 9 月的 18 331.32 亿元，数量也从 2010 年的 9 只增长到 2023 年 9 月的 827 只。随着 ETF"生态圈"的发展壮大和不同类型投资者的参与，除了配置价值，其中蕴含的交易机会也显现出来。本节介绍其中的低风险交易策略——ETF 套利策略。

2.4.1　何为 ETF，如何交易 ETF

ETF 的全称是交易型指数基金，它既可以像股票一样在二级市场上进行买卖，又可以像基金一样在一级市场上进行申购与赎回。ETF 作为一类指数基金，它跟踪的往往是一些既定的行业或者综合股票市场指数，一般很少有 ETF 基金经理进行主动管理的成分。例如，沪深 300ETF（510300.SH）跟踪的是沪深 300 指数，医药 ETF（512010.SH）跟踪的是沪深 300 医药卫生指数，红利 ETF（159708.SZ）跟踪的是深证红利指数。

看好某类行业、投资市场或者投资风格，选择 ETF 进行投资是一种高效且省力的方式。目前 ETF 跟踪的标的市场不仅有股票（包含海外市场），还有债券及商品等。截至 2023 年 12 月 29 日，市场上共有 728 只股票型 ETF、19 只债券型 ETF、27 只货币型 ETF、17 只商品型 ETF、107 只跨境型 ETF。

2.4.2　ETF 套利空间如何产生

ETF 可以在二级市场上交易，其交易对应的是像股票交易一样的二级市场价格。而 ETF 在一级市场上申购与赎回时采用的是根据 ETF 成分股计算的一级市场价格，通常称为基金份额参考净值（indicative optimized portfolio value，IDPV）。它是由 ETF 按照成分股股票清单的市场价格计算出来的。无论是一级市场还是二级市场，我们交易的都是同一只 ETF，而两个市场由于有不同的参与者，价格在某些时刻会产生一定的偏离，当偏离的程度超过 ETF 套利交易所需的手续费及交易滑点时，就产生了套利空间。

2.4.3　什么是 PCF

ETF 为什么可以比较紧密地跟踪指数呢？这主要取决于其比较高效的实物申赎制度，即投资者在申购和赎回 ETF 时需要使用对应的一揽子股票，使得 ETF 基金本身只需要预留比较少的现金进行整个基金的运作管理，所以，ETF 跟踪的指数偏差就会比较小，更有利于投资者进行投资。

对于一只 ETF，我们究竟要用哪些股票进行申购，每只股票应该多少数量呢？这个问题需要用申购赎回清单（portfolio composition file，PCF）来解答了。申购赎回清单是基金公司每日根据基金成分及运作情况公布的，查询方式有两种：一是去基金公司官网的对应基金页面中查询；二是去上海证券交易所查询上交所发行的 ETF 申购赎回清单，去深圳证券交易所查询深交所发行的 ETF 申购赎回清单。下面以上交所查询（"基金信息"→"ETF 公告申购赎回清单"）为例，如下图所示。

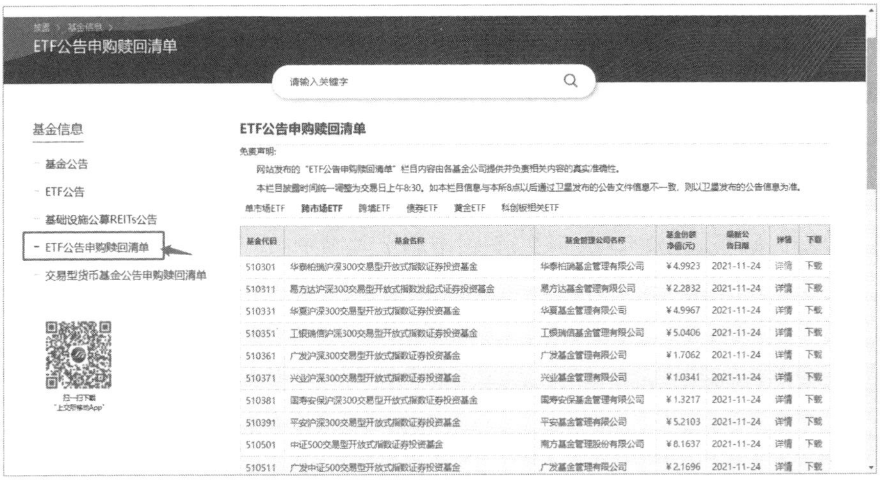

以华泰柏瑞沪深 300 交易型开放式指数证券投资基金为例进行说明。单击

该基金对应的"详情"链接可以看到下图所示的信息（2021 年 11 月 24 日沪深 300ETF 的申购赎回清单）。

ETF公告申购赎回清单

申购赎回清单

最新公告日期	2021-11-24
基金名称	华泰柏瑞沪深300交易型开放式指数证券投资基金
基金管理公司名称	华泰柏瑞基金管理有限公司
一级市场基金代码	510301

2021-11-23日内容信息

现金差额(单位:元)	¥78958.51
最小申购、赎回单位净值(单位：元)	¥4493093.51
基金份额净值(单位:元)	¥4.9923

2021-11-24日内容信息

最小申购、赎回单位的预估现金部分(单位:元)	¥78877.51
现金替代比例上限	50%
申购上限	无
赎回上限	1800000000
是否需要公布IOPV	是
最小申购、赎回单位(单位:份)	900000
申购赎回的允许情况	申购和赎回皆允许

成份股信息内容

其中包含整个 ETF 申购与赎回的详细信息。第一部分是基金的基本信息，在这里需要注意的是，510300 是沪深 300ETF 在二级市场上交易的代码，而在一级市场上申购与赎回的代码是 510301。

第二部分是两个交易日的内容信息：一个是前一个交易日即 2021 年 11 月 23 日的内容信息，即成分股信息（下一小节拆分讲解）；另一个是 2021 年 11 月 24 日的内容信息。

可以从中获取什么有效信息呢？先看最小申购、赎回单位为 90 万份，说明进行一次 ETF 申购、赎回最少需要 90 万份，相当于股票最少买卖 1 手即 100 股的概念，申购、赎回时的份数必须是最小申购、赎回单位的整数倍，由此可以得出，如果进行一次沪深 300ETF 套利，则至少需要 4.992 3×90 ≈ 450（万元），需要的资金量是相对比较大的，一般在百万元级别。当然也有一些最小申购、赎回单位比较小的 ETF，比如超大 ETF（510021.SH），其对应的最小申购、赎回单位是 10 万份，对应申购 1 份的资金在 35 万元左右——这就是一个准入门槛。

2.4.4 吃透 PCF 中那些神秘名词

在 2.4.3 中了解了 ETF 的最小申购、赎回单位，那么，对应的实物（成分股）如何获取，每只股票如何配置呢？需要参照 ETF 申购赎回清单中的成分股信息进行。下图所示是沪深 300ETF 申购、赎回时对应的一揽子成分股。

成份股信息内容

证券代码	证券简称	股票数量(股)	现金替代标志	申购现金替代溢价比率	赎回现金替代折价比率	替代金额(单位:人民币元)
000001	平安银行	2200	深市退补	10%	10%	39336.000
000002	万科A	1500	深市退补	10%	10%	28860.000
000063	中兴通讯	700	深市退补	10%	10%	22694.000
000066	中国长城	400	深市退补	10%	10%	5744.000
000069	华侨城A	900	深市退补	10%	10%	5607.000
000100	TCL科技	3100	深市退补	10%	10%	19840.000
000157	中联重科	1000	深市退补	10%	10%	7180.000
000166	申万宏源	2000	深市退补	10%	10%	10320.000
000333	美的集团	1100	深市退补	10%	10%	76417.000
000338	潍柴动力	1100	深市退补	10%	10%	18007.000
000425	徐工机械	1000	深市退补	10%	10%	6080.000
000538	云南白药	100	深市退补	10%	10%	8945.000
000568	泸州老窖	200	深市退补	10%	10%	45210.000
000596	古井贡酒	0	深市必须	-	-	0.000
000625	长安汽车	700	深市退补	10%	10%	12607.000
300677	英科医疗	100	深市必须	-	-	5495.000
600000	浦发银行	2600	允许	10%	0%	-
600009	上海机场	200	允许	10%	0%	-
600010	包钢股份	5100	允许	10%	0%	-
600011	华能国际	1000	允许	10%	0%	-
600015	华夏银行	1400	允许	10%	0%	-
600016	民生银行	4800	允许	10%	0%	-
600018	上港集团	800	允许	10%	0%	-
600019	宝钢股份	2000	允许	10%	0%	-
600025	华能水电	400	允许	10%	0%	-
600028	中国石化	3000	允许	10%	0%	-
600029	南方航空	1400	允许	10%	0%	-
600030	中信证券	1900	允许	10%	0%	-
600031	三一重工	1300	允许	10%	0%	-
603986	兆易创新	100	允许	10%	0%	-
603993	洛阳钼业	1600	允许	10%	0%	-
688008	澜起科技	100	必须	-	-	8408.000
688009	中国通号	600	允许	10%	0%	-
688012	中微公司	100	必须	-	-	16461.000
688036	传音控股	100	必须	-	-	17395.000

如果要进行沪深 300ETF 的申购，则需要使用成分股信息进行查询，其中有一个"现金替代标志"信息，表示是否可以用现金形式替代这只股票进行申购，它有如下四种标识。

• 允许：在申购基金份额时，允许使用现金作为全部或部分该成分证券的替代；但在赎回基金份额时，该成分证券不允许使用现金作为替代。

• 必须：在申购、赎回基金份额时，该成分证券必须使用现金作为替代。

• 禁止：在申购、赎回基金份额时，该成分证券不允许使用现金作为替代，必须使用相应的股票实物申购。

• 退补：在申购、赎回基金份额时，该成分证券必须使用现金作为替代，根据基金管理人的买卖情况，与投资人进行退款或补款。这种情况一般发生在跨市场的 ETF 中，比如沪深 300ETF（510300.SH）是上交所发行的，其中涵盖了深市的股票，这部分是把钱交给基金公司，由基金公司代买的，基金公司根据成交情况对客户的申购资金进行多退少补。

2.4.5　什么是 IOPV

交易所在开市后根据申购赎回清单和组合证券内各只证券的实时成交数据，计算并发布 ETF 基金的基金份额参考净值。IOPV 每 15 秒更新一次，供投资者交易、申购、赎回基金份额时参考。投资者根据申购一揽子成分股的变动进行 IOPV 的实时预估。一般做 ETF 套利有专门的套利软件，投资者可以去开户券商那里咨询。对于做 ETF 套利的投资者而言，交易所每 15 秒更新一次 IOPV 的频率还是过于低了，一般需要做到成分股价格一发生变动就计算对应 IOPV 的变化，从而快速、有效地估计 ETF 瞬时套利的机会。

其中，IOPV 低于 ETF 二级市场交易价格就产生了溢价套利空间，IOPV 高于 ETF 二级市场交易价格就产生了折价套利空间。如下图所示，一般专业的套利软件会根据行情变动实时更新 IOPV，根据套利方向的不同进行套利实际可以获得的 IOPV 进行估计，计算公式一般为：基金份额参考净值 =（必需现金替代金额 + 允许标记 × 对手价 + 禁止标记 × 对手价 + 退补标记 × 对手价 + 申购赎回清单预估现金）÷ 最小申购、赎回单位。

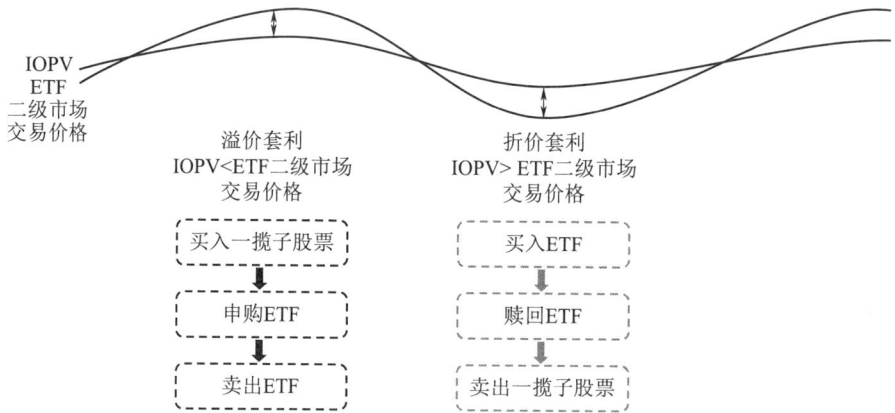

2.4.6　套利如何操作

当 ETF 二级市场交易价格与其对应的 IOPV 发生偏离时就会产生套利空间，当折价、溢价空间覆盖了交易手续费并产生正向的空间时就可以进行套利操作。如下图所示，10:17 上证 50ETF（510050）的 IOPV 是 2.597，小于 ETF 二级市场交易价格。此时，买入 ETF 对应的一揽子成分股并进行申购操作，获得上证 50ETF 份额，之后就可以在二级市场上卖出，获得相应的利润收入。

同样的道理，14:24 ETF 二级市场交易价格小于 IOPV，遵循同一标的哪里便宜买哪里的原则，在二级市场上买入上证 50ETF 后进行赎回操作获得一揽子股票，然后卖出股票，这样就完成了现金→ETF 份额→赎回→卖出得到现金的闭环折价套利操作。

2.4.7　套利会产生哪些费用，应如何设置交易阈值

掌握了套利的具体步骤后，应该如何设置交易阈值呢? 以上证 50ETF（510050）现价 2.793 元/份为例，进行一次最小申购、赎回单位溢价套利所产生的费用项如下表所示。

交易费用	股票	ETF
印花税	卖出时收取	无
过户费	双向收取	无
规费	经手费/证管费（双向收取）	经手费（双向收取）
交易佣金	双向收取	双向收取

买入一揽子股票的成本费用如下。

- 经手费：$2.793×900\,000×0.004\,87\%=122.42$（元）。
- 证管费：$2.793×900\,000×0.002\%=50.27$（元）。
- 过户费：$2.793×900\,000×0.002\%=50.27$（元）。
- 交易佣金：$2.793×900\,000×0.025\%=628.43$（元）。

卖出 ETF 的成本费用如下。

- 经手费：$2.793×900\,000×0.004\,5\%=113.12$（元）。
- 交易佣金：$2.793×900\,000×0.025\%=628.43$（元）。
- 总计：1 592.94 元。
- 折价套利会额外产生卖出股票的印花税：$2.793×900\,000×0.1\%=2\,513.7$（元）。
- 总计：4 106.64 元。

制表如下：

买入一揽子股票	
经手费	$2.793×900\,000×0.004\,87\%=122.42$（元）
证管费	$2.793×900\,000×0.002\%=50.27$（元）
过户费	$2.793×900\,000×0.002\%=50.27$（元）
交易佣金	$2.793×900\,000×0.025\%=628.43$（元）

续上表

卖出 ETF	
经手费	2.793×900 000×0.004 5%=113.12（元）
交易佣金	2.793×900 000×0.025%=628.43（元）

上面是一些预估费用，对于溢价套利来说，套利一圈的费用在 0.07% 左右，折价套利还要包含卖出一揽子股票的印花税，预估费用在 0.17% 左右。套利预估利润一定要高于这些成本费用才行，同时需要考虑 ETF 及其成分股的流动性。

2.4.8　套利资金是如何被利用的

下表所示是 2022 年 2 月 16 日 ETF 套利实时利润预估表。

其中，E 溢价利润和 E 折价利润是根据一揽子成分股价格和 ETF 二级市场交易价格计算扣减交易费用后的实时预估折溢价金额，它对应的是每只 ETF 一份最小申购单位的金额。通常交易所每 15 秒更新一次 IOPV，但这对于时效性要求很高的 ETF 套利而言明显有较高的延迟。一般做 ETF 套利的交易者会有专门的套利软件，其中关于套利预估行情是根据实时的、可以满足成交的自动盘口价格进行估计的。

现在分别用列表中的 ETF 来举例，其中，有灰色底纹的部分数据表示产生相应套利利润的方向。

先看目前有溢价套利机会的农业 ETF（516550）。目前，每份最小申购、赎回单位可以产生 425.8 元的溢价套利利润，假设我们此时进行 ETF 操作：先买入一揽子成分股，其中农业 ETF 申购赎回清单如下图所示。

代码	名称	预估溢价利润（元）	预估折价利润（元）	溢价率	最新价	IOPV	升跌	买一价	卖一价
516550	农业 ETF	423.8	-3 256.52	0.230%	0.881	0.879	-0.005	0.88	0.881
159891	医疗 ETF 基金	-3 338.83	975.17	-0.240%	0.654	0.6556	-0.001	0.653	0.654
159999	永赢中证 500ETF	-12 042.8	2 245.69	-0.530%	1.09	1.0958	0.001	1.091	1.093
159910	基本面 120ETF	-18 761.5	10 894.98	-1.680%	2.335	2.3748	0	2.358	2.36
159936	可选消费 ETF	-34 038.7	3 360.07	-0.890%	1.863	1.8797	-0.003	1.864	1.875

代码	名称	溢价预期费用（元）	折价预期费用（元）	成份股溢价盘口市值（元）	成份股折价盘口市值（元）	ETF 溢价盘口市值（元）	ETF 折价盘口市值	现金替代影响	最小申赎值
516550	农业 ETF	175.94	1 054.78	879 400.30	878 798.30	880 000.00	881 000.00	–	881 000.00
159891	医疗 ETF 基金	130.92	786.74	656 207.90	655 761.90	653 000.00	654 000.00	–	654 000.00
159999	永赢中证 500ETF	437.56	2,628.56	2 193 605.00	2 190 874.00	2 182 000.00	2 186 000.00	–	2 180 000.00
159910	基本面 120ETF	473.43	2,847.12	2 376 288.00	2 373 742.00	2 358 000.00	2 360 000.00	–	2 335 000.00
159936	可选消费 ETF	748.93	4,508.66	3 761 290.00	3 757 869.00	3 728 000.00	3 750 000.00	–	3 726 000.00

ETF申购赎回清单查询　　　　　　　　　　　　2022-02-18　　□　文件下载

○ **基本信息**

最新公告日期	2022-02-16
基金名称	农业ETF
基金管理公司名称	嘉实基金管理有限公司
基金代码	516550
拟合指数代码	399814

○ **2022-02-15 信息内容**

现金差额(元)	3557.26
最小申购、赎回单位资产净值(元)	882204.26
基金份额净值(元)	0.8822

○ **2022-02-16 信息内容**

预估现金部分(元)	3557.26
现金替代比例上限	50.000%
是否需要公布IOPV	是
最小申购、赎回单位(份)	1000000
申购赎回组合证券只数	50
允许申购	允许
允许赎回	允许
当天累计可申购的基金份额上限(份)	不限
当天累计可赎回的基金份额上限(份)	10000000

下表所示是农业 ETF 的具体信息表。

组合信息内容							
证券代码	证券简称	股份数量（股）	现金替代标志	申购替代保证金率（%）	赎回替代保证金率（%）	申购替代金额（元）	赎回替代金额（元）
000553	安道麦 A	300	退补	10	60	2 469	2 469
000830	鲁西化工	900	退补	10	60	14 265	14 265
000860	顺鑫农业	400	退补	10	60	11 184	11 184
000876	新希望	1 800	退补	10	60	29 196	29 196
000895	双汇发展	1 400	退补	10	60	42 714	42 714

续上表

组合信息内容							
证券代码	证券简称	股份数量（股）	现金替代标志	申购替代保证金率（%）	赎回替代保证金率（%）	申购替代金额（元）	赎回替代金额（元）
000902	新洋丰	500	退补	10	60	8 445	8 445
000998	隆平高科	800	退补	10	60	15 064	15 064
002157	正邦科技	1 300	退补	10	60	9 373	9 373
002250	联化科技	600	退补	10	60	10 596	10 596
002299	圣农发展	600	退补	10	60	12 726	12 726
002311	海大集团	700	退补	10	60	47 089	47 089
002385	大北农	2 700	退补	10	60	21 843	21 843
002507	涪陵榨菜	400	退补	10	60	13 032	13 032
002557	洽洽食品	200	退补	10	60	11 224	11 224
002597	金禾实业	300	退补	10	60	12 207	12 207
002626	金达威	200	退补	10	60	5 568	5 568
002714	牧原股份	1 100	退补	10	60	65 098	65 098
300146	汤臣倍健	700	退补	10	60	18 410	18 410
300498	温氏股份	3 200	退补	10	60	67 648	67 648
300741	华宝股份	100	退补	10	60	3 067	3 067
300783	三只松鼠	100	退补	10	60	3 372	3 372
300973	立高食品	0	必须	0	0	0	0
300999	金龙鱼	300	退补	10	60	17 205	17 205
600096	云天化	900	允许	10	0	0	0
600141	兴发集团	600	允许	10	0	0	0
600201	生物股份	900	允许	10	0	0	0
600298	安琪酵母	400	允许	10	0	0	0
600299	安迪苏	300	允许	10	0	0	0
600305	恒顺醋业	500	允许	10	0	0	0
600426	华鲁恒升	1 200	允许	10	0	0	0
600438	通威股份	1 200	允许	10	0	0	0
600486	扬农化工	100	允许	10	0	0	0
600500	中化国际	1 100	允许	10	0	0	0
600597	光明乳业	600	允许	10	0	0	0
600598	北大荒	600	允许	10	0	0	0

组合信息内容							
证券代码	证券简称	股份数量（股）	现金替代标志	申购替代保证金率（%）	赎回替代保证金率（%）	申购替代金额（元）	赎回替代金额（元）
600737	中粮糖业	900	允许	10	0	0	0
600872	中炬高新	400	允许	10	0	0	0
600873	梅花生物	1 700	允许	10	0	0	0
600882	妙可蓝多	200	允许	10	0	0	0
600887	伊利股份	1 200	允许	10	0	0	0
601118	海南橡胶	1 400	允许	10	0	0	0
603027	千禾味业	400	允许	10	0	0	0
603156	养元饮品	400	允许	10	0	0	0
603288	海天味业	500	允许	10	0	0	0
603317	天味食品	200	允许	10	0	0	0
603345	安井食品	100	允许	10	0	0	0
603517	绝味食品	300	允许	10	0	0	0
603719	良品铺子	100	允许	10	0	0	0
603866	桃李面包	300	允许	10	0	0	0
605499	东鹏饮料	100	允许	10	0	0	0

可以看到，农业 ETF 是由上交所发行的跨市场 ETF，其中包含部分深市的成分股，这部分成分股是由基金公司代理买卖的。现在大部分基金公司为了保证 ETF 跟踪的时效性能够高效满足用户交易需求，都有一套实时代理买卖系统，在收到用户的申购与赎回指令时，基本可以实时进行代理买卖，用户可以用申购套利时的价格来做自己的成本预估。

下图所示是一款套利软件的部分截图，可以看到套利用户的交易费用一般可以和对应的券商商谈，争取到一个比较优惠的水平，因为套利用户的一揽子就有上百万元，一天交易几个回合的套利操作可达到 80% 以上的换手率，这对于提升券商的股基交易量和市占率是非常有利的。

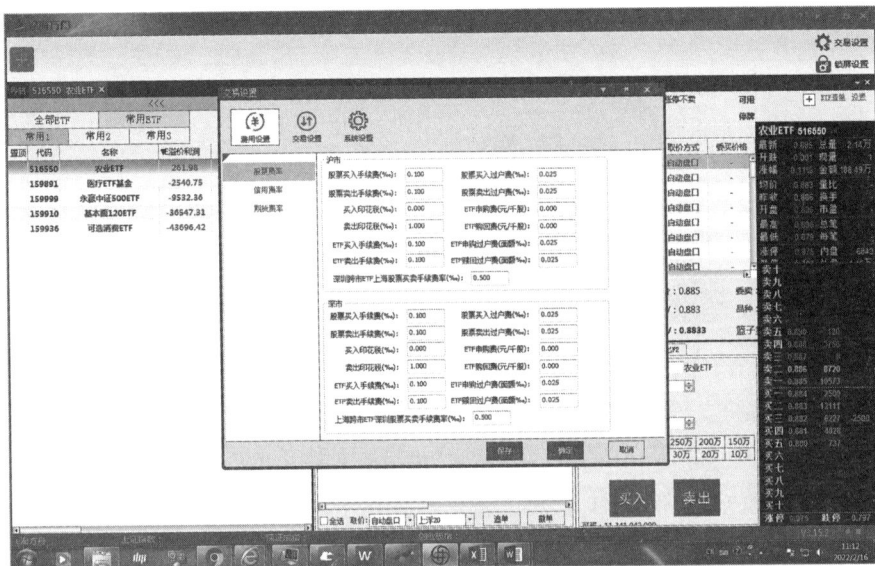

根据费用设置，估算出一些 ETF 的趋势套利利润。了解这些信息后，进入实操阶段，首先进行一揽子成分股的买入操作。在农业 ETF 申购赎回清单中得到最小申购、赎回单位为 100 万份，目前的价格为 0.881 元／份，则至少需要 0.881×1 000 000=881 000（元），即近 90 万元资金做一手套利。

根据套利原则，可以看到，买入一揽子成分股后，申购变成农业 ETF 份额，之后在二级市场上卖出以拿到农业 ETF 份额。这三个动作如果在瞬时完成的情况下大概可以获得 423.8 元的收益，对应于 88 万元的资金而言，单笔套利的绝对收益率大概为 0.05%。投资者可能很难看上 0.05% 的收益率，但需要注意的是，这是一个套利闭环，即现金买入→一揽子成分股→申购 ETF 份额→卖出 ETF →现金，所以，当投资者再次获得现金时可以继续进行套利操作。只要这个套利空间存在，在理论上可以一直操作下去，比如一天操作 100 次，套利绝对收益率就是 5% 如下图所示。

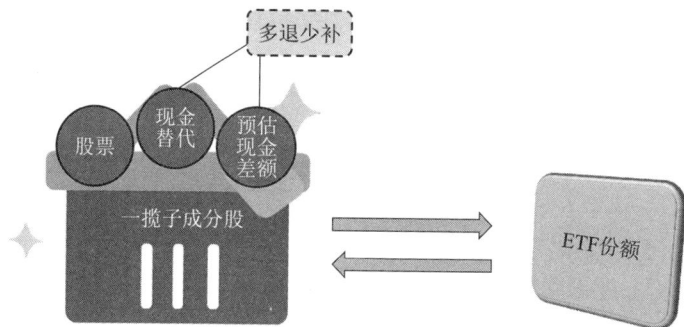

大家看到这里是不是很激动？但是现实世界总有很多事情制约，如果套利空间一直存在，那么最多可以做几次套利——资金利用的问题。虽然作为交易员可以不熟悉清算流程，但 ETF 套利的特殊性就在于它的一些清算交收模式会极大地影响资金的回流速度，从而影响交易员对资金利用率的判断。例如，当交易员做到最后一次套利时，发现从账户里已经拿不出来必须现金替代的钱，面临着申购失败留有敞口的风险。所以，清楚地了解 ETF 套利的清算交收模式对于交易员的资金规划和利用程度有着远超一般交易策略的重要性。

还是以农业 ETF 为例子，如果允许标志全部采用成分股申购，则对应二级市场买入篮子的市值在 43.97 万元左右；剩下一部分大多为深圳退补标志，在 44.18 万元左右，需要以现金替代的方式进行申购并由基金公司代买，那么，这部分需要付出多少现金？

在农业 ETF 的具体信息表中有一个保证金率为 10，它代表 10% 的意思，比如成分股安道麦 A 的价格是 8.21 元 / 股，对应的股份数量是 300 股，在申购时，实际给出的现金是 8.21×300×（1+10%）=2 709.3（元）。基金公司根据实际买卖情况对跨市场部分的股票进行多退少补，这里就涉及不同资金的清算到账效率，其中现金差额是结算时根据 T+1 日的申购赎回清单（PCF）来进行清算交收的，这部分资金可以参考 2 月 17 日的文件，如下图所示。

ETF申购赎回清单查询　　　　　　　　　　　　　　　　　　2022-02-17 　▦　文件下载

基本信息

最新公告日期	2022-02-17
基金名称	农业ETF
基金管理公司名称	嘉实基金管理有限公司
基金代码	516550
拟合指数代码	399814

2022-02-16 信息内容

现金差额(元)	2510.05
最小申购、赎回单位资产净值(元)	880546.05
基金份额净值(元)	0.8805

2022-02-17 信息内容

预估现金部分(元)	2510.05
现金替代比例上限	50.000%
是否需要公布IOPV	是
最小申购、赎回单位(份)	1000000
申购赎回组合证券只数	50
允许申购	允许
允许赎回	允许
当天累计可申购的基金份额上限(份)	不限
当天累计可赎回的基金份额上限(份)	10000000

在 T+1 日清单中明确了前一天的现金差额为 2 510.05 元。那么，当天就会按照该金额进行清算，一般在 T+2 日进行交收，但很多进行了清算交收业务创新的券商可以在 T+1 日进行交收。该农业 ETF 涉及沪市跨市场 ETF 退补款，在途返款一般是 T+3 日，这里以实际金额的 10% 进行预估为 44.18×10%=4.418（万元），再加上现金差额 0.25 万元，大概为 4.418+0.25= 4.668（万元），大概占总资金的 5.3%。所以，一笔套利结束后并不是现金百分之百回笼，套利最终的收益率可以按照当日的成交和基金公司提供的一些补券信息计算出来，而资金的完全收回需要等到现金差额和跨市场退补款项清算交收完成后才可以完成。

以 1 000 万元的资金账户为例，假设始终做农业 ETF 套利，每次有 5% 的资金为套利预扣款，约为 5 万元，那么，1 000 万资金理论上可以做 200 次农业 ETF 套利，而不同 ETF 的最小申购、赎回单位和现金差额差别都很大。一般申购、赎回一份 ETF 需要三十几万元到几百万元不等，以平均 200 万元为例，每次有 10% 的当日可用资金的冻结损耗，那么，1 000 万元资金规模大概可以做 50 次套利。

不同的券商有回款时效的区别，比如一些现金差额的返还，有的是 T+1 日，有的是 T+2 日，早一天在相当程度上提高了资金利用效率，所以，大家在选择券商时也可以对比回款时效。

上面的实操完成了一次溢价套利，再来看目前存在折价套利空间的医疗 ETF 基金（159891.SZ），它是由深交所发行的，其详细信息如下表所示。

医疗申购赎回清单
（2022-02-18）

基本信息
——
基金名称： 医疗
基金管理公司名称： 建信基金管理有限责任公司
基金代码： 159891
目标指数代码： H30178
基金类型： 跨市场ETF
——
2022-02-17日 信息内容
——
现金差额： 62138.37元
最小申购、赎回单位资产净值： 658424.37元
基金份额净值： 0.6584元
——
2022-02-18日 信息内容
——
预估现金差额： 63016.37元
可以现金替代比例上限： 50.00%
是否需要公布IOPV： 是
最小申购、赎回单位： 1000000.00份
最小申购赎回单位现金红利： 0.00元
本市场申购赎回组合证券只数： 40只
全部申购赎回组合证券只数： 71只(含"159900"证券)
是否开放申购： 允许
是否开放赎回： 允许
当天净申购的基金份额上限： 不设上限
当天净赎回的基金份额上限： 不设上限
单个证券账户当天净申购的基金份额上限： 不设上限
单个证券账户当天净赎回的基金份额上限： 不设上限
当天累计可申购的基金份额上限： 不设上限
当天累计可赎回的基金份额上限： 9000000份
单个证券账户当天累计可申购的基金份额上限： 不设上限
单个证券账户当天累计可赎回的基金份额上限： 不设上限
——

证券代码	证券简称	股份数量（股）	现金替代标志	申购替代保证金率（%）	赎回替代保证金率（%）	申购替代金额（元）	赎回替代金额（元）
159900	申赎现金	0	必须	0	0	183 305	35 582.65

续上表

证券代码	证券简称	股份数量（股）	现金替代标志	申购替代保证金率（%）	赎回替代保证金率（%）	申购替代金额（元）	赎回替代金额（元）
000710	贝瑞基因	200	允许	15	15	0	0
002030	达安基因	800	允许	15	15	0	0
002044	美年健康	2 300	允许	15	15	0	0
002223	鱼跃医疗	500	允许	15	15	0	0
002382	蓝帆医疗	600	允许	15	15	0	0
002524	光正眼科	300	允许	15	15	0	0
002551	尚荣医疗	500	允许	15	15	0	0
002901	大博医疗	0	必须	0	0	0	0
002932	明德生物	0	必须	0	0	0	0
002950	奥美医疗	200	允许	15	15	0	0
300003	乐普医疗	1 000	允许	15	15	0	0
300015	爱尔眼科	1 800	允许	15	15	0	0
300143	盈康生命	400	允许	15	15	0	0
300206	理邦仪器	200	允许	15	15	0	0
300238	冠昊生物	200	允许	15	15	0	0
300244	迪安诊断	400	允许	15	15	0	0
300273	和佳医疗	500	允许	15	15	0	0
300298	三诺生物	300	允许	15	15	0	0
300314	戴维医疗	100	允许	15	15	0	0
300326	凯利泰	600	允许	15	15	0	0
300406	九强生物	200	允许	15	15	0	0
300439	美康生物	200	允许	15	15	0	0
300453	三鑫医疗	200	允许	15	15	0	0
300463	迈克生物	400	允许	15	15	0	0
300482	万孚生物	300	允许	15	15	0	0
300529	健帆生物	400	允许	15	15	0	0
300595	欧普康视	400	允许	15	15	0	0
300633	开立医疗	100	允许	15	15	0	0

续上表

证券代码	证券简称	股份数量（股）	现金替代标志	申购替代保证金率（%）	赎回替代保证金率（%）	申购替代金额（元）	赎回替代金额（元）
300639	凯普生物	200	允许	15	15	0	0
300642	透景生命	100	允许	15	15	0	0
300653	正海生物	100	允许	15	15	0	0
300676	华大基因	200	允许	15	15	0	0
300677	英科医疗	300	允许	15	15	0	0
300685	艾德生物	100	允许	15	15	0	0
300760	迈瑞医疗	200	允许	15	15	0	0
300832	新产业	300	允许	15	15	0	0
300869	康泰医学	100	允许	15	15	0	0
300896	爱美客	100	允许	15	15	0	0
300981	中红医疗	0	必须	0	0	0	0
600055	万东医疗	400	允许	15	15	14 237	619
600529	山东药玻	0	必须	0	0	12 776	12 776
600587	新华医疗	300	允许	15	15	8 625	375
600645	中源协和	300	允许	15	15	8 190.3	356.1
600763	通策医疗	200	允许	15	15	35 675.3	1 551.1
603108	润达医疗	300	允许	15	15	3 857.1	167.7
603222	济民医疗	100	允许	15	15	1 798.6	78.2
603301	振德医疗	100	允许	15	15	4 544.8	197.6
603387	基蛋生物	200	允许	15	15	4 211.3	183.1
603392	万泰生物	100	允许	15	15	28 424.55	1 235.85
603658	安图生物	200	允许	15	15	11 138.9	484.3
603882	金域医学	200	允许	15	15	18 409.2	800.4
603976	正川股份	0	必须	0	0	0	0
603987	康德莱	300	允许	15	15	6 955.2	302.4
605369	拱东医疗	0	必须	0	0	0	0
688016	心脉医疗	0	必须	0	0	0	0
688029	南微医学	0	必须	0	0	0	0
688050	爱博医疗	0	必须	0	0	0	0

证券代码	证券简称	股份数量（股）	现金替代标志	申购替代保证金率（%）	赎回替代保证金率（%）	申购替代金额（元）	赎回替代金额（元）
688085	三友医疗	0	必须	0	0	0	0
688108	赛诺医疗	0	必须	0	0	1 404	1 404
688139	海尔生物	0	必须	0	0	14 688	14 688
688198	佰仁医疗	0	必须	0	0	0	0
688277	天智航	200	允许	15	15	4 367.7	189.9
688289	圣湘生物	0	必须	0	0	0	0
688298	东方生物	0	必须	0	0	0	0
688301	奕瑞科技	0	必须	0	0	0	0
688363	华熙生物	0	必须	0	0	0	0
688366	昊海生科	0	必须	0	0	0	0
688389	普门科技	200	允许	15	15	4 002	174
688399	硕世生物	0	必须	0	0	0	0
688580	伟思医疗	0	必须	0	0	0	0

医疗 ETF 基金的最小申购、赎回单位是 100 万份，对应的最小申购、赎回单位资产净值约为 66 万元。下图所示为申购和赎回时对应的资金占比。

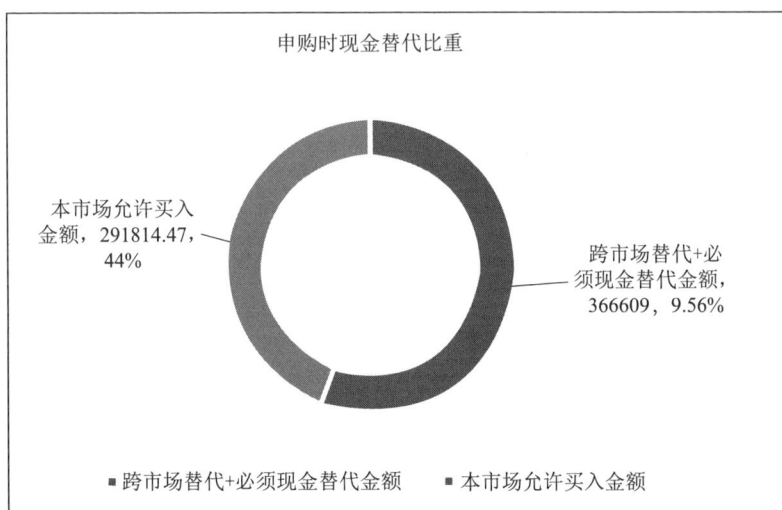

申购时现金替代比重

本市场允许买入金额，291814.47，44%

跨市场替代+必须现金替代金额，366609，9.56%

■跨市场替代+必须现金替代金额　　■本市场允许买入金额

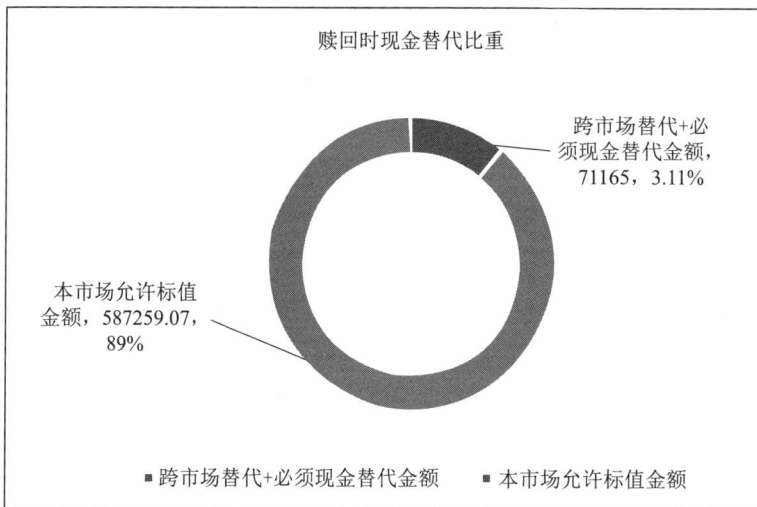

上图对应的分别是溢价套利与折价套利的资金情况。其中，深市股票投资者可以直接买入深市一揽子股票实物，而对应的沪市股票需要转由基金公司代买（申购时代买）、代卖（赎回时代卖），并且分别对应不同的金额。下图所示是套利软件的实时数据，折价套利发生在 571.66 元的预估利润。折价套利发生在 ETF二级市场交易价格低于 IOPV 时，先拿现金去二级市场买入 100 万份医疗 ETF基金，需要 66 万元左右的资金，然后立刻申请赎回，赎回完毕后，在账户持仓中可以看到此 ETF 对应的一揽子股票持仓。套利软件基本上都含有买卖一揽子ETF 对应成分篮子的功能，卖出拿到的成分股，然后得到现金。

以 0.661 的价格买入，最终以 0.663 3 的价格卖出一揽子股票，扣掉手续费等费用，大概可以获利 571.66 元。

根据单笔套利的资金，这笔套利扣除手续费大概有 0.086% 的收益率。

以 1 000 万元资金规模为例，假设一天做了 20 次套利，类似的套利每次有 0.086% 的收益率，一天可以累积的绝对收益率有 1.5% 左右，在市场行情火爆时很多职业套利交易员是可以达到这个水平的，当然也存在市场低迷的时候。大家可以通过实操经验累积和更多的知识储备来达到这样的收益水平。

综上，溢价套利闭环与折价套利闭环的示意图如下图所示。

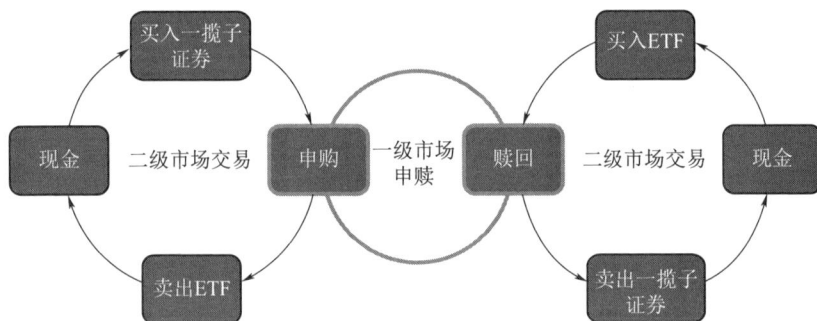

ETF 套利是比较小众的一类策略，其单账户的资金容量有限，因为一位交易员在极限盯盘情况下，大概管理千万元级别的资产，主要盯住近期热点行业和一些指数行情信息，出现机会时果断下手。

据笔者所知，2020 年全年 ETF 套利策略的收益率高达 20% ～ 30%，很多 ETF 爆发出不少套利机会，其中，收益主要来自跨市场和一些宽基 ETF；2021 年 ETF 套利策略的表现稍显逊色，市场风格切换明显，交易员需要在热点行业中进行深耕，毕竟套利策略的收益主要来自一些热点行业 ETF。总之，ETF 套利作为一种低风险的小众交易型策略，需要大家增加相应的知识储备，做到与时俱进。

2.4.9　ETF 套利中还需要注意哪些细节

1. 境内 ETF

一是在溢价套利时，需要先买入一揽子股票进行申购，其中有一部分股票的跌幅达到一定程度时，投资者认为它极有可能继续下跌，则可以选择不买，使用现金替代的方式进行申购。当申购指令到达基金公司时，由基金公司代买，虽然时间差比较小，但也可以拿到这部分跌幅的一只成分股增强收益。

二是在折价套利时，买入 ETF 可以赎回得到一揽子成分股，卖出就可以获得现金，但是可以分析得到一揽子的成分股，然后进行更进一步的细节操作，比如对于涨停的个股可以持有到次日开板再卖出，以获得套利流程外的增强收益。在套利软件中一般会有"涨停不卖"选项，就是针对折价套利的功能进行设置的。

同样，还可以利用 ETF 的申购赎回机制做个股的合并或者停牌个股的套利操作。

当投资者掌握了这种利用 ETF 成分股允许现金替代的标值后，就可以根据这个标值获得一些超值个股，以达到停牌套利的目的。例如，中国联通自 2017 年 3 月 31 日收盘后停牌，直至 2017 年 8 月 21 日才复牌，在刚停牌之际，由于投资者不知道发生了什么事情，自然也不会提前埋伏，直到 2017 年 6 月 26 日，中国联通发布了澄清公告，称拟筹划并推进开展与混合所有制改革相关的重大事项，通过非公开发行股份等方式引入战略投资者，同时否认了相关媒体关于包括阿里巴巴和腾讯在内的投资者将参与认购公司股票的报道。

2017 年 7 月 24 日和 2017 年 8 月 9 日，中国联通又发布了关于市场"联通阿里腾讯成立运营中心混改猜测再升级"的澄清公告，这时市场热度已经积累到一定程度。2017 年 8 月 6 日，中国联通发布了相关的复牌提示，并且 7 月份整体业绩良好，市场热度极高。直到 2017 年 8 月 20 日，中国联通终于发布相关收购兼并的公告，随后就是 8 月 21 日开板的涨停板，当投资者知道收购兼并成功时中国联通已经涨停了，那么，如何才能享受到未来潜在的收益呢? 这时可以选择重仓持有中国联通这只成分股的 ETF，进行 ETF 的二级市场买入，然后赎回，赎回后把除中国联通外的其他成分股卖出，这样就利用 ETF 获得了心仪且二级市场买不到的中国联通，再拿一个交易日之后卖出就可以拿到 8 月 22 日上涨的大部分收益。如果投资者的资金量不够一个申购赎回的最小份额，那么，还有一种退而求其次的方式：寻找中国联通持仓比重最大的公募基金 ETF，其中，中国联通持仓比重越大，策略执行效果越显著，比如个股持仓占总基金持仓的 15%，假设其他成分股综合不涨不跌，单一 15% 比例重仓个股的涨停就可以使得整个基金涨幅达到 1.5%，这样至少分了一杯重大利好的"汤"。

如何查找基金持仓明细呢？打开天天基金网，在搜索框中输入个股代码或个股名称，单击"搜索"按钮，在弹出的页面中单击"查看更多持仓基金"链接，如下图所示。

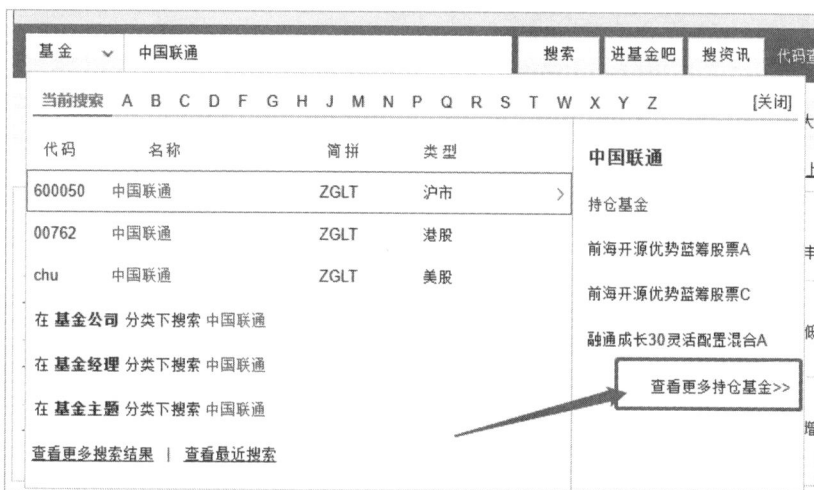

跳转到"数据中心"→"主力数据"页面，可以根据数据日期进行筛选，如下图所示。

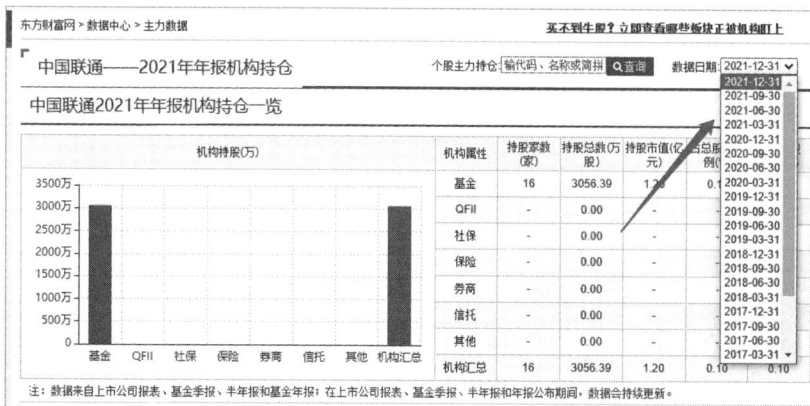

下图所示是中国联通 2021 年年报机构持仓明细。投资者既可以选择按照

持股总数或者持股市值进行筛选，也可以选择排名较前的 ETF 或者公募基金入场。

中国联通2021年年报机构持仓明细

序号	机构名称	相关链接	机构属性	持股总数(万股)	持股市值(亿元)	占总股本比例(%)	占流通股本比例(%)
1	诺安中小盘精选混合	持仓明细	基金	526.66	0.21	0.02	0.02
2	中证南方小康产业指数ETF	持仓明细	基金	502.01	0.20	0.02	0.02
3	博时中证5G产业50ETF	持仓明细	基金	295.55	0.12	0.01	0.01
4	嘉华沪深300指数增强	持仓明细	基金	236.83	0.09	0.01	0.01
5	汇丰晋信价值先锋股票	持仓明细	基金	232.03	0.09	0.01	0.01
6	诺安先进制造股票	持仓明细	基金	226.60	0.09	0.01	0.01
7	嘉扬沪深300质量成长低波动指数A	持仓明细	基金	226.59	0.09	0.01	0.01
8	诺安行业轮动混合	持仓明细	基金	161.83	0.06	0.00	0.00
9	长盛安睿一年持有混合A	持仓明细	基金	155.70	0.06	0.00	0.00
10	长盛盈稳健一年持有A	持仓明细	基金	145.20	0.06	0.00	0.00
11	诺安恒鑫混合	持仓明细	基金	106.00	0.04	0.00	0.00
12	长盛安泰一年持有期混合A	持仓明细	基金	93.27	0.04	0.00	0.00
13	前海开源优势蓝筹股票A	持仓明细	基金	75.52	0.03	0.00	0.00
14	嘉华红润混合A	持仓明细	基金	50.00	0.02	0.00	0.00
15	南方小康ETF联接A	持仓明细	基金	18.33	0.01	0.00	0.00
16	富时中国A50ETF	持仓明细	基金	4.27	0.00	0.00	0.00

这里以中证南方小康产业指数 ETF 历史数据——2017 年 6 月 30 日的持仓明细为例，相关数据如下表所示。

序号	股票代码	股票简称	持股数（万股）	持股市值（亿元）	占总股本比例（%）	占流通股本比例（%）
1	600050	中国联通	1 155.10	0.86	0.05	0.05
2	601668	中国建筑	446.65	0.43	0.01	0.02
3	600019	宝钢股份	611.73	0.41	0.03	0.03
4	600795	国电电力	1 016.43	0.37	0.05	0.05
5	600887	伊利股份	131.65	0.28	0.02	0.02
6	600741	华域汽车	103.52	0.25	0.03	0.04
7	601169	北京银行	243.32	0.22	0.02	0.02
8	600585	海螺水泥	96.47	0.22	0.02	0.02
9	600886	国投电力	256.54	0.20	0.04	0.04
10	600690	海尔智家	132.66	0.20	0.02	0.02
11	601186	中国铁建	160.10	0.19	0.01	0.01
12	600362	江西铜业	112.48	0.19	0.03	0.05

续上表

序号	股票代码	股票简称	持股数 （万股）	持股市值 （亿元）	占总股本 比例（%）	占流通股本 比例（%）
13	601600	中国铝业	399.58	0.18	0.03	0.04
14	601818	光大银行	438.87	0.18	0.01	0.01
15	601390	中国中铁	204.27	0.18	0.01	0.01
16	600048	保利发展	165.51	0.17	0.01	0.01
17	600015	华夏银行	174.07	0.16	0.01	0.01
18	601607	上海医药	55.53	0.16	0.02	0.03
19	601899	紫金矿业	439.21	0.15	0.02	0.03
20	601601	中国太保	42.34	0.14	0.00	0.01

数据来源：天天基金网。

可以看到，中国联通是这只基金的最大重仓股票，在前 20 股票成分中比重高达 16.73%，且为 ETF 中是有确定持仓的，可以通过 ETF 申赎套利的方式或者直接购买此 ETF 的方式来获取中国联通的利好收益，以较小资金的需求量买入该 ETF 的方式，在 2017 年 8 月 21 日该 ETF 也有 1.81% 的涨幅。对于有重大利好而目前处于停牌或者涨停买不到的股票，大家都可以尝试使用这种方法进行操作。

2. 跨境 ETF

一般跨境 ETF 是可以场内 T+0 交易的。截至 2022 年 7 月 13 日，上市的跨境 ETF 有 71 只，其中，有跟踪日经 225 的 225ETF，有跟踪纳斯达克 100 的纳指 ETF，也有跟踪恒生指数的恒生 ETF 等，它们都为投资者提供了极大的便利。下表所示为截至 2022 年 7 月 13 日沪、深两市上市交易的 71 只跨境 ETF 信息。

代码	名称	管理公司	上市地	跟踪指数代码	跟踪指数名称
513050	中概互联网 ETF	易方达基金	上海证券交易所	H30533	中国互联网 50
513330	恒生互联网 ETF	华夏基金	上海证券交易所	HSIII	恒生互联网科技业
159920	恒生 ETF	华夏基金	深圳证券交易所	HSI	恒生指数
513180	恒生科技 指数 ETF	华夏基金	上海证券交易所	HSTECH	恒生科技

代码	名称	管理公司	上市地	跟踪指数代码	跟踪指数名称
510900	H股ETF	易方达基金	上海证券交易所	HSCEI	恒生中国企业指数
159941	纳指ETF	广发基金	深圳证券交易所	NDX	纳斯达克100
513500	标普500ETF	博时基金	上海证券交易所	SPX	标普500
513130	恒生科技ETF	华泰柏瑞基金	上海证券交易所	HSTECH	恒生科技
513060	恒生医疗ETF	博时基金	上海证券交易所	HSHCI	恒生医疗保健
513100	纳指ETF	国泰基金	上海证券交易所	NDX	纳斯达克100
159605	中概互联ETF	广发基金	深圳证券交易所	930604	中国互联网30
513550	港股通50ETF	华泰柏瑞基金	上海证券交易所	930931	港股通50（HKD）
513010	恒生科技30ETF	易方达基金	上海证券交易所	HSTECH	恒生科技
513660	恒生ETF	华夏基金	上海证券交易所	HSI	恒生指数
159792	港股通互联网ETF	富国基金	深圳证券交易所	931637	HKC互联网
513090	香港证券ETF	易方达基金	上海证券交易所	930709	香港证券
513980	港股科技50ETF	景顺长城基金	上海证券交易所	931573CNY00	HKC科技（CNY）
513300	纳斯达克ETF	华夏基金	上海证券交易所	NDX	纳斯达克100
159740	恒生科技ETF	大成基金	深圳证券交易所	HSTECH	恒生科技
513030	德国ETF	华安基金	上海证券交易所	GDAXI	德国DAX
159607	中概互联网ETF	嘉实基金	深圳证券交易所	930604	中国互联网30
513360	教育ETF	博时基金	上海证券交易所	931456	中国教育
159742	恒生科技指数ETF	博时基金	深圳证券交易所	HSTECH	恒生科技
513600	恒生指数ETF	南方基金	上海证券交易所	HSI	恒生指数
513580	恒生科技ETF基金	华安基金	上海证券交易所	HSTECH	恒生科技
159850	恒生国企ETF	华夏基金	深圳证券交易所	HSCEI	恒生中国企业指数
513860	港股通科技ETF	海富通基金	上海证券交易所	931573CNY00	HKC科技（CNY）
159615	生物科技ETF港股	南方基金	深圳证券交易所	HSHKBIO	恒生香港上市生物科技
159960	H股ETF港股通	平安基金	深圳证券交易所	HSCEI	恒生中国企业指数
513700	香港医药ETF	鹏华基金	上海证券交易所	930975	HKC医药C（CNY）
513770	港股互联网ETF	华宝基金	上海证券交易所	931637	HKC互联网

续上表

代码	名称	管理公司	上市地	跟踪指数代码	跟踪指数名称
513690	恒生高股息 ETF	博时基金	上海证券交易所	HSSCHKY	恒生港股通高股息率
159741	恒生科技 ETF 基金	嘉实基金	深圳证券交易所	HSTECH	恒生科技
159747	香港科技 ETF	南方基金	深圳证券交易所	931574CNY00	港股科技（CNY）
159954	H 股 ETF	南方基金	深圳证券交易所	HSCEI	恒生中国企业指数
513220	全球互联 ETF	招商基金	上海证券交易所	930796.CSI	全球中国互联网（CNY）
159822	新经济 ETF	银华基金	深圳证券交易所	SPNCSCHN	标普中国新经济行业
513020	港股科技 ETF	国泰基金	上海证券交易所	931573CNY00	HKC 科技（CNY）
513120	港股创新药 ETF	广发基金	上海证券交易所	931787CNY00	港股创新药（CNY）
513890	恒生科技 HKETF	上投摩根基金	上海证券交易所	HSTECH	恒生科技
513320	恒生新经济 ETF	易方达基金	上海证券交易所	HSSCNE	恒生港股通新经济
513900	港股通 100ETF	华安基金	上海证券交易所	CES100	中华港股通精选 100
159892	恒生医药 ETF	华夏基金	深圳证券交易所	HSHKBIO	恒生香港上市生物科技
513150	港股通科技 50ETF	华泰柏瑞基金	上海证券交易所	931573CNY00	HKC 科技（CNY）
159726	恒生红利 ETF	华夏基金	深圳证券交易所	HSMCHYI	恒生中国内地企业高股息率
159751	港股科技 ETF	鹏华基金	深圳证券交易所	931573CNY00	HKC 科技（CNY）
513200	港股通医药 ETF	易方达基金	上海证券交易所	930965	HKC 医药 C（HKD）
159735	港股消费 ETF	银华基金	深圳证券交易所	931455	HKC 消费 CNY
159712	港股通 50ETF	国泰基金	深圳证券交易所	930931	港股通 50（HKD）
159776	港股通医药 ETF	银华基金	深圳证券交易所	930965	HKC 医药 C（HKD）
513520	日经 ETF	华夏基金	上海证券交易所	N225	日经 225
159612	标普 500ETF	国泰基金	深圳证券交易所	SPX	标普 500
159866	日经 ETF	工银瑞信基金	深圳证券交易所	N225	日经 225
159718	港股医药 ETF	平安基金	深圳证券交易所	930965	HKC 医药 C（HKD）

续上表

代码	名称	管理公司	上市地	跟踪指数代码	跟踪指数名称
159711	港股通 ETF	华夏基金	深圳证券交易所	930931	港股通 50（HKD）
513080	法国 CAC40ETF	华安基金	上海证券交易所	FCHI	法国 CAC40
513000	日经 225ETF 易方达	易方达基金	上海证券交易所	N225	日经 225
513990	港股通 ETF	招商基金	上海证券交易所	H50069CNY10	港股通人民币中间价
513230	港股消费 ETF	华夏基金	上海证券交易所	931455	HKC 消费 CNY
513880	日经 225ETF	华安基金	上海证券交易所	N225	日经 225
513160	港股科技 30ETF	银华基金	上海证券交易所	HSSCT	恒生港股通中国科技
513070	港股消费 50ETF	易方达基金	上海证券交易所	931454	HKC 消费
513530	港股通红利 ETF	华泰柏瑞基金	上海证券交易所	930915	港股通高股息（CNY）
159823	H 股 ETF 基金	嘉实基金	深圳证券交易所	HSCEI	恒生中国企业指数
513800	东京证券指数 ETF	南方基金	上海证券交易所	TPX	东证指数
159788	港股通 100ETF	易方达基金	深圳证券交易所	930957	HKC中国 100（HKD）
159750	香港科技 50ETF	招商基金	深圳证券交易所	931574CNY00	港股科技（CNY）
513960	港股通消费 ETF	博时基金	上海证券交易所	931455	HKC 消费 CNY
513590	香港消费 ETF	鹏华基金	上海证券交易所	931455	HKC 消费 CNY
513680	恒生国企 ETF	建信基金	上海证券交易所	HSCEI	恒生中国企业指数
513380	恒生科技基金 ETF	广发基金	上海证券交易所	HSTECH	恒生科技

数据来源：Wind。

　　跨境 ETF 也具有一级市场申赎、二级市场买卖的交易机制。但与沪深股票型 ETF 不同的是，这些跨境 ETF 的申赎大部分为现金申赎，不是一揽子实物申赎，并且大部分跨境 ETF 的成分股和境内上市的 ETF 交易时间不一致，估值有一定的滞后性。所以，跨境 ETF 的套利实效性相比于沪深 ETF 的套利实效性较差，需要大家对标的有更长时间的趋势判断。

　　下面以热度较高的中概互联 ETF 为例进行说明。下表所示是中概互联 ETF 申赎清单（2022 年 7 月 12 日）。

代码	513050.SH
名称	易方达中证海外互联 ETF
净值截止日期	2022/07/08
现金差额（元）	294.47
最小申购、赎回单位资产净值（元）	1 133 554.09
基金份额净值（元）	1.13
公告日期	2022/07/12
预估现金部分（元）	411.25
现金替代比例上限（%）	100.00
申购上限（份）	1 000 000.00
赎回上限（份）	300 000 000.00
是否需要公告 IOPV	是
最小申购、赎回单位（份）	1 000 000.00
是否允许申购、赎回	申购、赎回皆允许
成分股记录数（只）	43

数据来源：Wind。

下表所示是中概互联 ETF 的成分股信息。

代码	名称	数量（股）	现金替代标志	现金替代溢价比例	固定替代金额（元）
API.O	声网	17.00	必须	0.00	710.63
ATHM.N	汽车之家	11.00	退补	15.00	2 792.15
BEKE.N	贝壳	113.00	退补	15.00	12 669.65
BZ.O	BOSS 直聘	65.00	退补	15.00	11 487.85
CD.O	秦淮数据	27.00	必须	0.00	1 365.98
DADA.O	达达集团	16.00	必须	0.00	913.61
HUYA.N	虎牙直播	14.00	必须	0.00	370.11
IQ.O	爱奇艺	60.00	退补	15.00	1 694.90
KC.O	金山云	18.00	必须	0.00	516.92
LU.N	陆金所控股	137.00	退补	15.00	5 221.30
MOMO.O	挚文集团	24.00	必须	0.00	816.45
PDD.O	拼多多	94.00	退补	15.00	38 347.85

续上表

代码	名称	数量（股）	现金替代标志	现金替代溢价比例	固定替代金额（元）
QFIN.O	360 数科	20.00	退补	15.00	2 086.75
TAL.N	好未来	53.00	退补	15.00	1 667.85
TME.N	腾讯音乐	101.00	退补	15.00	3 259.69
VIPS.N	唯品会	60.00	退补	15.00	4 078.22
VNET.O	世纪互联	22.00	必须	0.00	814.84
WB.O	微博	15.00	退补	15.00	2 298.78
YMM.N	满帮集团	165.00	退补	15.00	9 797.99
YY.O	欢聚	7.00	退补	15.00	1 317.47
ZH.N	知乎	95.00	退补	15.00	1 039.01
1024.HK	快手 -W	374.00	退补	15.00	27 690.46
1060.HK	阿里影业	2 015.00	必须	0.00	1 257.59
1810.HK	小米集团 -W	2 614.00	退补	15.00	30 080.94
1833.HK	平安好医生	83.00	退补	15.00	1 667.58
2013.HK	微盟集团	309.00	退补	15.00	1 302.41
2158.HK	医渡科技	88.00	退补	15.00	755.37
2400.HK	心动公司	43.00	必须	0.00	705.11
0241.HK	阿里健康	807.00	退补	15.00	3 815.39
3690.HK	美团 -W	738.00	退补	15.00	121 332.28
3888.HK	金山软件	163.00	退补	15.00	4 027.41
6060.HK	众安在线	106.00	退补	15.00	2 315.46
6618.HK	京东健康	190.00	退补	15.00	10 282.48
0700.HK	腾讯控股	1 004.00	退补	15.00	302 661.19
0772.HK	阅文集团	76.00	退补	15.00	2 300.16
0780.HK	同程旅行	199.00	退补	15.00	2 752.79
0909.HK	明源云	176.00	退补	15.00	1 694.31
9618.HK	京东集团 -SW	378.00	退补	15.00	79 435.46
9626.HK	哔哩哔哩 -SW	41.00	退补	15.00	7 445.25
9888.HK	百度集团 -SW	328.00	退补	15.00	42 063.54
9961.HK	携程集团 -S	94.00	退补	15.00	16 876.71
9988.HK	阿里巴巴 -SW	3 228.00	退补	15.00	333 933.21
9999.HK	网易 -S	296.00	退补	15.00	35 479.74

数据来源：Wind。

　　投资中概互联 ETF 相当于投资其成分股，其中包含比较热门的海外上市公司阿里巴巴、京东、百度等热门中概股。可以看到其对应的成分股现金替代标志不是"必须"就是"退补"，说明整个 ETF 其实是用现金进行申购与赎回的，基金公司收到指令后进行代理买卖，最后把买卖结果返回给投资者。

　　而这些成分股的买卖与 ETF 的交易时间大部分并不一致。在一般情况下，跨境 ETF 的 IOPV 只能根据成分股的收盘价给出一个估值，而境内 ETF 的 IOPV 可以根据成分股的价格变动进行实时估值，非常考验大家对成分股 T+1 日走势的预期。

　　举个例子，当前场内折价 5%，可以场内买入中概互联 ETF，然后进行赎回，基金公司接到赎回指令后，在对应的市场，比如港股市场和美股市场开盘时间内卖出相应股票，并把卖出的资金返回给投资者，如果开市卖出这些成分股的均价按成分配比加权下跌超过 5%，那么，这笔套利会以亏损告终；如果成分股下跌没有达到 5% 或上涨，比如上涨 1%，那么，这笔套利最终将实现高达 6%（5%+1%）的盈利。同样，再看它的套利资金门槛，这里中概互联（513050）的最小申购、赎回单位是 100 万份，与其最近的净值 1.13 元 / 份相乘，得出投资者进行一份套利的最小资金约为 113 万元。

第3章

低风险的实操打新手法

国内参与新股申购业务的投资者一般是风险偏好较低且有闲置资金的投资者。对于新手投资者而言，可以掌握下图所示的几种实操打新手法。

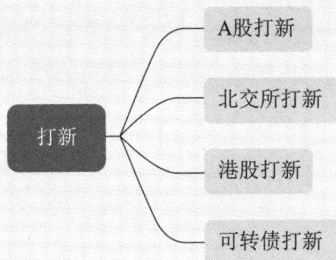

```
                         ┌─── A股打新
                         │
                         ├─── 北交所打新
         打新 ───────────┤
                         ├─── 港股打新
                         │
                         └─── 可转债打新
```

3.1　A 股打新

新股申购俗称打新股，投资者参与打新是为了以发行价获取股票，当新股上市后卖出，赚取一、二级市场间风险较低的那部分差价收益。打新者大多不参与二级市场炒作，在很长一段时间内，打新不仅本金非常安全，收益也相对稳定，是稳健投资者的理想投资选择。但在 2021 年四季度，A 股新股连连破发，单签亏损巨大。不过，总体而言，打新股是股市中风险较低的一种投资方式。

3.1.1　A 股打新历史

A 股新股发行自 1990 年以来，经历了新股认购证时代、认购申请表时代、全额预缴款时代、市值配售时代。

2016 年新股改革后，目前的 A 股打新采用纯市值配售制度。据集思录统计，假设投资者配有深市 14 万元市值股票，沪市 16 万元市值股票，从 2016年 1 月 22 日到 2021 年 1 月 10 日，理论上可以收获约 19.7 万元的打新收益，如下图所示。

起始打新日期 2016-01-22	账户数 1 个
深圳单账户市值 140000 元	深圳总收益 0 元
上海单账户市值 160000 元	上海总收益 0 元

开始计算　重置

交易所	已打总签数	单签理论收益	平均中签率	理论收益
深圳	20257	4.36	0.026%	88240.29
上海	11717	9.28	0.052%	108768.63

2021 年 9 月 18 日，沪、深交易所发布了双创板新股的发行新规，对新股询价高价剔除机制等进行了修改，使得新股发行更加市场化，客观上也导致了新股的发行价格较以前有所提高。2021 年双创板新股发行估值如下表所示。

2021 年科创板、创业板新股发行估值			
时间段	新股发行 PE 中位数（倍）	上市首日收盘涨幅中位数	草集资金 / 预计募集资金
2021 年 1—9 月	23.55	211%	84%
2021 年 10—12 月	42.7	62%	144%

科创板、创业板新股在注册制的影响下，询价新规不再受 PE < 24 倍的限制，很多发行价格较高的科创板、创业板新股纷纷破发，导致打新投资者损失惨重，如下表所示。

2021 年 10—12 月上市新股破发情况					
代码	简称	发行价格（元 / 股）	上市日期	首日收盘价（元 / 股）	每中一签获利（元）
688737	中自科技	70.90	10/22	66.03	−2 435
301087	可孚医疗	93.09	10/25	88.97	−2 060
688211	中科微至	90.20	10/26	78.81	−5 695
688257	新锐股份	62.30	10/27	53.55	−4 375
688739	成大生物	110.00	10/28	80.00	−15 000
301088	戎美股份	33.16	10/28	28.79	−2 185
301091	深城交	36.50	10/29	33.59	−1 455
301093	华兰股份	58.08	11/1	52.22	−2 930
301092	争光股份	36.31	11/2	36.09	−110
688232	新点软件	48.49	11/17	46.31	−1 090
688192	迪哲医药	52.58	12/10	41.10	−5 740
688235	百济神州	192.60	12/15	160.98	−15 810

可以看出，随着对科创板、创业板新股市盈率限制的放宽，注册制下新股发行估值大幅提升，解决了前期上市公司募资总额不足的问题。同时，随着一级市场发行市盈率的提高，极大地降低了二级市场的收益，压缩了打新投资者的收入。

2022 年初，中央经济工作会议指出，要全面实行股票发行注册制。这意味着未来主板、中小板也会实施注册制，届时，主板新股申购也将面临与 2021 年双创板新股申购类似的情况。

3.1.2　A 股打新规则

1. 申购规则

就一只新股而言，一个证券账户只能申购一次。而且账户不能重复申购，投资者不可以撤单，申购前要记住申购代码（有些券商支持一键申购，投资者不用记住申购代码，非常方便）。如果在下单时出现错误或者违反上述规则，则会被视为无效申购。另外，一张身份证可以开通三个账户，但以第一笔申购为有效申购，后续账户申购均为无效废单。

由于目前是纯市值配售时代，所以，在进行新股申购时，系统会按照账户中持仓的股票市值来派发额度，有额度才能申购。额度派发的规则是：假设 T 日为申购日，系统会自动计算账户中 T-2 日至前 20 个交易日的日均股票市值。不过，要求这个日均股票市值要达到 1 万元以上，才会有额度派发到账，1 万元市值对应可以申购 1 000 股，2 万元市值对应可以申购 2 000 股，以此类推。另外，沪、深两个市场是分开计算的，申购深市的新股要有深市的股票市值，申购沪市的新股要有沪市的股票市值。

投资者持有多个证券账户的，多个证券账户的市值合并计算。融资融券客户信用证券账户的市值合并计算到该投资者持有的市值中。投资者相关证券账户开户时间不足 20 个交易日的，按 20 个交易日计算日均股票市值。

2. 申购时段

新股申购的委托时间段和股票交易时间段是不同的。股票交易的有效时间段如下。

沪市：9:30—11:30；13:00—15:00。

深市：9:15—11:30；13:00—15:00。

而新股申购的委托时间段为交易日全天（9:15—15:00），有些券商甚至提供了预约申购服务，这样一来，投资者也可以在申购日之前的空闲时间（比如晚上）预约打新，从而避免忘记打新的风险。

关于什么时间段打新的中签率比较高，众说纷纭，普遍观点是"申购时间段选在 10:30—11:30 和 13:00—14:00，中签概率相对较大"。其实，从概率论的角度来看，在任何时间段申购新股，并不影响单个投资者的中签率。坊间也有一群投资者在某个非高峰时间集中下单，以保证配号的连续性，这样集体配号的中签率有所保证，集体的收益率接近理论值。

3.1.3　A 股打新资金分配和收益

很多投资者想知道打新市值怎么分配，集思录提供了理论统计结果，在"新股数据"→"新股市值配置 / 收益计算器"页面中可以看到，如下图所示。

交易所	市值配置(元)	理论总收益(元)	理论总收益率	理论增量收益率	理论年化	理论增量年化
上海	20,000	4,804.63	24.02%	24.02%	24.02%	24.02%
上海	30,000	7,051.93	23.51%	22.47%	23.51%	22.47%
上海	40,000	9,001.02	22.50%	19.49%	22.50%	19.49%
上海	50,000	10,692.00	21.38%	16.91%	21.30%	16.91%
上海	60,000	12,109.24	20.18%	14.17%	20.18%	14.17%
上海	70,000	13,283.35	18.98%	11.74%	18.98%	11.74%
上海	80,000	14,273.11	17.84%	9.90%	17.84%	9.90%
上海	90,000	15,159.21	16.84%	8.86%	16.84%	8.86%
上海	100,000	15,984.12	15.98%	8.25%	15.98%	8.25%
上海	110,000	16,688.57	15.17%	7.04%	15.17%	7.04%
上海	120,000	17,337.52	14.45%	6.49%	14.45%	6.49%
上海	130,000	17,846.20	13.73%	5.09%	13.73%	5.09%
上海	140,000	18,321.47	13.09%	4.75%	13.09%	4.75%
上海	150,000	18,768.67	12.51%	4.47%	12.51%	4.47%
上海	160,000	19,184.39	11.99%	4.16%	11.99%	4.16%
上海	170,000	19,542.60	11.50%	3.58%	11.50%	3.58%
上海	180,000	19,880.72	11.04%	3.38%	11.04%	3.38%
上海	190,000	20,212.76	10.64%	3.32%	10.64%	3.32%
上海	200,000	20,501.65	10.25%	2.89%	10.25%	2.89%
上海	210,000	20,771.09	9.89%	2.69%	9.89%	2.69%
上海	220,000	21,031.25	9.56%	2.60%	9.56%	2.60%
上海	230,000	21,276.08	9.25%	2.45%	9.25%	2.45%
上海	240,000	21,514.42	8.96%	2.38%	8.96%	2.38%
上海	250,000	21,734.98	8.69%	2.21%	8.69%	2.21%
上海	260,000	21,951.59	8.44%	2.17%	8.44%	2.17%
上海	270,000	22,159.38	8.21%	2.08%	8.21%	2.08%
上海	280,000	22,367.17	7.99%	2.08%	7.99%	2.08%
上海	290,000	22,574.96	7.78%	2.08%	7.78%	2.08%
上海	300,000	22,782.75	7.59%	2.08%	7.59%	2.08%

交易所	市值配置(元)	理论总收益(元)	理论总收益率	理论增量收益率	理论年化	理论增量年化
深圳	40,000	4,414.13	11.04%	11.04%	11.04%	11.04%
深圳	50,000	5,509.84	11.02%	10.96%	11.02%	10.96%
深圳	60,000	6,547.23	10.91%	10.37%	10.91%	10.37%
深圳	70,000	7,475.61	10.68%	9.28%	10.68%	9.28%
深圳	80,000	8,282.49	10.35%	8.07%	10.35%	8.07%
深圳	90,000	8,972.83	9.97%	6.90%	9.97%	6.90%
深圳	100,000	9,560.48	9.56%	5.88%	9.56%	5.88%
深圳	110,000	10,067.89	9.15%	5.07%	9.15%	5.07%
深圳	120,000	10,516.99	8.76%	4.49%	8.76%	4.49%
深圳	130,000	10,939.70	8.42%	4.23%	8.42%	4.23%
深圳	140,000	11,326.88	8.09%	3.87%	8.09%	3.87%
深圳	150,000	11,695.94	7.80%	3.69%	7.80%	3.69%
深圳	160,000	11,987.30	7.49%	2.91%	7.49%	2.91%
深圳	170,000	12,236.23	7.20%	2.49%	7.20%	2.49%
深圳	180,000	12,419.19	6.90%	1.83%	6.90%	1.83%
深圳	190,000	12,562.31	6.61%	1.43%	6.61%	1.43%
深圳	200,000	12,679.64	6.34%	1.17%	6.34%	1.17%
深圳	210,000	12,724.57	6.06%	0.45%	6.06%	0.45%
深圳	220,000	12,769.50	5.80%	0.45%	5.80%	0.45%
深圳	230,000	12,814.42	5.57%	0.45%	5.57%	0.45%
深圳	240,000	12,854.15	5.36%	0.40%	5.36%	0.40%
深圳	250,000	12,888.69	5.16%	0.35%	5.16%	0.35%

如果投资者的总资金为 30 万元，单账户打新，按照 2021 年 1 月 10 日至 2022 年 1 月 10 日的历史新股数据计算，那么建议账户配置方式为：上海证券交易所 16 万元市值，深圳证券交易所 14 万元市值，理论总收益为 30 511.27 元，理论年化收益率为 10.17%，容纳资金 30 万元。

下表所示为 10 万～ 50 万元的账户配置方式总结。

打新资金	建议账户配置方式
10 万元	上海证券交易所 7 万元市值，深圳证券交易所 3 万元市值，理论总收益为 16 593.95 元，理论年化收益率为 16.59%
20 万元	上海证券交易所 11 万元市值，深圳证券交易所 9 万元市值，理论总收益为 25 661.40 元，理论年化收益率 12.83%

续上表

打新资金	建议账户配置方式
30 万元	上海证券交易所 16 万元市值，深圳证券交易所 14 万元市值，理论总收益为 30 511.27 元，理论年化收益率为 10.17%
40 万元	上海证券交易所 23 万元市值，深圳证券交易所 17 万元市值，理论总收益为 33 512.31 元，理论年化收益率为 8.38%
50 万元	上海证券交易所 33 万元市值，深圳证券交易所 17 万元市值，理论总收益为 35 596.21 元，理论年化收益率为 7.12%

2022 年上半年，A 股沪、深新股顶格申购需配市值的中位数为 8.5 万元，所以，单账户市值配太多并不能有效增加配号。而且 50 万元分配到一家中两个人 20 万元 +30 万元的账户，理论总收益为 25 661.40+30 511.27=56 172.67（元），远远大于单个 50 万元账户理论总收益 35 596.21 元。所以，投资者要想提升新股申购整体收益，需要先配置好单账户的资金，再配置好每个账户的沪、深市值。只有让打新收益起码跑赢一年期理财收益，才算有效投资。

3.1.4　A 股打新破发怎么破解

很多投资者想问：既然全面注册制即将来临，以后还能靠打新获取收益吗？先找出自 2021 年 10 月 22 日有破发以来，科创板、创业板破发的新股有哪些共性（2021 年 10 月 22 日至 2021 年 12 月 31 日，双创板共计上市 78 只新股，其中破发 16 只，破发率为 20.51%）。

• 按照发行市值排序，可以看出，期间发行市值小于 10 亿元的双创板新股共计 29 只，都没有破发；发行市值超过 10 亿元的双创板新股共计 49 只，破发 16 只，破发率为 32.65%。

• 按照发行价格排序，可以看出，期间发行价格小于 29 元 / 股的双创板新股共计 31 只，都没有破发；发行价格超过 29 元 / 股的双创板新股共计 47 只，破发 16 只，破发率为 34.04%。

• 按照发行市盈率排序，可以看出，期间发行市盈率小于 27 倍的双创板新股共计 8 只，都没有破发；发行市盈率在 27 ～ 37 倍的双创板新股共计 16 只，破发 1 只；发行市盈率超过 37 倍的双创板新股共计 49 只，破发 13 只，破发率为 26.53%。另外，有 5 只双创板新股的发行市盈率未知，其中破发 3 只。

下表所示为 2021 年 10 月 22 日至 2021 年 12 月 31 日科创板、创业板发行新股的详细统计数据。

上市日期	股票简称	顶格申购需配市值（万元）	发行市值（亿元）	发行价格（元/股）	发行市盈率（倍）	行业市盈率（倍）	中签率（%）	单签缴款（元）	开板收盘价（元/股）	每中一签获利（元）	每中一签获利百分比
10/22	中自科技	5	15.25	70.90	27.94	49.68	0.025 7	70 900	66.03	-2 435	-6.87%
10/25	可孚医疗	11	37.24	93.09	37.15	41.63	0.016 7	9 3090	88.97	-2 060	-4.43%
10/25	凯尔达	4.5	9.24	47.11	59.66	37.35	0.026 0	47 110	52.18	2 535	10.76%
10/26	华润材料	31	23.19	10.45	26.64	49.32	0.030 6	10 450	18.97	4 260	81.53%
10/26	汇宇制药	10	24.72	38.87	50.70	37.99	0.028 7	38 870	39.61	370	1.90%
10/26	中科微至	9	29.77	90.20	61.31	36.85	0.026 2	90 200	78.81	-5 695	-12.63%
10/27	拓新药业	8	6.02	19.11	22.65	38.02	0.014 6	19 110	28.82	4 855	50.81%
10/27	久盛电气	10	6.26	15.48	32.43	43.59	0.016 0	15 480	26.21	5 365	69.32%
10/27	新锐股份	5.5	14.45	62.30	52.52	59.04	0.025 6	62 300	53.55	-4 375	-14.04%
10/27	精进电动	20.5	20.33	13.78	—	31.99	0.032 2	13 780	17.70	1 960	28.45%
10/28	戎美股份	16	18.90	33.16	49.01	23.68	0.018 1	33 160	28.79	-2 185	-13.18%
10/28	成大生物	7.5	45.82	110.00	54.24	38.11	0.028 6	110 000	80.00	-15 000	-27.27%
10/29	深城交	10	14.60	36.50	40.69	31.91	0.015 5	36 500	33.59	-1 455	-7.97%
11/1	华兰股份	8.5	19.55	58.08	101.40	38.11	0.015 4	58 080	52.22	-2 930	-10.09%

续上表

上市日期	股票简称	顶格申购需配市值（万元）	发行市值（亿元）	发行价格（元/股）	发行市盈率（倍）	行业市盈率（倍）	中签率（%）	单签缴款（元）	开板收盘价（元/股）	每中一签获利（元）	每中一签获利百分比
11/2	瑞纳智能	18	10.25	55.66	33.12	35.35	0.011 2	55 660	64.91	4 625	16.62%
11/2	争光股份	9.5	12.10	36.31	54.59	48.42	0.015 1	36 310	36.09	−110	−0.61%
11/3	零点有数	18	3.50	19.39	29.27	30.03	0.011 5	19 390	46.82	13 715	141.46%
11/10	强瑞技术	18	5.51	29.82	38.00	40.87	0.013 6	29 820	56.10	13 140	88.13%
11/10	隆华新材	11.5	7.05	10.07	42.80	45.71	0.022 5	10 070	24.80	7 365	146.28%
11/10	巨一科技	8	15.76	46.00	70.87	40.84	0.029 6	46 000	89.50	21 750	94.57%
11/11	力诺特玻	13.5	7.55	13.00	35.57	18.58	0.020 0	13 000	27.12	7 060	108.62%
11/12	金埔园林	6.5	3.26	12.36	17.59	8.62	0.016 7	12 360	34.00	10 820	175.08%
11/12	天亿马	11.5	5.73	48.66	44.96	57.36	0.011 0	48 660	78.90	15 120	62.15%
11/12	安路科技	8.5	13.03	26.00	—	46.35	0.033 5	26 000	70.25	22 125	170.19%
11/15	诺唯赞	6.5	22.01	55.00	27.02	113.33	0.035 2	55 000	85.35	15 175	55.18%
11/15	澳华内镜	8.5	7.50	22.50	244.08	40.77	0.029 2	22 500	38.51	8 005	71.16%
11/16	灿勤科技	21	10.5	10.50	15.77	46.49	0.032 7	10 500	19.50	4 500	85.71%
11/16	万祥科技	7.5	4.88	12.20	51.80	46.49	0.019 9	12 200	37.33	12 565	205.98%
11/17	新点软件	19.5	40.00	48.49	40.75	57.23	0.034 3	48 490	46.31	−1 090	−4.50%
11/18	安旭生物	4	12.00	78.28	7.44	37.59	0.029 7	78 280	88.80	5 260	13.44%

续上表

上市日期	股票简称	顶格申购需配市值（万元）	发行市值（亿元）	发行价格（元/股）	发行市盈率（倍）	行业市盈率（倍）	中签率（%）	单签缴款（元）	开板收盘价（元/股）	每中一签获利（元）	每中一签获利百分比
11/18	恒光股份	7.5	6.05	22.70	25.51	45.64	0.016 1	22 700	59.00	18 150	159.91%
11/18	盛美上海	6.5	36.85	85.00	398.67	40.77	0.036 0	85 000	129.75	22 375	52.65%
11/19	鸥玛软件	10.5	4.56	11.88	34.04	57.23	0.018 4	11 880	31.58	9 850	165.82%
11/22	正强股份	20	3.58	17.88	29.99	34.40	0.012 6	17 880	52.42	17 270	193.18%
11/22	雅创电子	5	4.40	21.99	31.81	17.55	0.014 8	21 990	61.55	19 780	179.90%
11/24	海力风电	15	32.97	60.66	21.54	46.59	0.020 2	60 660	167.00	53 170	175.30%
11/26	金钟股份	7.5	3.80	14.33	32.55	34.90	0.015 2	14 330	56.93	21 300	297.28%
11/26	云路股份	7.5	13.99	46.63	63.51	17.30	0.029 1	46 630	131.60	42 485	182.22%
11/29	炬芯科技	5	13.11	42.98	—	47.44	0.031 0	42 980	83.00	20 010	93.11%
12/1	鼎阳科技	6.5	12.43	46.60	98.77	35.23	0.027 4	46 600	106.35	29 875	128.22%
12/1	芯导科技	3.5	20.22	134.81	112.96	47.54	0.028 0	134 810	188.62	26 905	39.92%
12/2	喜悦智行	7	5.44	21.76	39.23	27.47	0.015 5	21 760	57.90	18 070	166.08%
12/3	洁雅股份	5.5	11.63	57.27	27.05	44.87	0.015 4	57 270	82.68	12 705	44.37%
12/6	建研设计	20	5.27	26.33	28.98	31.27	0.012 6	26 330	40.53	7 100	53.93%
12/6	观想科技	20	6.30	31.50	44.56	58.15	0.012 3	31 500	58.30	13 400	85.08%
12/6	华强科技	20.5	30.25	35.09	182.41	41.65	0.032 2	35 090	43.60	4 255	24.25%

续上表

上市日期	股票简称	顶格申购需配市值（万元）	发行市值（亿元）	发行价格（元/股）	发行市盈率（倍）	行业市盈率（倍）	中签率（%）	单签缴款（元）	开板收盘价（元/股）	每中一签获利（元）	每中一签获利百分比
12/7	粤万年青	10	4.19	10.48	29.58	37.42	0.017 1	10 480	32.98	11 250	214.69%
12/7	达嘉维康	14.5	6.39	12.37	40.58	17.28	0.018 9	12 370	23.70	5 665	91.59%
12/7	迈赫股份	9.5	9.76	29.28	48.22	41.65	0.016 3	29 280	41.00	5 860	40.03%
12/8	泽宇智能	8	14.52	43.99	42.32	58.68	0.016 8	43 990	58.47	7 240	32.92%
12/9	家联科技	7.5	9.22	30.73	41.35	27.44	0.016 0	30 730	40.79	5 030	32.74%
12/10	通灵股份	8.5	11.72	39.08	49.67	49.44	0.015 8	39 080	61.51	11 215	57.40%
12/10	东芯股份	15	33.37	30.18	760.38	48.50	0.035 1	30 180	46.75	8 285	54.90%
12/10	迪哲医药	7.5	21.03	52.58	—	37.63	0.030 4	52 580	41.10	−5 740	−21.83%
12/14	嘉和美康	9.5	13.62	39.50	259.60	59.61	0.028 3	39 500	42.75	1 625	8.23%
12/15	华研精机	8.5	7.85	26.17	42.59	42.39	0.015 6	26 170	81.18	27 505	210.20%
12/15	迪阿股份	6	46.76	116.88	86.51	23.87	0.020 1	116 880	165.01	24 065	41.18%
12/15	百济神州	33	221.60	192.60	—	37.84	0.035 2	192 600	160.98	−15 810	−16.42%
12/16	明月镜片	8.5	9.04	26.91	56.97	42.61	0.016 8	26 910	67.09	20 090	149.31%
12/17	风光股份	14	13.91	27.81	38.74	44.41	0.018 3	27 810	54.18	13 185	94.82%
12/20	百诚医药	6.5	21.53	79.60	156.93	100.35	0.016 8	79 600	101.08	10 740	26.98%
12/20	禾迈股份	2.5	55.78	557.80	225.94	51.02	0.028 9	557 800	725.01	83 605	29.98%

续上表

上市日期	股票简称	顶格申购需配市值（万元）	发行市值（亿元）	发行价格（元/股）	发行市盈率（倍）	行业市盈率（倍）	中签率（%）	单签缴款（元）	开板收盘价（元/股）	每中一签获利（元）	每中一签获利百分比
12/22	雅艺科技	17.5	5.46	31.18	26.68	26.68	0.011 5	31 180	66.66	17 740	113.79%
12/22	亨迪药业	17	15.48	25.80	36.84	38.24	0.019 1	25 800	37.32	5 760	44.65%
12/22	南网科技	14	10.37	12.24	79.38	32.31	0.032 3	12 240	27.50	7 630	124.67%
12/22	光庭信息	5.5	16.18	69.89	99.42	60.24	0.015 9	69 890	88.02	9 065	25.94%
12/23	超达装备	18	5.12	28.12	35.99	42.93	0.011 6	28 120	61.10	16 490	117.28%
12/23	凯旺科技	6.5	6.50	27.12	79.93	49.47	0.015 8	27 120	48.34	10 610	78.24%
12/24	善水科技	15	14.94	27.85	58.47	44.71	0.018 7	27 850	37.46	4 805	34.51%
12/24	炬光科技	5.5	17.70	78.69	362.33	49.53	0.027 3	78 690	192.90	57 105	145.14%
12/27	统联精密	5	8.55	42.76	53.55	49.60	0.025 9	42 760	46.15	1 695	7.93%
12/28	奥尼电子	8.5	19.85	66.18	40.18	49.66	0.016 7	66 180	58.19	−3 995	−12.07%
12/28	优宁维	5.5	18.65	86.06	104.09	18.28	0.016 1	86 060	105.04	9 490	22.05%
12/28	南模生物	4.5	16.49	84.62	201.59	100.00	0.030 9	84 620	69.37	−7 625	−18.02%
12/28	概伦电子	7	12.27	28.28	575.28	60.59	0.031 7	28 280	42.71	7 215	51.03%
12/30	天源环保	19	12.33	12.03	34.53	24.80	0.025 2	12 030	23.27	5 620	93.43%
12/30	春立医疗	9.5	11.46	29.81	41.41	43.38	0.026 9	29 810	28.62	−595	−3.99%
12/30	品高股份	7	10.48	37.09	111.34	60.86	0.026 9	37 090	32.82	−2 135	−11.51%

根据上表的统计结果，可以得出如下打新策略。

策略一：规避"三高"新股。

如果想要规避新股破发，则可以避开高市盈率、高发行市值、高发行价格的"三高"个股。

策略二：利用中签规则的懒人策略。

根据上表的统计结果，可得中签率的中位数为 0.019 5%，假设全年发行 280 只双创板新股，中签的概率为 5.46%，而假设破发概率的统计结果为 20.51%，理论上，5 次中签遇到破发的概率为 1 次。

那么，按照中签规则，如果中签，则可以在申购后 T+2 交易日 16:00 之前保证账户中有足额认购资金，不足的部分视为放弃认购。连续 12 个月内如果累计出现 3 次（沪、深市场分开计算）中签却不足额缴款的情形，则 6 个月内不允许参与对应市场的新股、可转债、可交换债等品种的申购。

如果投资者随意参与新股申购，中签后再判断是否放弃缴款，那么理论上遇到破发且放弃缴款的次数也小于中签规则中的单市场 3 次。所以，对于无暇每日研究上市新股基本面的散户而言，仍可以充分利用其规则，随意申购新股，一旦中签，先仔细研究该股，再决定是否缴款。

3.2　北交所打新

2021 年 9 月 3 日，中国证监会就北京证券交易所有关基础制度安排向社会公开征求意见，北京证券交易所（以下简称"北交所"）注册成立，它是经国务院批准设立的中国第一家公司制证券交易所，受中国证监会监督管理。

3.2.1　北交所开市

2021 年 11 月 15 日，万众瞩目的北交所正式开市，当日上市的 10 只新股集体大涨，盘中均触发两次临停，其中，同心传动大涨 493.7%，盘中最高涨幅达 537.5%，10 只新股涨幅全部超过 100%；时隔一周，11 月 24 日上市的吉冈精密同样表现不俗，大涨 196.8%，盘中一度涨超 300%，如下表所示。

上市日期	简称	发行价格（元/股）	首日收盘价（元/股）	首日涨跌幅	每百股获利（元）	发行市盈率（倍）
2021/11/24	吉冈精密	10.50	31.16	196.8%	2 066	21.67
2021/11/15	中寰股份	13.45	30.00	123.0%	1 655	16.00
2021/11/15	汉鑫科技	16.00	37.80	136.3%	2 180	20.83
2021/11/15	晶赛科技	18.32	56.53	208.6%	3 821	28.41
2021/11/15	大地电气	8.68	31.40	261.8%	2 272	13.21
2021/11/15	同心传动	3.95	23.45	493.7%	1 950	14.90
2021/11/15	恒合股份	8.00	19.88	148.5%	1 188	18.05
2021/11/15	科达自控	13.00	27.60	112.3%	1 460	45.34
2021/11/15	中设咨询	4.50	10.81	140.2%	631	27.28
2021/11/15	志晟信息	6.80	23.05	239.0%	1 625	10.93
2021/11/15	广道高新	12.25	28.75	134.7%	1 650	17.13

其中，涨幅最高的是同心传动，上涨 493.7%，近 5 倍涨幅；涨幅最低的是科达自控，也有超 110% 的涨幅。以中签 1 手为例，最高的晶赛科技能有 3 821 元的毛利，最少的中设咨询也有 631 元的毛利。

但实际参与，投资者又能有多少收益呢？笔者认为应该分阶段来看，原因有二：一是在 2021 年中国国际服务贸易交易会全球服务贸易峰会上，我国宣布继续支持中小企业创新发展，深化新三板改革，设立北京证券交易所，打造服务创新型中小企业主阵地；二是在北交所宣布设立之前，整体还是新三板精选层，市场给精选层的估值远没有现在北交所来得高。不信来看数据。

2021 年 9 月 2 日之前的精选层上市统计数据如下表所示，可以看到，总计上市 66 只精选层新股，破发 28 只，不涨不跌的有 9 只，盈利的有 45 只，盈利的仅占 68%。尤其是在精选层开市首日，即 2020 年 7 月 27 日，在上市的 32 只新股中，盈利的仅有 10 只。每只都中签 1 手 100 股，以收盘价卖出累计亏损 942 元。相信不少参与精选层打新的投资者都放弃了这个板块的打新。实际上，这段最艰难的时间过去之后，破发率大大降低。

第一阶段：在 2020 年 11 月 9 日至 2021 年 8 月 31 日上市的 34 只精选层新股中，7 破发 8 平 19 盈利，如果每只都中签 1 手 100 股，那么以收盘价卖出累计盈利 4 417 元。结合精选层 100 股时间优先的中签规则，对于散户而言，这个性价比还是很不错的。

上市日期	简称	发行价格（元／股）	首日收盘价（元／股）	首日涨跌幅	每百股获利（元）	发行市盈率（倍）
2021/8/31	吉林碳谷	6.50	19.10	193.8%	1 260	15.40
2021/8/26	云创数据	20.00	18.40	−8.0%	−160	39.88
2021/8/20	五新隧装	7.18	7.57	5.4%	39	9.54
2021/8/18	国义招标	4.41	7.07	60.3%	266	10.11
2021/8/16	通易航天	8.50	12.54	47.5%	404	17.37
2021/8/13	梓橦宫	13.50	13.25	−1.9%	−25	18.70
2021/8/9	同辉信息	2.98	2.98	0	0	17.63
2021/8/6	凯腾精工	3.60	3.75	4.2%	15	16.18
2021/7/20	华阳变速	4.20	4.84	15.2%	64	10.65
2021/7/8	星辰科技	8.00	16.77	109.6%	877	19.78
2021/7/5	美之高	8.70	8.70	0	0	14.89
2021/6/28	拾比佰	7.00	7.84	12.0%	84	15.66
2021/6/8	智新电子	6.39	7.17	12.2%	78	17.08
2021/6/3	德瑞锂电	9.67	14.00	44.8%	433	18.11
2021/5/27	朱老六	9.00	9.00	0	0	19.21
2021/2/25	利通科技	6.60	6.54	−0.9%	−6	17.71
2021/2/23	齐鲁华信	7.00	7.02	0.3%	2	17.20
2021/2/22	同力股份	10.00	8.50	−15.0%	−150	18.88
2021/2/19	德源药业	18.30	18.63	1.8%	33	29.27
2021/2/9	长虹能源	22.58	31.05	37.5%	847	18.57
2021/2/5	华维设计	9.16	9.16	0	0	15.86
2021/1/25	驱动力	5.00	7.58	51.6%	258	32.84
2021/1/12	盖世食品	3.48	4.41	26.7%	93	10.28
2021/1/11	同惠电子	6.31	6.27	−0.6%	−4	24.66
2021/1/8	三元基因	25.00	22.99	−8.0%	−201	52.15
2020/12/28	丰光精密	6.39	6.39	0	0	34.29

续上表

上市日期	简称	发行价格（元/股）	首日收盘价（元/股）	首日涨跌幅	每百股获利（元）	发行市盈率（倍）
2020/12/28	秉扬科技	7.20	7.20	0	0	21.15
2020/12/25	浩淼科技	5.80	5.83	0.5%	3	11.96
2020/12/23	安徽凤凰	7.20	7.24	0.6%	4	14.64
2020/12/8	数字人	12.50	13.19	5.5%	69	24.49
2020/11/27	德众汽车	3.60	3.52	−2.2%	−8	13.55
2020/11/24	诺思兰德	6.02	6.02	0	0	—
2020/11/18	常辅股份	10.18	10.18	0	0	15.85
2020/11/9	万通液压	8.00	9.42	17.8%	142	18.19
2020/7/27	颖泰生物	5.45	5.77	5.9%	32	24.77
2020/7/27	中航泰达	6.89	5.71	−17.1%	−118	24.57
2020/7/27	三友科技	9.98	10.35	3.7%	37	18.85
2020/7/27	流金岁月	7.18	5.73	−20.2%	−145	30.06
2020/7/27	生物谷	13.99	14.03	0.3%	4	24.49
2020/7/27	国源科技	11.88	9.85	−17.1%	−203	35.67
2020/7/27	建邦科技	18.86	15.05	−20.2%	−381	17.70
2020/7/27	佳先股份	9.50	8.38	−11.8%	−112	25.00
2020/7/27	贝特瑞	41.80	46.16	10.4%	436	51.94
2020/7/27	微创光电	18.18	16.40	−9.8%	−178	25.41
2020/7/27	连城数控	37.89	37.88	0	−1	30.93
2020/7/27	凯添燃气	4.79	4.09	−14.6%	−70	18.38
2020/7/27	泰祥股份	16.42	13.00	−20.8%	−342	14.95
2020/7/27	艾融软件	25.18	26.63	5.8%	145	49.31
2020/7/27	鹿得医疗	8.55	7.58	−11.3%	−97	32.84
2020/7/27	苏轴股份	14.45	12.44	−13.9%	−201	19.12
2020/7/27	球冠电缆	9.10	7.36	−19.1%	−174	19.73
2020/7/27	观典防务	13.69	13.35	−2.5%	−34	51.37
2020/7/27	新安洁	5.87	5.19	−11.6%	−68	37.45
2020/7/27	大唐药业	8.19	7.00	−14.5%	−119	22.40
2020/7/27	恒拓开源	7.03	5.60	−20.3%	−143	42.77
2020/7/27	翰博高新	48.47	40.20	−17.1%	−827	32.04
2020/7/27	龙竹科技	9.18	7.84	−14.6%	−134	20.70

续上表

上市日期	简称	发行价格（元/股）	首日收盘价（元/股）	首日涨跌幅	每百股获利（元）	发行市盈率（倍）
2020/7/27	创远仪器	22.31	22.31	0	0	90.43
2020/7/27	富士达	15.96	16.21	1.6%	25	28.93
2020/7/27	方大股份	8.38	7.49	−10.6%	−89	36.95
2020/7/27	殷图网联	9.98	11.20	12.2%	122	26.49
2020/7/27	同享科技	10.18	15.82	55.4%	564	19.82
2020/7/27	旭杰科技	10.88	10.21	−6.2%	−67	27.41
2020/7/27	森萱医药	5.40	6.35	17.6%	95	22.90
2020/7/27	润农节水	4.70	3.80	−19.1%	−90	25.31
2020/7/27	永顺生物	29.88	41.79	39.9%	1 191	46.01

第二阶段：北交所宣布成立之后，精选层打新在北交所上市的新股行情爆发，以中签 1 手为例，最高的晶赛科技能有 3 821 元的收益，最少的广咨国际也有 59 元的毛利。

北交所成立之后的精选层打新中签的新股收益情况如何呢？假设 2021 年 10 月 25 日至 2021 年 11 月 24 日上市的 16 只新股，每只都中签 1 手，那么，可以获得 23 777 元的收益，总收益率高达 15.19%，如下表所示。

上市日期	简称	发行价格（元/股）	首日收盘价（元/股）	首日收盘涨幅	每百股获利（元）	发行市盈率（倍）	网上发行数量（万股）	网上获配比例（%）	配售100股申购金额（元）	收益率
2021/11/24	吉冈精密	10.50	31.16	196.8%	2 066	21.67	1 997.85	0.37	283 784	0.73%
2021/11/15	中寰股份	13.45	30.00	123.0%	1 655	16.00	807.50	0.35	384 286	0.43%
2021/11/15	汉鑫科技	16.00	37.80	136.3%	2 180	20.83	836.00	0.78	205 128	1.06%
2021/11/15	晶赛科技	18.32	56.53	208.6%	3 821	28.41	1 128.43	0.31	590 968	0.65%
2021/11/15	大地电气	8.68	31.40	261.8%	2 272	13.21	1 710.00	0.32	271 250	0.84%

续上表

上市日期	简称	发行价格（元/股）	首日收盘价（元/股）	首日收盘涨幅	每百股获利（元）	发行市盈率（倍）	网上发行数量（万股）	网上获配比例（%）	配售100股申购金额（元）	收益率
2021/11/15	同心传动	3.95	23.45	493.7%	1 950	14.90	2 375.00	0.62	63 710	3.06%
2021/11/15	恒合股份	8.00	19.88	148.5%	1 188	18.05	1 615.00	1.296 8	61 690	1.93%
2021/11/15	科达自控	13.00	27.60	112.3%	1 460	45.34	1 710.00	1.01	128 713	1.13%
2021/11/15	中设咨询	4.50	10.81	140.2%	631	27.28	3 172.03	0.983 6	45 750	1.38%
2021/11/15	志晟信息	6.80	23.05	239.0%	1 625	10.93	1 380.39	0.224 3	303 165	0.54%
2021/11/15	广道高新	12.25	28.75	134.7%	1 650	17.13	1 383.99	0.76	161 184	1.02%
2021/11/9	禾昌聚合	10.00	18.18	81.8%	818	16.39	1 900.00	1.47	68 027	1.20%
2021/11/5	海希通讯	21.88	33.60	53.6%	1 172	17.10	1 349.00	0.806 1	271 430	0.43%
2021/11/3	广脉科技	5.80	10.89	87.8%	509	16.14	1 156.52	0.516 2	112 360	0.45%
2021/10/28	广咨国际	14.00	14.59	4.2%	59	17.72	536.94	1.007 9	138 903	0.04%
2021/10/25	锦好医疗	16.80	24.01	42.9%	721	20.37	1 032.60	0.690 5	243 302	0.30%
	合计				23 777					15.19%

2021年11月24日，随着最后一只精选层新股于北交所上市，为期一年多的新三板精选层打新正式落下帷幕。2020年7月至2021年11月24日，如果每只精选层新股都申购1手且中签，并在上市首日以收盘价卖出，那么我们的收益为27 252元（未扣除佣金），最大申购占资为28 881元，由此可得"1手"精选层打新的资金总收益率为94.36%。实际上，很多1手动用的资金非常少，但是收益颇丰，收益率几近翻倍。

第三阶段：北交所打新余股"数量优先"时代来临。

正当大众看到"1 手"的收益率如此高（1 手是指优先满足 1 手中签，之后再进行配股，以降低不必要的风险），摩拳擦掌准备入市之时，2021 年 10 月 30 日，北交所发布《证券发行与承销管理细则》，其中对打新配售规则进行了重大调整，规定关于配售新股数量不足 100 股的余股部分，将余股配售规则由"按时间优先"调整为"按申购数量优先，数量相同的时间优先"。

上市日期	简称	发行价格（元／股）	首日收盘价（元／股）	首日收盘涨幅	每百股获利（元）	发行市盈率（倍）	网上发行数量（万股）	网上获配比例（%）	配售 100 股申购金额（元）	收益率
2022/1/6	威博液压	9.68	26.00	168.6%	1 632	18.59	805.43	0.04	2 420 000	0.067 4%
2022/1/18	沪江材料	18.68	30.59	63.8%	1 297.52	18.45	782.26	0.11	1 698 182	0.076 4%

余股配售规则调整之后，首只北交所新股是威博液压，顶格申购 390 万元只能中签 2 手，市值为 1 936 元。考虑到资金占用 5 天，按照首日收盘涨 168.6% 计算，年化收益率也只有 6.11%。从网友反馈来看，威博液压最少中签 1 手的申购金额为 62 万元（60 万元以下的全部陪跑），那么中余股的最少申购金额为 62 万元，上市首日以收盘价卖出，年化收益率为 19.21%，看起来还行。但事前谁都不知道最低门槛是多少，势必会多多准备资金，比如 80 万元，如果价格翻倍就卖，相当于年化收益率为 8.8%；万一没中签，也会赔上好几天的利息。

第二只新股是沪江材料，余股最低匹配的申购金额每户在 63 万元左右，上市首日最高 38.8 元涨幅超过 100%，收盘涨幅为 63.8%，考虑到资金占用只有 3 天，假设投资者在开盘后翻倍回落 90% 涨幅时卖出，预计年化收益率为 32.47%。

【2022 年 1 月的北交所打新策略】

毋庸置疑的是，北交所开市的热闹场面已经吸引了大批投资者开通权限，打新的人数也比之前大幅增加。那么，该如何保证自己稳定获配 1 手呢? 相信这是很多投资者想了解的问题。

首先，与沪、深两市打新配市值靠运气不同，北交所的中签规则是按比例配售。在2021年10月30日北交所发布的公告中，更是明确了对余股配售进行优化调整，由"按时间优先"调整为"按申购数量优先，数量相同的时间优先"。

例如，假如你要申购的新股发行100万手，最终有1000万手进行了申购，那么中签率就是10%。只要你申购10手就会中签1手，申购20手就会中签2手，以此类推。如果你只申购了9手会获配吗? 这就需要考虑余股的数量和你申购的时间。假如你的申购排队靠前，正好在剩余手数覆盖范围内，那么你也是可能中签1手的。如果你只申购8手，就需要等申购9手的股民分完后，看是否还有余股。

以上就是对"按申购数量优先，数量相同的时间优先"这一规则的简单解释。

随着新规的发布，1手申购时间优先的福利结束了，今后获配1手势必会在余股问题上竞争越来越激烈。根据网友的反馈，威博液压最少中签1手的申购金额为62万元; 沪江材料余股最低匹配的申购金额在每户63万元左右，余股匹配金额越来越高。

但毫无疑问，北交所打新肯定是时代的红利——8.88% ～ 20%的年化收益率，虽然绝对收益只有千元级别，但风险收益比不错。想要中签赚这笔绝对收益的投资者可以考虑投入中余股的金额，比如投入70万～80万元打新还是有机会获得超过10%的年化收益率的。

当时，笔者还建议在北交所打新赚钱的投资者开通北交所交易权限，准备好资金打新。另外，笔者每次还关注余股最低获配对应的申购金额，以便在下一次打新时提高自己的申购金额，以防陪跑。

【2022年2月之后的北交所打新策略】

直到2022年3月，7只北交所新股的收益率和每百股获利逐渐降低，如下表所示。

上市日期	简称	发行价格（元/股）	首日收盘价（元/股）	首日收盘涨幅	每百股获利（元）	发行市盈率（倍）	网上发行数量（万股）	网上获配比例（%）	配售100股申购金额（元）	收益率
2022/1/6	威博液压	9.68	26.00	168.6%	1 632	18.59	805.43	0.04	2 420 000	0.067 4%
2022/1/18	沪江材料	18.68	30.59	63.8%	1 297.52	18.45	782.26	0.11	1 698 182	0.076 4%
2022/2/23	威贸电子	9.00	12.38	37.6%	338	27.17	1 956.59	0.13	692 308	0.048 8%
2022/2/28	泓禧科技	12.00	12.26	2.2%	26	24.18	1 520.00	0.13	923 077	0.002 8%
2022/3/4	凯德石英	20.00	20.38	1.9%	38	43.90	1 200.00	0.17	1 176 471	0.003 2%
2022/3/11	路斯股份	7.20	7.29	1.3%	9	21.00	1 239.12	0.09	800 000	0.001 1%
2022/3/21	克莱特	10.80	10.80	0	0	30.85	950.00	0.15	720 000	0.000 0%

直到 2022 年 3 月 21 日上市的克莱特，首日开盘破发，尾盘"绿鞋"强拉到发行价格，北交所打新再次进入破发时代。据说今后发行数量还会提升，北交所打新是否值得参与，将和 A 股打新一样需要先进行个股分析再作出决策，盲打不再是首选策略。

3.2.2　开通北交所交易权限的条件

个人投资者参与北交所市场股票交易，应当符合以下条件：

• 申请权限开通前 20 个交易日证券账户和资金账户内的资产日均不低于 50 万元。

• 参与证券交易两年以上。

其中，日均资产包括股票、基金、现金、逆回购等，不包括融资部分。开通北交所交易权限后无须保证日均 50 万元资产。已开通精选层资格的投资者无须重复开通北交所交易权限。

3.2.3 北交所网上申购 + 中签规则

看到这里，很多投资者要问北交所打新规则了。参与北交所网上打新，目前无股票市值要求，只需开通北交所交易权限，申购时证券账户里有足额的申购资金即可。

一人三户分别参与北交所打新，第一次申购有效，剩余两次重复申购无效。在同一账户里申购两次，首次有效，第二次无效，如下表所示。

申购代码	889×× ×
申购时间	申购日（T 日） 9:15—15:00 每家券商支持的申购时间略有差异，具体请咨询开户的券商。早于 9:15 的申购单，券商会统一在 9:15 提交到交易所。但是，提前委托可以确保在本营业部排名靠前
申购单位	1 手 100 股或其整数倍
申购次数	应使用一个证券账户申购一次。 同一身份证下投资者对同一只股票使用多个证券账户申购，或者使用同一证券账户申购多次的，以第一笔申购为准
撤单	申购不可撤单
资金退回日	未获配的资金，T+3 日可用可取
配售原则	当网上投资者有效申购总量大于网上发行数量时，根据网上发行数量和有效申购总量的比例计算各投资者获得配售股票的数量。其中不足 100 股的部分，汇总后按申购数量优先、数量相同的时间优先原则向每个投资者依次配售 100 股，直至无剩余股票

同时，申购日晚上的账户持仓显示并不表示全部中签，只是表示申购成功。T 日申购，T+2 日晚上才公布中签结果。这里的 T+2 日表示交易日，如果有休息日就延后，比如跨周末，则 T+4 日晚上才公布中签结果。

3.2.4 北交所交易机制简述

一是北交所新股首日不设涨跌幅限制，次日后设立 30% 涨跌幅限制，高于科创板、创业板注册制 20% 涨跌幅限制。不过，为了减少投资者的非理性交易，针对首日不设涨跌幅限制的股票实施临时停牌机制，当股票盘中成交价格较开盘价首次上涨或下跌达到 30%、60% 时，实施临时停牌，每次停牌 10 分钟，复牌时采取集合竞价，复牌后继续当日交易。

二是北交所竞价交易单笔申报应不低于 100 股，每笔申报可以 1 股为单位递增，卖出股票时余额不足 100 股的部分应当一次性申报卖出。

三是与沪、深交易所一样，北交所也实行 T+1 交易机制。投资者买入的证券，买入当日不得卖出，另有规定的除外。

3.2.5　北交所交易手续费

目前北交所交易手续费包括规费、交易佣金、印花税。

1. 规费

规费包括交易所收取的交易经手费和中国证监会收取的证管费。根据 2021 年 11 月 15 日发布的《北京证券交易所业务收费管理办法》，交易经手费包括普通股、优先股及协议转让和可转换债券的交易经手费。普通股和优先股都按成交金额的 0.5‰双边收取。涉及股份协议转让的，按成交金额的 0.5‰双边收取，单向每笔最高 10 万元。无成交金额或者每股成交金额低于每股面值的，以转让股份总面值计算收取。如果是可转换公司债券，则按普通股交易经手费标准减半收取。

证管费通常由证券交易所代收，按照成交金额的 0.002% 双向收取。目前北交所披露的收费管理办法里面暂时没有证管费。

2. 交易佣金

在券商处开户时，券商会与个人投资者约定收取交易佣金。经过市场竞争，目前收取的交易佣金是成交金额的 1.5‰（双向），股份转让系统规定最高不超过成交金额的 3‰。

3. 印花税

目前印花税都是以成交金额的 0.1% 在卖出时收取的，这是国家规定的税收标准，既是增加税收的一种渠道，也是调控证券交易的重要手段。

提高印花税税率是为了在一定程度上鼓励证券投资者长期持有证券。例如，为了遏制沪、深股市大幅飙升，财政部在 2007 年 5 月 30 日将印花税税率由此前的 1‰调高至 3‰。在熊市时，印花税税率有下调的可能。

4. 合计

目前北交所佣金，从头部券商到中小券商，总佣金从 0.55‰ 到 3‰ 不等。有些券商采用系统默认的方法，将佣金默认为较高的 3‰，可根据客户要求进行调整。笔者建议大家都找自己券商问一问、调一调、降一降。

3.3 港股打新

港股打新，顾名思义，就是申购港交所上市的新股。港交所每年大约会发行 130 只新股，散户只要账户里有可用资金，不需要持有市值，就可以参与港股打新。由于港交所上市门槛低于 A 股上市门槛，所以，很多互联网公司选择在港交所上市，比如小米、腾讯、京东等。

3.3.1 港股打新的历史收益

2016—2021 年港股打新数据统计如下表所示。

	2016 年	2017 年	2018 年	2019 年	2020 年	2021 年	平均	特点
新股数量（只）	65	125	205	164	135	85	130	新股数量比较多
1 手平均中签率	77.0%	73.0%	61.0%	59.8%	31.6%	31.2%	55.6%	2020 年之前中签率较高
首日平均涨幅	10.6%	16.0%	17.3%	7.2%	21.6%	10.3%	13.8%	平均涨幅在 10% 以上
首日上涨概率	67.7%	72.8%	61.0%	63.4%	69.6%	54.1%	64.4%	2021 年之前首日上涨概率超过 60%
全年 1 手加权利润（元）	11 110	34 325	33 570	24 219	30 803	2 125	25 423	单账户存 3 万元打新，平均收益率为 85%

从上表中可以看出，1 手加权利润 = 1 手金额 × 首日涨幅 × 1 手中签率 − 中签费用；1 手加权利润即全年所有新股都认购 1 手，并按中签率加权，全部按首日收盘价卖出，计算所得收益。

港股打新在 2016—2021 年经历了从参与者 1 手中签率年均 77.00% 到 2020 年高收益低中签的高潮，再到 2021 年下半年连连破发、人气逐渐下降的市场。港股打新有如周期股行情，起伏跌宕。

2016—2019 年的 1 手平均中签率大于 59.8%，2017—2019 年的 1 手加权利润年均为 30 704 元，账户存 3 万港元。

2020 年港股市场全年累计上市新股 135 只，1 手中签率为 31.6%，其中 50 只新股的 1 手中签率小于 15%，84 只新股的 1 手中签率小于 30%，很多投资者的收益被平均；首日上涨概率为 68.6%，加权收益超过 3 万港元，整体处于港股打新红利期，参与人数节节攀升，导致的 1 手中签率大大降低。

2021 年港股打新"内卷"更加严重，中 1 手时代天使，能赚 4.5 万港元，但是 1 手中签率仅为 1.5%；中 1 手诺辉健康，能赚 2.85 万港元，但是 1 手中签率仅为 2%。2021 年累计发行的 85 只新股中 50 只的 1 手中签率 < 30%。2021 年 1 月 1 日至 2021 年 6 月 25 日发行 39 只新股，1 手累计加权利润为 9 107 港元；2021 年 6 月 25 日至 2021 年 12 月 31 日发行的新股 1 手加权亏损 6 982 元，下半年把上半年的利润亏了一大半。2021 年的 1 手加权利润主要来源于和黄医药（6 573 元）和森松国际（5 111 元），1 手中签率分别为 60% 和 80%。但是，当时这两只股票都属于冷门股，大多数投资者放弃申购，从而导致全年港股打新亏损。

3.3.2　港股打新面临的风险

2022 年 1 月 13 日，金立永磁公布中签结果，回拨了 20% 给散户，连国际配售的份额也都配售给了散户，导致 1 手中签率达到 100%，18 306 位申购者都中签，认购 15 手以下的投资者打多少手就中多少手。乙组（认购金额超过 500 万）更是打多少手就中多少手，比如 12 位乙头打了 700 手就中了 700 手，如下图所示。有著名券商放量 2.5 亿元提供 20 倍孖展（融资的意思），也就意味着差不多 30 万元本金就能认购乙组乙头，中签 473 万元，只要跌 6% 就会爆仓，30 万元本金即将灰飞烟灭，这就是融资的风险所在。

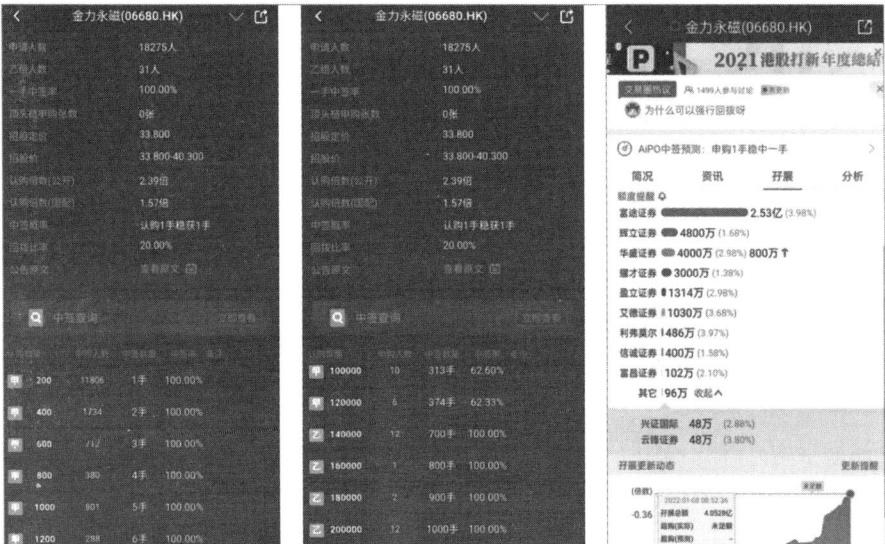

金立永磁暗盘行情表示，富途暗盘一度跌了近 16%，收盘前拉到 -4.73%，给了投资者出逃的机会。同一时间，辉立暗盘收盘 -17.6%。金立永磁上市首日开盘价为 30.8 元 / 股，较发行价降低 9.74%，10 倍以上融资参与乙组打新的投资者都血本无归，如下图所示。

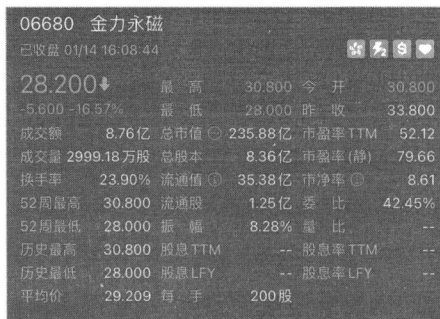

融资杠杆是一把双刃剑，用在上市翻倍的新股上，一夜暴富不是梦；用在破发的新股上，血本无归很容易。所以，2021 年之后参与港股打新，要选择质优、价廉的股票，盲打有风险。

3.3.3　港股打新流程

首先要开户，其次要通过港卡入金，最后才是打新过程。具体流程如下。

（1）认购。港交所网站发布招股书。如果在周一早晨发布，那么，投资者在周一至周四上午都可以申购。线上申购一般在周四早上截止，期间投资者可以认购新股。

（2）公布中签结果。中签后持仓中会有股份。如果没中签，那么资金会返还到可用资金账户中。

（3）暗盘交易。暗盘交易一般发生在上市前一个交易日的 16:15—18:30。提供暗盘的主要券商有富途、辉立、耀才、利弗莫尔。

（4）上市。上市以开盘价卖出股票赚的是打新的收益。上市开盘不卖，就相当于开始炒股了。

3.3.4　港股打新策略

1. 申购策略

• 新股募集资金总额及发行市值低，上市后赚钱的概率大。

• 超额认购倍数越高的新股，说明其热度高、中签率低，上市后更容易赚钱。

• 招股价越低，上市后收益为正的概率往往越大。

• 从 2021 年四季度的新股首日走势来看，破发概率虽然不小，但是如果投资者每只都打 1 手现金，那么首日或者暗盘卖出还是会有盈利的。

2. 卖出策略

• 打新不炒新，暗盘或者首日卖出是打新者要遵守的准则。

• 暗盘或者首日破发股，一定要及时止损，更不能补仓。

• 经典卖出策略：回落 5% ～ 10% 卖出，卖出后不再关注。不要让打新赚的钱在炒股时亏掉。

3.4 可转债打新

近年来，打新债被越来越多的投资者所喜爱。当可转债上市时，这类打新债的投资者往往会获利了结。那么，他们的打新债收益如何呢？

按照上市首日开盘价和中签率统计，单账户打新债在 2019—2021 年分别可以收获 5 598.44 元、3 777.29 元、1 537.37 元。特别要注意的是，2019—2021 年的新债破发率较低，从 2022 年初至 2022 年 8 月新债无一破发。

2019 年全年上市 103 只可转债，破发 13 只，单签最大收益为 250 元，单账户最大收益为尚荣转债，预期收益为 1 155 元。如果这 103 只可转债都打了，那么按照中签率和以开盘价卖出统计，全年累计预期平均收益为 5 598.44 元。

2020 年全年上市 204 只可转债，比 2019 年上市的可转债数量翻了近一倍。但是，由于参与人数大幅增加，中签率大大降低。2020 年破发可转债仅 3 只，如果这 204 只可转债都打了，那么按照中签率和以开盘价卖出统计，全年累计预期平均收益为 3 777.29 元。

2021 年全年上市 121 只可转债，破发 5 只。如果这 121 只可转债都打了，那么按照中签率和以开盘价卖出统计，全年累计预期平均收益为 1 537.37 元。

2019—2021 年可转债上市情况统计如下表所示。

年份	可转债上市数（只）	破发数（只）	破发率	单账户平均破发亏损之和（元）	单账户累计平均收益（元）
2019 年	103	13	12.62%	−446.74	5 598.44
2020 年	204	3	1.47%	−7.064	3 777.29
2021 年	121	5	4.13%	−7.92	1 537.37

很多人可能会问：打新债收益为何逐年降低？这是因为 2019 年最高申购户数为 171 万户，而 2021 年最高申购户数有近千万户。随着越来越多的投资者参与打新债，中签率大大降低，单账户平均收益自然也降低了。然而，2021 年上市

的 121 只可转债仅破发了 5 只，破发率为 4.13%，况且每次中签缴款为 1 000 元，所以打新债依旧是低风险高收益的投资方式。

近年来打新债被越来越多的投资者喜爱。当可转债上市，这类打新债的投资者们往往会获利了结，那么他们打新债收益如何呢？

按照上市首日开盘价和中签率统计，单账户打新债在 2019—2023 年分别可以收获 5 598.44 元、3 777.29 元、1 537.37 元、1 261.13 元、738.79 元。特别注意的是：过去 5 年的新债破发率较低，2023 年无一破发。

2019 年上市 103 只可转债，破发 13 只，单签最大收益 250 元，单账户最大收益为尚荣转债，预期收益 1 155 元。如果这 103 只都被你收入囊中，按照中签率和开盘价卖出统计，全年累计预期平均收益为 5 598.44 元。

2020 年，可转债上市 204 只，比 2019 翻了一倍。但是由于参与人数大幅增加，中签率大大降低。不过，2020 年破发转债仅 3 只，如果这 204 只转债都打了，按照中签率和开盘价卖出统计，全年累计预期收益为 3 777.29 元。

2021 年上市了 121 只可转债，破发 5 只，如果都打了，按照中签率和开盘价卖出统计，累计平均收益 1 537.37 元。

2022 年上市了 145 只可转债，破发 1 只，如果都打了，按照中签率和开盘价卖出统计，你的累计平均收益为 1 261.13 元。

2023 年上市了 136 只可转债，破发 0 只，如果都打了，按照中签率和开盘价、收盘价卖出统计，平均每户已实现收益理论值为：738.79 元（开盘卖），867.91 元（收盘卖）。

数据如下表所示。

近年可转债上市情况统计				
年份	转债上市数（只）	破发数（只）	破发率（%）	单账户开盘平均破发亏损之和（元）	单账户开盘累计平均收益（元）
2019 年	103	13	12.62	−446.74	5 598.44
2020 年	204	3	1.47	−7.064	3 777.29
2021 年	121	5	4.13	−7.92	1 537.37
2022 年	145	1	0.69	−8.47	1 261.13
2023 年	136	0	0	0	738.79

数据来源：集思录；统计时间：2023 年 12 月 29 日；注：以上计算为理论平均值，并非固定收益。

很多人可能会问：打新债收益为何逐年降低？这是因为 2019 年最高申购户数 171 万户，2022 年最高申购户数 1 200 万。随着越来越多的人参与打新债，中签率大大降低，单账户平均收益自然也降低了。然而 2023 年上市的 136 只可转债无一破发，况且每次中签缴款为 1 000 元，打新债依旧是低风险高收益率的投资方式。

笔者认为 2024 年单账户打新债收益仍有望保持在 500 ～ 700 元。坚持一家人一起打新，仍旧有望换部新手机。

3.4.1　可转债打新收益怎么计算

自己统计打新收益，需要把中签率、开盘价、收盘价记录下来。按照开盘价统计的，也可以试试按收盘价统计。单签开盘收益 =（开盘价 − 面值）×10，单账户平均收益 = 单签开盘收益 × 单账户中签率，如下图所示。

3.4.2　为何选择可转债打新

可转债打新是一种低风险高收益的投资方式，因为可转债打新无须持有股票市值，属于信用申购，投资者中签后才需要缴款。同时，可转债还是一种债券，在到期之前，可转债可以以某个价格转换成对应的上市公司股票，而且是 T+0 交易。

可转债的历史可以追溯到 1992 年，中国宝安发行了我国资本市场上的第一张可转债，当时的名字叫转券，票面利率为 3%，票面价值为 5 000 元，投资者一直持有到期都没有进行转换。之后，直到 1998 年，可转债才再次出现在我国资本市场上。这次发行将可转债的票面价值下调至 100 元。1998 年 9 月 2 日，南化转债（100001.SH）上市，交易到 2001 年 5 月 28 日才摘牌。

2017 年，可转债打新火热，很多公司参与网下打新，一家注册资本仅为 50 万元的电器公司都可以开通很多账号参与网下打新。由于市场逐步火热，打新收益也很可观，后续逐步加强了打新的资格审查及条件，原先只需要提交财务报表，后续需要提交经过审计的财务报表，同时采取了不少保证金及账户限制措施，提高了一部分空壳公司参与打新的门槛。

3.5　A 股打新、港股打新、可转债打新的区别

A 股打新、港股打新、可转债打新的区别如下表所示。

	中签率	是否需要持有市值	交易规则	盈利情况
A 股打新	较低	需要	T+1 交易	2016 年至 2021 年 10 月盈利稳健
港股打新	较高	不需要	T+0 交易	2021 年 7 月之前盈利可观
可转债打新	中偏低	不需要	T+0 交易	稳健盈利千余元 / 户

1. 参与门槛不同

港股打新只需要投资者你拥有港股证券账户就可以。认购方式有现金认购和融资认购两种。恒大、招商香港、富途等券商都曾经最高给乙组客户提供 50 倍融资认购额度，华泰国际也经常给客户提供 33 倍融资认购额度。

参与可转债打新无门槛，参与 A 股打新门槛相对最高。

2. 是否需要持有市值

A 股打新需要持有市值，也就意味着投资者需要持有相应市值的股票才可以申购新股。港股打新不需要持有市值，申购时预先缴纳资金，未中签资金会

退回。

港股打新至少需要 1 手资金，2020—2021 年平均一手需要 7 400 港元，1 手资金中位数为 4 700 港元。考虑到可能会有多只新股同时发行，投资者账户里存放 2 万～3 万港元，基本可以保证中签后有空余资金循环申购。

可转债打新不需要持有市值，投资者可以在中签后在账户里存入中签资金，也可以在账户里长期存放 3 000 港元左右循环使用。

3. 中签率不同

2021 年四季度 A 股平均中签率为 0.02%。港股即便在极度"内卷"的 2021 年，平均中签率也在 30% 左右，单只最低 1 手中签率的时代天使为 1.5%，也是 A 股平均中签率的百倍。这是因为港股有照顾小散户的制度。

可转债的中签率根据发行规模而有所不同。如果遇到发行规模为 500 亿元的兴业银行，那么几乎人手中 1 签；如果遇到发行规模仅为 2 亿元的迷你债，那么可能平均百户中 1 签；但中签率也比彩票的中奖率高多了。

4. 盈利情况不同

A 股打新总资金为 30 万元，单账户打新，按照 2021 年 1 月 10 日至 2022 年 1 月 10 日的历史新股数据计算，理论总收益为 30 511.27 元，理论年化收益率为 10.17%。

港股打新假设账户里存放 3 万港元，2020 年资金能翻倍，2021 年只能赚 2 125 港元。

可转债属于无本套利，考虑到新规之后打新人数的上涨有限，2024 年单账户打新债收益仍旧日保持在 500 ～ 700 元。

至于北交所打新，在 2021 年 3 月之前，如果没有 80 万元本金，则基本上中签无望，年化收益率也在 9% 左右；在 2022 年 3 月之后，破发率提升，吸引力大大降低，观望后谨慎参与。

投资者可根据自己的资金 / 经济实力，选择适合自己的打新方案。

第4章

可转债打新的参与策略与技巧

在低风险投资或套利策略中，可转债打新是常选项。不过，由于可转债受到越来越多投资者的追捧，各路资本纷纷入场，各种玩法和策略层出不穷，导致很多散户无法抓住机会参与，或者参与了但收益很低。本章将为大家分享一些实用的可转债打新的参与策略与技巧，帮助大家像专业机构那样投资可转债。

4.1 为什么可转债比正股更适合散户

为什么可转债比正股更适合散户? 答案很简单, 可转债投资的风险可控, 收益无上限, 既可以坐收"借债"的本金和利息, 也可以在合适的时机将债务转为股本投资, 让收益翻一番, 也就是大家口口相传的"上不封顶、下有保底"; 而股票投资的风险很大, 完全随着市场的变化而变化, 没有"保底"这一规定或保证。

4.1.1 什么是可转债

可转债的全名是可转换公司债券, 它是上市公司发行的, 在到期之前满足一定条件的时候, 投资者可以以转股价将其转换为公司股票的债券。所以, 可转债既具备股性, 又具备债性, 而且还是 T+0 交易。

1.可转债的债性

可转债的面值为 100 元 (未上市的可转债价格就是可转债的面值), 在存续期内每年都有利息, 但利息很低 (见下图)。另外, 有国家法律作保障, 只要公司不倒闭, 发行公司欠债必须还钱。因此, 从 1994 年可转债首发至今, 历史上还没有出现过可转债违约爆雷的情况。投资可转债, 只要买入价格够低, 只要发行公司不破产, 到期就可以拿回本息 (由发行公司还本付息), 也就是"下有保底"。

科蓝转债 - 123157 (正股: 科蓝软件® - 300663　行业: 计算机-软件开发-垂直应用软件)						+自选
价格: 100.000		**转股价值: 92.76**		**税前收益: 3.18%**		**成交(万): 0.00**
涨幅: 0.00%		**溢价率: 7.81%**		**税后收益: 2.57%**		**当日换手: -**
转股起始日	2023-03-06	回售起始日	2026-08-28	到期日	2028-08-29	发行规模(亿)	4.950
转股价	16.02	回售价	100.00+利息	剩余年限	6.000	剩余规模(亿)	4.950
股东配售率	-	转股代码	未到转股期	到期赎回价	115.00	转债占比¹	8.64%
网上中签率	-	已转股比例	0.00%	正股波动率	60.81%	转债占比²	7.21%
折算率	0.000	质押代码	123157	主体评级	AA-	债券评级	AA-
担保	无					
募资用途	数字银行服务平台建设项目 补充流动资金					
转股价下修	当公司股票在任意连续三十个交易日中至少有十五个交易日的收盘价格低于当期转股价格的 85%时 注: 转股价 **不得低于** 每股净资产 (以招募说明书为准)					
强制赎回	如果公司 A 股股票在任意连续三十个交易日中至少十五个交易日的收盘价格不低于当期转股价格的 130% (含 130%) ;					
强赎状态	0/15	30				
回售	在本次发行的可转债的最后两个计息年度内, 如果公司股票在任意连续三十个交易日的收盘价格低于 当期转股价格的 70%					
利率	第一年为 0.30%、第二年为 0.40%、第三年为 0.80%、第四年为 1.50%、第五年为 2.30%、第六年 为 3.00%					

2. 可转债的股性

发行可转债的上市公司股票俗称"正股", 当遇到正股行情 / 价格一路高歌时, 其对应的转债行情 / 价格也会一路跟随, 也就是俗称的"上不封顶"。

当然, 当正股行情 / 价格下跌时, 可转债行情 / 价格也会下跌。但是, 当可转债价格低于 130 元时, 可转债的债性就会发挥作用, 一般可转债跌幅会小于正股跌幅。

综上, 可转债既具备面值 + 利息的保底收益, 又能跟随正股上涨获得同比收益, 是一个债性保底 + 股性收益的投资品种。

4.1.2　可转债的生命周期及其中的赚钱机会

投资可转债的赚钱机会主要在可转债的生命周期中, 也就是可转债到期前 (可转债到期后的收益就是面值 + 利息), 因此, 投资者一定要明白一只可转债的生命周期有多长 (到期日), 什么时间点才可以转股, 什么时候可以使用策略, 比如下修策略、回售策略、双低策略等。

1. 可转债的生命周期

在发行可转债时会规定一个年限, 目前大多数可转债的期限都是 6 年。可转债从发行到上市一般会间隔 1 个月左右, 发行时可转债的面值为 100 元。发行 6 个月后进入转股期，在转股期之前，投资者只能通过卖出可转债来退出；而在转股期内，投资者还能通过转股、回售、强赎、到期等方式退出，示意图如下图所示。

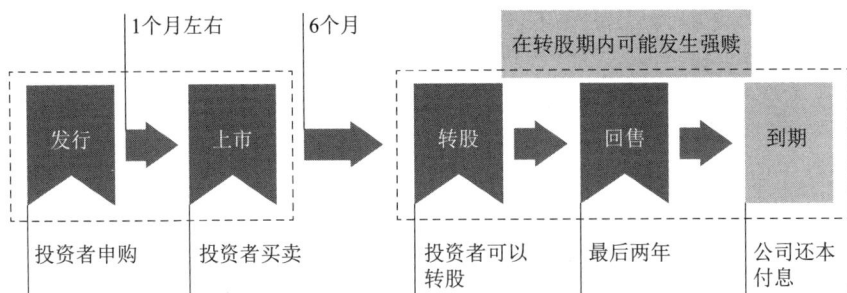

对于有回售条款的可转债，常见的回售条款为"本次发行的可转换公司债券最后两个计息年度，如果公司股票在任何连续 30 个交易日的收盘价格低于当期转股价格的 70%"，那么，在最后两年里，一旦满足回售条件，投资者就有权利以 100 元的价格把手里的可转债卖给上市公司。假如投资者在临近回售期时以低于 100 元的价格买入有回售条件的可转债，就有机会在回售期获利，也称为"回售博弈"。

另外，发行公司也会规定有条件赎回，包括剩余规模和强赎条款。比如剩余规模 3000 万，又如公司股票在任何连续 30 个交易日中至少 15 个交易日收盘价格不低于当期转股价格的 130%。可以理解为 30 个交易日内有 15 个交易日正股股价维持在转股价的 130%（此时通常满足可转债价格维持在 130 元以上）。此时，上市公司可以选择发动强赎，强制投资人转股，投资人手中未转股或卖出的转债份额在到期后，上市公司有权以面值 + 当期利息（100 元出头的价格）把这些可转债赎回。其中，赎回价格虽然看起来比较低，但它实际满足强赎条款的过程中可转债价格已经达到 130 元上下，只要投资者买入转债的价格低于此价格，即有机会赚取差价，也称为"强赎博弈"。从历史数据来看，88% 以上的可转债都是以强赎为生命终点。下表是历史上有条件赎回（强赎）的可转债占比。

退市分类	退市原因	数量	占比
有条件赎回	强赎	289	88.38%
	低于 3 000 万	7	2.14%
到期赎回	到期	26	7.95%
发行失败	撤销发行	1	0.31%
正股退市 / 重整	正股退市 / 重整	4	1.22%

数据来源：集思录；统计时间：2023 年 12 月 29 日。

截至 2023 年 12 月 29 日，历史上已经有 327 只可转债退市，其中，有条件赎回的可转债有 298 只 / 占 90.52%；继续细分，其中以强赎退市的可转债有 289 只 / 占 88.38%，由此可见，绝大多数可转债以强赎为退市方式。

2. 上市公司为何要强赎可转债

强赎是指上市公司欲以面值 + 当期利息的低价强制赎回投资者手中的可转债，引导投资者将手中的可转债转换为股票，让投资者从债主变为上市公司的股东。这样一来，上市公司就可以少还债。

所以，强赎在本质上是上市公司希望少还钱，其目的是希望投资者转股。

3. 强赎有多快速

以锦浪转债为例，如下图所示，2022 年 2 月 10 日发行，2022 年 3 月 2 日上市，2022 年 8 月 16 日开始转股，2022 年 9 月 5 日宣布强赎，2022 年 9 月 21 日为最后交易日，2022 年 9 月 26 日为最后转股日。从发行日到最后转股日，经历了短短 7 个多月，到达转股期之后 3 周满足强赎条件立马强赎，基本上是掐着转股和强赎的时间表，一天都没有浪费。

4. 低价债如何走向强赎

假设 A 转债的转股价为 10 元 / 股，种种原因导致 A 正股价格跌到 6 元 / 股，且持续了一段时间满足下修条件，此时，上市公司会把转股价下修到 6 元 / 股，那么，A 正股只需要满足连续 30 个交易日内至少有 15 个交易日的收盘价涨到 6×1.3=7.8（元 / 股），就可以强赎了。

5. 下修

下修是指可转债的转股价向下修正，这是上市公司的权利。转股价下修后，可转债可转换成的股票数量相应变多，对原股东持股比例有一定的稀释作用，但转股价值提升对可转债持有者而言是利好。

例如，亚药转债于 2022 年 8 月 17 日发布即将触发转股价格下修条件的公告，又于 2022 年 8 月 20 日发布董事会提议下修转股价格的公告，如下图所示。

至于是否下修到底（转股价值回到 100 元），将于 2022 年 9 月 8 日股东大会后公布，如下图所示。

据统计，2019 年 5 月至 2022 年 8 月，亚太药业的股价下跌 70%，同期可转债价格上涨 6.75%，如下图所示。

发行可转债对于上市公司而言就是低息借钱，历史上 92.77% 的可转债选择强赎作为结局，也就意味着大多数上市公司并不想还债，反而更希望投资者转股。所以，当可转债价格逐步低于 90 元，甚至更低时，大多数上市公司为了避免回售，都会主动下修转股价和提高转股价值以利好可转债价格上涨，最好能涨到满足强赎条款。其中，下修转股价的上市公司的强赎意愿更强。

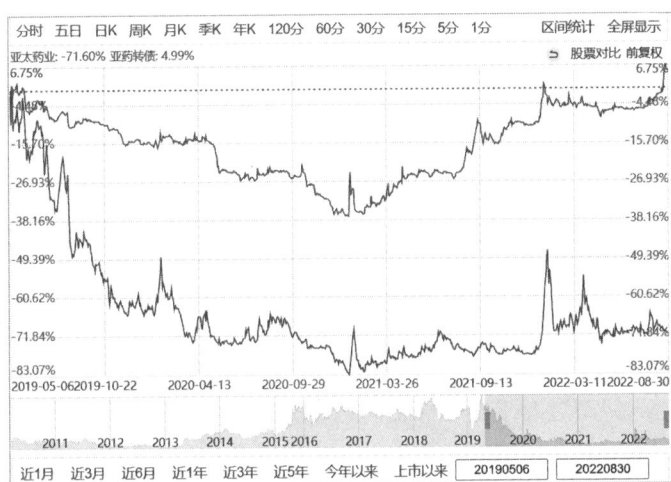

虽然下修转股价对于股东而言股权被稀释，但是在还钱和稀释股权两者之间进行权衡，上市公司还是愿意选择稀释股权。事实上，归根结底，发行可转债就是增发股票的一种变相形式，增发价格就是转股价。

也有不少投资者关注即将满足下修条件的可转债进行埋伏（又称"下修博弈"），在博弈时，大家要留意下修条件是否限制了 PB（部分可转债规定下修后的转股价低于每股净资产不能下修）；下修需要召开股东大会表决，而持债的股东不能参与投票，如果上市公司想要下修成功，那么这部分股东必然会提前卖出可转债，这也是下修博弈必须观察的现象。

下修对于可转债而言是一种保障，将导致低价可转债的价值被重估、转股价值复位和转债价格上涨。

6.可转债为比正股更适合散户

可转债的到期兑付、回售、下修条款保障了投资者能以面值＋利息作为保底，体现了可转债兑付本息的债性；可转债价格跟随正股价格上涨而上涨，体现了可转债的股性。

可转债特有的强赎特性使得上市公司有动力推动股价上涨到转股价的130%，这样不仅可以促使投资者转股，使得债权向股权转换，而且投资者也有机会从可转债强赎条件满足、可转债价格上涨中获取利润。

综上，可转债是不是比正股更适合散户，答案显而易见。

4.2 参与可转债申购

参与可转债申购的操作其实非常简单，只需在证券 App 上按提示步骤进行操作就可以了，只不过对于新手而言，需要提前了解可转债的收益情况，同时规避一些常见问题。

4.2.1 近年来可转债打新的收益

不少投资者接触可转债都是从可转债打新开始的，可转债打新作为风险低、无需持仓、信用申购的品种，越来越多的投资者参与，2019 年最高申购户数 171 万户，而 2022 年最高超申购户数 1200 万户，导致了中签率逐年降低。

按照上市首日开盘价和中签率统计，单账户打新债在 2019 ～ 2023 年分别可以收获 5598.44 元、3777.29 元、1537.37 元、1261.13 元、738.79 元。

从破发率来看，2019 年，新债破发了 13 只、占 12.62%；2020 年，新债破发了 3 只、占 1.47%；2021 年，新债破发了 5 只、占 4.13%；2021 年，新债破发了 1 只，占 0.69%，2023 年新债无一破发，如下表所示。

近年可转债上市情况统计				
年份	转债上市数（只）	破发数（只）	破发率（%）	单账户开盘平均破发亏损之和（元）	单账户开盘累计平均收益（元）
2019 年	103	13	12.62%	−446.74	5598.44
2020 年	204	3	1.47%	−7.064	3777.29
2021 年	121	5	4.13%	−7.92	1537.37
2022 年	145	1	0.69%	−8.47	1261.13
2023 年	136	0	0.00%	0	738.79

数据来源：集思录；统计时间：2023 年 12 月 29 日；注：以上计算为理论平均值，并非固定收益。

虽然单账户累计平均收益逐年降低，但是打新债依旧是低风险、高收益率的投资方式。为了提升收益，大家可以发动一家人一起参与、坚持打新债。

可转债打新收益怎么计算？

需要每逢新债上市，把开盘价、中签率、收盘价记录下来，然后进行计算：开盘价单签收益 =（开盘价 − 面值）×10；单账户平均收益 = 单签平均收益 × 单账户中签率。收盘价收益同理可得。下表所示是可转债打新与 A 股打新的区别。

	中签率	是否需要持有市值	交易规则	盈利情况
A 股打新	较低	需要	T+1 交易	2016 年至 2021 年 10 月盈利稳健
可转债打新	中偏低	不需要	T+0 交易	稳健盈利千余元 / 户

4.2.2　如何参与可转债申购

投资者参与可转债申购需要以下几个步骤（以海通证券为例）。

第一步，准备一个证券账户。在 2022 年 6 月 18 日之前，投资者开通证券账户之后，第二天就可以申购可转债。在 2022 年 6 月 18 日之后，《关于可转换公司债券适当性管理相关事项的通知》提高了可转债开通门槛：开通可转债权限需要两年交易经历 + 申请权限开通前 20 个交易日账户日均资产在 10 万元以上。

第二步，操作可转债打新。

（1）打开 e 海通财 App，依次点击"交易"→"一键打新"。

（2）点击"新债申购"。

（3）选择要打的新债。

（4）"申购数量"填写申购上限的数量，也就是满额申购。

（5）点击"一键申购"。

详细操作如下图所示。

第三步，中签之后，银证转账，转入缴款资金，并查询是否中签，如下图所示。

第四步，如有中签，则按照中签金额缴款，依次点击"交易"→"银证转账"，转入 1 000 元。

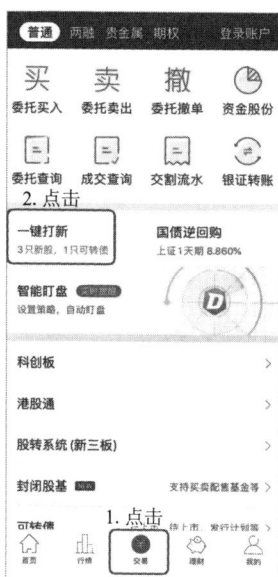

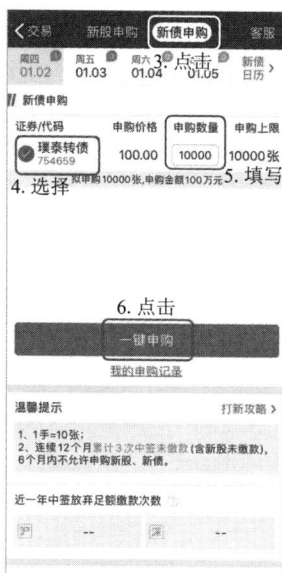

此外，投资者也可以预约申购新债，详细操作如下图所示。

（1）打开 e 海通财 App，依次点击"交易"→"一键打新"。

（2）点击"新债申购"。

（3）点击"预约打债"。

（4）选择要预约的债。

（5）选择"申购时间"。

（6）点击"预约打新"。

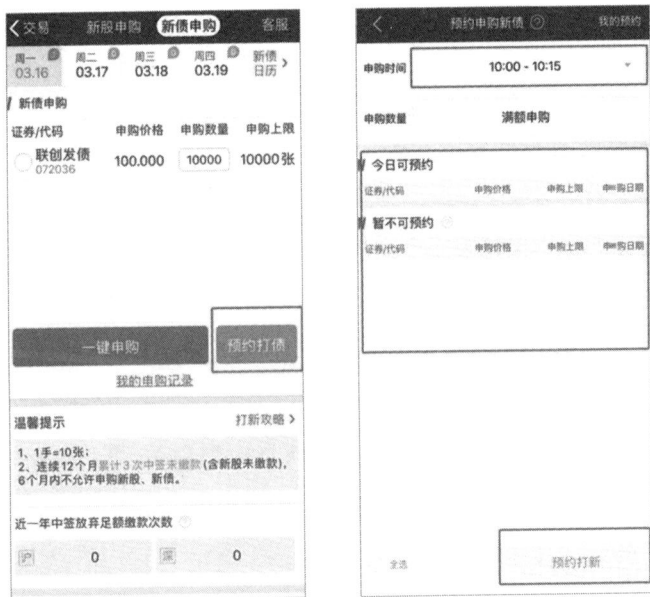

4.2.3　可转债申购新手常见问题

问：打新债"申购数量"填写什么？

答：一般填写申购上限的数量。不会因为投资者填写申购上限的数量就会中签那么多数量，从 2020—2021 年的中签情况来看，投资者最多一次中 3 手 30 张 3 000 元，在很多时候不能中签。

问：申购时间有限制吗？可以预约打新债吗？

答：在申购日的交易时间内申购，交易时间为 9:30—15:00。个别券商也会提供预约打新服务，投资者可以在申购信息公布之后、申购日之前设置申购的具体时间节点，系统会自动按时完成申购。

问：什么时候需要缴款？

答：申购可转债时不需要缴款，中签后才需要缴款。在缴款日 16:00 之前，保证账户可用资金大于中签金额，系统会自动扣除。如果投资者在 12 个月内中签不缴款 3 次，就会被暂停打新资格 6 个月（包括新股和新债）。

问：个人只能申购一次吗？想要多打怎么操作？

答：个人只能申购一次。想要多打，可以发动亲朋好友一起申购。

问：当天开通的账户可以打新债吗？

答：新开通可转债权限需要两年交易经验 + 申请权限开通前 20 个交易日账户日均资产在 10 万元以上。另外，老用户如果在券商 A 处已经有两年交易经验，那么换券商 B 开通权限无须再等两年，交易经验全市场通用。权限开通后，次日可以交易。

问：可转债打新有风险吗？

答：可转债打新虽是低风险的投资方式，但不是完全无风险。2019 年共上市 103 只可转债，破发 13 只，怎样避开这些破发风险？可以选择预估上市价格大于 100 元 / 张的新债进行申购（参见 4.4）。如果预估上市价格小于发行价 100 元 / 张，也就是有破发的可能，那么风险厌恶型投资者可以放弃申购。如果预估上市价格大于发行价 100 元 / 张，则表示有利可图，可以申购。

问：可转债打新赚钱怎么计算收益？

答：比如可转债预估上市价格是 110 元，大于可转债面值 100 元，中签一个为 1 000 元 =10 张可转债，就可以赚（110–100）×10=100（元）（未扣除佣金）。

问：投资可转债有哪些注意事项？

答：投资者要注意的是，申购建议都是基于申购日前一个交易日的收盘数据，而可转债上市一般在申购之后 20 个交易日左右，在这段时间内，如果对应的正股价格大涨，那么可转债的开盘价也会水涨船高，皆大欢喜；如果对应的正股价格大跌，那么可转债的开盘价也会大跌，而且不乏有破发的可能。由于可转债有转股价下修条款，所以投资者也可以一直持有等待回本，甚至等待满足强赎条件。

2018 年部分上市破发的可转债在 2019 年一季度价格翻倍。比如利欧转债，2018 年上市后最低跌到 78.8 元，2019 年又涨到 155.4 元。对于只打新的投资者而言，可以选择开盘集合竞价卖出。

很多人会问什么是开盘集合竞价卖出，简单来讲就是开盘前 9:15—9:25 下单，如果下单价格低于开盘价，就会以开盘价成交。关于具体的买卖规则将在 4.5 中详细介绍。

4.3　可转债抢权配售及一手债抢权策略

随着可转债投资人数逐年翻倍上升，普通投资者中签的概率大幅下降。但是，为了抓住这份低风险收益，投资者不能坐以待毙，可以通过可转债抢权配售及一手债抢权策略提高打新中签的概率。

4.3.1　持股股东如何参与可转债优先配售

对于持有可转债对应的正股至股权登记日收盘的投资者，只要持股数量足够，就享有优先配售可转债的权利。

优先认购程序如下：

（1）股权登记日收市时持有一定数量正股的投资者享有优先配售权，在股权登记日收市后交易软件证券账户持仓内已经出现"×× 配债"的可配数量。

（2）认购日（申购日）投资者应于认购前存入足额的认购资金，不足部分视为放弃认购。

操作方法如下：

（1）单击交易软件持仓中的"×× 配债"进行"卖出"，选择全部数量，单击"确定"按钮；

（2）选择菜单命令"交易"→"卖出"，填写配售代码"×××××××"，券商系统会自动匹配数量，单击"确定"按钮。操作后扣款成功，可用资金减少，表示配售委托成功。配售委托一经接受，不得撤单。

4.3.2 非持股股东如何参与可转债抢权配售

对于事先没有持有正股的投资者而言，可以通过抢权配售的方式成为持股股东，从而获得可转债的配售份额。

抢权配售是指在可转债发行的股权登记日收盘之前，投资者买入可转债对应的正股，获得可转债的优先配售资格。只要抢权的数量足够，就可以在配售日百分之百获配新债。

1.沪、深抢权配售单位的不同

可转债1手10张，面值为100元，1手可转债面值为1 000元。深市可转债配债以张为计量单位，即深市可转债获配数量一般为1张的整数倍。沪市可转债配债以手为计量单位，即沪市可转债获配数量一般为10张的整数倍；其中，"沪市可转债配售的精确算法"指原普通股股东网上优先配售可转债可认购数量不足1手的部分按照精确算法原则取整，即先按照配售比例和每个账户股数计算出可认购数量的整数部分，对于计算出不足1手的部分（尾数保留3位小数），将所有账户按照尾数从大到小的顺序进位（尾数相同则随机排序），直至每个账户获得的可认购可转债加总与原普通股股东可配售总量一致。精确算法类似于"四舍五入"，当持股零头可配大于0.5手时，有机会获配1手可转债；持股零头可配越接近1手，获配1手可转债的概率越大。

2.沪、深配售和申购的不同

深市一张身份证只有一个账户能有效申购可转债，重复申购无效。沪市一张身份证可以开通3个证券账户+1个融资账户，共计4个账户。同时，配售则不同，每个账户都能分别进行配售。投资者可以合理利用账户，结合沪市可转债策略，1张身份证最多可以在4个账户分别"配1手"，提高获配金额。

3.百元股票含权和安全垫

百元股票含权是投资者持有100元正股可以获配可转债的金额，含权量越高，配债所需正股金额越少，重点筛选沪市百元股票含权大于10元、深市百元股票含权大于 20 元的上市公司。

$$百元股票含权 = 可转债发行规模 \div 股票总市值 \times 100 元$$

$$= 每股配售金额 \div 股票价格 \times 100 元$$

安全垫是抢权配售的套利空间，优先选择安全垫大于 10% 的上市公司，其次选择安全垫大于 5% 的上市公司。由公式可知，要使安全垫较高，要么可转债上市价格高、收益高，要么配债所需资金少。所以，在同等条件下，沪市配 1 手可转债比深市配 1 手可转债的成本低、安全垫高。

$$安全垫 = 新债上市预估收益 \div 配债所需资金 \times 100\%$$

4. 抢权配售的风险

（1）配售日正股大幅下跌的风险。抢权之后卖出正股的最早时机是配售日（打新日）当天卖出。

抢权配售如果在股权登记日买入正股、配售日卖出，那么投资者最少也要承担一天的股价波动风险。所以，如果抢权到新债卖出的收益无法覆盖正股抢权的亏损，抢权就失败了，比如苏利转债案例。

2022 年 2 月 14 日前，苏利转债发布发行公告，持有 189 股苏利股份能获配 1 手苏利转债。沪市的可转债最少需要持有 100 股苏利股份，投资者就有机会获配苏利转债。

假设投资者在 2022 年 2 月 14 日开盘买入苏利股份，价格为 20.10 元 / 股，在配售日 2 月 16 日以开盘价 18.24 元 / 股卖出苏利股份，那么亏损金额 =（18.24−20.1）×100=−186（元）。

苏利转债 2022 年 3 月 10 日上市开盘价为 116 元，毛利为 160 元。

这笔抢权总计亏损 = 正股亏损 + 转债盈利 =−186+160=−26（元）。

表面上苏利转债的百元股票含权很高（26 元），安全垫也非常高（8%），投资者都认为是机会，都会参与抢权，但这样一来既造成配售日抛售压力较大、跌幅较大，又使得配售率接近 90%，很多 1 手配售失败，没赚到新债的钱反倒亏了配股的钱，导致抢权配售风险加大。

（2）可转债上市破发的风险。从可转债申购到上市一般需要经历 1 个月左右的时间，如果这 1 个月内正股跌幅较大，远超可转债上市预期涨幅，那么，可转债上市价格可能会低于申购时的预期甚至破发。2018—2021 年都出现过破发的可转债，尤其是 2018 年个别可转债的上市价格甚至低于 80 元，虽然后期这些可转债大多涨到 130 元以上，以强赎作为自己的结局，但在上市初期仍经历了非常难熬的时期。对于这类可转债，只要市场不出现违约，投资者还是可以等待其价格回到面值以上的机会，毕竟即使正股价格低迷，还可以通过下修转股价等方式提振可转债价格。

4.3.3　提前发现抢权配售的机会

1.查看待发转债

打开集思录网站，在"实时数据"→"可转债"→"待发转债"页面中选择"类型"为"可转债"，即可查看待发转债。同时，集思录已经为大家计算好了待发转债的转股价格、百元股票含权、配售 10 张可转债所需股数等数据。

另外，大家一定要清楚，在发行可转债之前，要经过一系列流程，包括董事会预案→股东大会批准→交易所受理→上市委通过→同意注册→发行公告。

2.挑选待发转债中适合抢权的标的

【个股方面】

• 优先考虑百元股票含权高的可转债，毕竟配售每一手可转债所需资金较少。重点筛选沪市百元股票含权大于 10 元、深市百元股票含权大于 20 元的上市公司。

• 优先选择安全垫大于 5% 且越高越好的上市公司。

• 发债规模越小，容易有高溢价率，上市价格超预期的可能性更大。

• 规避拿到批文半年以上一直没发行的可转债，这么久不发行一定事出有因。

• 选择正股基本面较好、发行可转债对公司利润增长有帮助的上市公司。在发行公告之前一段时间股价没有大涨甚至股价处于低位的更优。

• 规避正股市净率（PB）< 1 的上市公司。很多可转债的下修条款中规定正股 PB < 1 时不能下修转股价。

【大势方面】

选择大势向好、大盘平稳的时机，且避开熊市。

【行业方面】

选择同行业转债溢价率较高的，盈利高，安全垫高。

总结：挑选发债规模小、正股股价较低、百元股票含权高的可转债，沪市可转债在配售日之前买入含权 > 500 元对应的股数，在配售当日进行配债操作和卖出正股。

4.3.4　抢权成功是否一定要配债

2021—2022 年抢权配售投资者经历了如下几个时代。

抢权配售 1.0 时代：从可转债发行公告后到股权登记日收盘之前，投资者纷纷抢权，正股股价也随之上涨；配售当日又纷纷卖出正股，造成正股股价在配售日大跌；往往配到的新债赚的钱无法抵销配正股下跌的亏损。

抢权配售 2.0 时代：聪明的投资者会提前关注近三个月内证监会核准的可转债，盯着它们对应正股的大股东质押股票的公告，一旦公告，就买入抢权，等待可转债发行公告发出后抢权进来推高股价时卖出获利了结。

抢权配售 3.0 时代：更聪明的投资者埋伏上市委通过或者同意注册的正股，可能提前几个月就介入正股，持有到大股东质押股票公告之后，把正股卖给抢权配售 2.0 时代的人，正所谓"螳螂捕蝉，黄雀在后"。

总之，抢权配售的套利者想要获得成功，必须不断精进自己的买卖时机，提前埋伏并提前卖出正股来获利。只要获利足够就可以卖出，不一定非要等到配售。

4.4　预估可转债中签率和上市价格

1. 如何预估可转债中签率

预估可转债中签率需要知道四个因素：发行规模、是否仅供网上申购、申购户数、原股东配售率。其中，关于发行规模和是否仅供网上申购可以直接在可转债发行公告中查看。下面补充讲解申购户数和原股东配售率。

（1）申购户数，可以依据近期发行的可转债的申购户数进行粗略估算。例如，从 2022 年 9 月 6 日的待发转债列表中可以看到，近期发行待上市的可转债的申购户数为 1 100 多万户，不到 1 200 万户，所以，可以用 1 167 万户来预估中签率，如下图所示。

（2）原股东配售率，可以在发行前一天下午的上市公司发行路演中获取大股东配售意愿进行粗略估算。例如，小熊电器的前十大股东持股合计为 74.86%，最后原股东配售率为 87.39%，假设在大股东都配售的情况下，原股东配售率预计比前十大股东占比高 10% 左右，具体可以根据正股抢权配售的热度进行调整。计算公式如下：

$$中签率 = 网上发行规模 ×× 亿元 × (1- 配售率 \%) ÷ 申购户数 ×× 万 ÷$$

$$单账户申购上限 ×100\%$$

$$单户中签率 = 中签率 / 手 ×1\ 000 元 / 手$$

$$多少户能中 1 签 =1÷ 单户中签率$$

根据以上计算公式，预测 1 100 万户申购，可以对小熊转债做出以下中签率预估。

假设原股东配售率为 87%，发行规模为 5.36 亿元，那么，中签率 =5.36 亿元 ×（1-87%）÷1 100 万 ÷100 万 ×100%=0.000 63%；单户中签率 =0.63%。

根据路演中大股东配售意愿选择配售率百分比档次。如果遇到有大股东放弃，那么配售率需要扣除这一部分，最后预测出来的单户中签率会更加准确。

这里值得一提的是，比如隆 22 转债中签率接近 25%，但有的一家 4 口人中 0 签，这是什么原因呢？很简单，因为这次的中签号码中有些人中了"双黄"，也就是有人中了 2 手，那么剩下的 7 人就会有中 0 手的可能。这样，中签率 2÷8=25%，所以，有人欢喜有人忧。

虽然理论中签率与实际中签率会有差别，但是，只要参与的人数够多、参与的时间够长，实际中签率和利润累计值就会越接近理论值。

2. 如何预估可转债上市价格

以 2022 年 9 月 2 日上市的博汇转债为例，在上市前一日，可以根据以下数据进行预估。

上市代码：sz123156。

正股情况：博汇股份（300839）。主营业务是研发、生产、销售应用于多领域的特种芳烃系列产品，产品主要包括重芳烃类系列产品及环保芳烃油。

评级为 A+，发行规模为 3.97 亿元，股东配售率为 83.87%。

先看前十名可转债持有量，如下表所示。

序号	持有人名称	持有数量（张）	占总发行量比例（%）
1	宁波市文魁控股集团有限公司	2 069 500	52.13
2	洪檠松	88 116	2.22
3	陈云	85 213	2.15
4	陆新花	79 400	2.00
5	徐双全	75 000	1.89
6	陈杏花	53 570	1.35
7	王巧琴	21 018	0.53
8	宁波云水戊戊股权投资合伙企业（有限合伙）	17 387	0.44
9	楚洪民	15 813	0.40
10	周三花	15 634	0.39

再观察持债人是不是持股 5% 以上的股东，如下图所示。

十大股东				
报告期: 2022-06-30　2022-03-31　2021-12-31　2021-09-30　2021-06-30				更多数据查询 ∨
股东名称	股东类型	股份类型	持股数(股)	占总股本比(%)
宁波市文魁控股集团有限公司	其他	限售流通A股	9163万	52.13
洪淼松	个人	流通A股	390.1万	2.22
陈云	个人	流通A股	377.3万	2.15
陆新花	个人	流通A股	351.5万	2.00
徐双全	个人	流通A股	332.8万	1.89
陈杏花	个人	流通A股	329.2万	1.87
尤丹红	个人	流通A股_限售流通A股	235.3万	1.34
王律	个人	流通A股_限售流通A股	212.8万	1.21
上海岩明投资中心(有限合伙)	投资公司	流通A股	144.6万	0.82
周利方	个人	流通A股	140.8万	0.80

紧接着找到最新一期财报中的"一致行动人明细"，如下图所示。

博汇股份一致行动人明细											数据日期：2022-06-30 ∨
一致行动组本期持股比例4.22%，持股数量741.65万，较上期增加171.16万											
序号	股东名称	股东排名	持股数量(股)	持股市值(元)	已流通股份数量(股)	持股比例(%)	持股数量变动(股)	持股比例变动(%)	股东性质	股份性质	是否控股股东	公告日期
1	洪淼松	2	390.12万	5531.90万	390.12万	2.22	90.03万	0.00	个人	流通A股	否	2022-08-30
2	陆新花	4	351.53万	4984.70万	351.53万	2.00	81.13万	0.00	个人	流通A股	否	2022-08-30

可见，前十大持债人包括持股 5% 以上的股东，以及一致行动人，但合计持股不到 5%，所以只有前者符合限售要求，持债比例为 52.13%。根据《中华人民共和国证券法》相关规定，可转债在上市 6 个月内是限售的，可转债实际流通规模为 3.97×（1−52.13%）=1.9（亿元）（这里的测算不含董高监，实际流通规模可能略小于计算结果）。

同时，2022 年 9 月 1 日收盘转股价值为 90.70 元，参考当前市场上其他同行可转债——恒逸转债，给予 35% 的溢价率，预计上市合理价格在 122 元左右。因此，可转债上市价格计算公式为：上市预估价格 = 转股价值 ×（1+ 预估溢价率）。博汇转债上市预估价格 =90.70×（1+35%）≈ 122 元，所以，我们可以预估其合理上市价格在 122 元左右。

另外，其流通规模 1.9 亿元不算大，有可能会超预期——开盘价 ≥ 120 元将停牌半小时，开盘价 ≥ 130 元将停牌至 14:57。实际上，2022 年 9 月 2 日上市日，博汇转债的开盘价格为 124.96 元（当日最高价），收盘价格为 120.52 元（当日最低价）。

综上所述，在进行可转债上市价格预估时，需要同步考虑流通规模、原股东配售率、市场热度，对预估值进行修正，这需要预估者对市场有敏锐的鉴别能力。能计算出预估值是一切预估的基础。

4.5　把握上市首日的机遇

如果可转债上市首日就超预期表现，那么获利了结赚的是打新的收益；但如果首日涨停收盘，那么投资者可以根据自己的实际情况进行应对，会分析的也可以留到下一个交易日再看。

4.5.1　新债卖出策略

新债中签难，中了怎么卖个好价钱？在这里分享三种卖出策略。

1. 上市首日卖出策略

对于新手和无法实时盯盘的上班族而言，非常适合采用上市首日卖出策略。具体操作方法为：根据新债上市价格预估法，预估出合理的溢价率和上市价格，然后在上市当天集合竞价时间段 9:15—9:25 下单，只要下单价格低于开盘价，就会在 9:25 以开盘价成交。

以 2022 年 9 月 2 日上市的博汇转债为例，9 月 1 日收盘转股价值为 90.70 元，参考当前市场上其他同行可转债——恒逸转债，给予 35% 的溢价率，预计上市合理价格在 122 元左右。流通规模 1.9 亿元不算大，有可能会超预期。按照上市首日卖出策略，在 9 月 2 日集合竞价时间段（9:15—9:25）下单，卖出价格可以设置在 122 元附近，为了方便成交，设置下单价格低于自己的预估价格，比如120 元，实际上博汇转债上市开盘价为 124.96 元，所以，以 122 元卖出也会以开盘价 124.96 元成交，249.6 元毛利落袋。

由于上市首日正股股价的涨跌也会影响转股价值，所以，要在上市首日结合当日正股走势对预估价格做出适当的调整。

2. 130 元卖出策略

130 元卖出策略适用的人群为耐得住寂寞、能中长期持可转债的投资者；适用的可转债为上市首日开盘价格远低于 130 元、流通规模不是特别大的类型。

由于大多数可转债以强赎为退市方式，说明这些可转债最后都满足了强赎条件，而此时一般可转债价格也在一段时间内达到 130 元左右。所以，打新债持有到满足强赎条件，就有机会获得 30% 左右的收益，也就是可以死守直至130 元卖出，这就是 130 元卖出策略的由来。

3. 高点回落卖出策略

高点回落卖出策略适用的人群为熟悉量化、善于使用条件单等工具的投资者；适用的可转债为流通规模较小、正股有潜力的类型。

历史上的可转债都是以什么价格退市的呢? 来看下表。

	退市价格区间	数量（只）	占比
所有退市	< 130 元	69	27.94%
	130 ~ 150 元	63	25.51%
	150 ~ 170 元	48	19.43%
	170 ~ 200 元	29	11.74%
	200 元以上	38	15.38%

从上表中可以看到，截至 2022 年 9 月 2 日，历史上已经有 247 只可转债退市，其中 130 元以下退市的可转债占 27.94%，也就是说，至少有 72% 以上的退市可转债曾达到 130 元以上的价格，所以，我们把 130 元卖出策略优化为 130元以上高点回落卖出策略。

例如，计划 130 元卖出 A 转债，但是涨到 130 元还在上涨，可以设定一个回落比例，如 10%，假如 A 转债在后面一段时间涨到最高价 200 元后又跌到180 元才是回落 10% 的地方，此时该策略才触发卖出。

不过，该策略用条件单来实现，即设置：

（1）触发条件为价格 ≥ 130 元。

（2）累计回落比例 =10%。

　　回落比例可以按照自己的风险承受能力进行设定，比如 5%、8% 等。但也不要设得太小，0.5% 这样的回落比例太容易被触发了。可转债的条件单一般要等到可转债首日上市后才可以设置，没上市的时候没办法设置。方法为：输入可转债代码，触发条件设置好监控价、累计回落比例，填写委托数量，即可完成设置，如下图所示。

　　例如，永东转 2 在上市首日即 2022 年 5 月 16 日的最高价为 157.3 元，次日摸高 199.161 元后回落，假如设定累计回落 10% 卖出，就会在次日回落到 179.245 元时实施卖出。如下图所示，永东转 2 上市三个月后再次摸高 190 元，虽然以 179 元卖出没有卖在最高点，但是在后面近半年的时间里，多数时间是以低于 179 元的价格卖出的。

当然，高点回落卖出策略也有局限性，对于波动率小、规模大且具备还钱能力的正股公司的可转债，可能更适合上市首日卖出策略。

4.5.2　可转债新规实施后的交易规则

2022 年 8 月 1 日，可转债新规开始实施，简要总结如下表所示。

可转债交易规则（2022.8.1 起实施）			
沪深可转债		沪市	深市
区别	代码	11 开头	12 开头
	最小报价单位	0.001 元	
	最小交易单位	一手（=10 张）	10 张
上市首日	开盘价范围	70 ～ 130 元	
	最高价	157.3 元（对应涨幅 57.3%）	
	最低价	56.7 元（对应跌幅 -43.3%）	
集合竞价规则	新债上市首日可申报范围	70 ～ 130 元	
	非首日老债可申报范围	前一日收盘价的 80% ～ 120%	
	9:15-9:20	允许挂单，允许撤单	
	9:20-9:25	允许挂单，不允许撤单	

续上表

可转债交易规则（2022.8.1 起实施）			
沪深可转债		沪市	深市
集合竞价规则	9:25	确定开盘价；低（高）于开盘价的卖（买）单会以开盘价成交	
	9:25–11:30；13:30–14:57	连续竞价时间，允许挂单，允许撤单	
连续竞价	委托有效范围	①买一价向下 10% ～卖一价向上 10%；②不高于买一价与卖一价平均数的 130% 且不低于该数的 70%	最近成交价的 ±10%
上市首日临时停牌	首次 涨跌幅≥20%	停牌 30 分钟，若停牌时间超过 14:57，则 14:57 复牌	
	首次 涨跌幅≥30%	停牌至 14:57	
	停牌期间	不能委托买卖，不能撤卖，可以撤买	可委托
	14:57–15:00	连续竞价 允许挂单，允许撤单	收盘集合竞价，允许挂单，不允许撤单
非上市首日	开盘价 / 全天最高、最低价	前一日收盘价的 80% ～ 120%	
	临时停牌	不再临停	
转股	转股期	发行结束后 6 个月～退市	
	转股数量计算	转入股票数量＝转债张数 ×100÷ 转股价（取整）	
	转股规则	当日盘中发起转股，当日结算后股票到账，次日可以交易	
其他规则	开通条件	2 年交易经验 + 账户 20 日日均资产达到 10 万元	
	有 5% 以上股份的股东 + 董监高	纳入短线交易监管：要求股票减持半年内，不得认购可转债；可转债认购后，半年内不得减持	
	到期风险提示	可转债最后交易日的证券简称前增加"Z"标识。强赎或到期赎回的最后 3 个交易日停止交易	

4.5.3　可转债上市之前正股股价翻倍如何应对

从新债发行到上市一般有一个月时间，假设期间正股股价翻倍，转股价值超过 200 元，新债上市价格岂不是也要翻倍？还真出现过两次这样的情况，如下表所示。

上市时间	转债名称	上市前转股价值	上市三日最高价	中 1 手毛利	毛利率
2021/9/23	川恒转债	216 元	197.1 元	97.1 元	97.1%
2022/4/8	盘龙转债	254 元	246 元	1 460 元	146%

其中，2021 年 9 月 23 日上市的川恒转债，上市次日冲高到 197.1 元，单签获利 97.1%。无独有偶，2022 年 4 月 8 日上市的盘龙转债，上市前一日的收盘转股价值为 254 元，为历史之最。当时，按照转股价值计算中签者就有 1 540 元的毛利。毕竟 2021 年打新债单户平均收益之和只有 1 500 元上下，所以，投资者中签盘龙转债，堪称"1 签顶 1 年"。

由于深市可转债上市首日最高价为 157.3 元，那么，盘龙转债中签者在上市首日卖出岂不是亏大了？如果投资者在实操中遇到这种情况，那该怎么应对？笔者在这里分享自己的应对策略。

以盘龙转债为例，其走势图如下图所示。

1. 盘龙转债上市首日 2022 年 4 月 8 日至次日 2022 年 4 月 11 日的价格预估

第一步，盘龙转债转股价值 254.04 元远高于首日涨停最高价 157.3 元，所以，盘龙转债上市首日一定以涨停收盘 2022 年 4 月 8 日全天价格走势如下：

（1）以最高价 130 元开盘，直接停牌至 14:57。

（2）14:57 复牌撮合成交再上涨 10%，即 130×110%=143（元）。

（3）14:57—15:00 为尾盘集合竞价，再次上涨 10%，即以 143×1.1=157.3（元）收盘。

2022 年 4 月 8 日全天价格走势数据如下表所示。

	日期	时间	预计价格（元）
上市首日	2022/4/8	9:25	130
		14:57	143
		15:00	157.3

备注：可转债新规实施后限制涨跌幅 20%，次日将没有机会超过 188.76 元。

第二步，2022 年 4 月 11 日全天价格走势。

假设上市首日即 2022 年 4 月 8 日收盘转股价值维持在 254 元，上市次日即 2022 年 4 月 11 日开盘价基本确定是 173.03 元，其他四个时间节点的走势预估如下表所示。

	日期	时间	预计价格（元）
上市次日	2022/4/11	9:25	173.03
		9:30	188.76
		10:00	204.49
		14:57	224.939

再假设上市首日即 2022 年 4 月 8 日盘龙药业正股跌停，则上市首日收盘盘龙转债转股价值将下降到 228.6 元；如果正股在 2022 年 4 月 11 日开盘再度跌停，转股价值会回落到 205.7 元，当天合理价在 205～228 元，那么开盘之后可能会有如下走势：

（1）上市次日开盘价最高比上市首日收盘价高出 10%，也就是以 157.3×

1.1=173.03（元）开盘。

（2）9:30 涨至上市首日收盘价的 1.2 倍即 157.3×1.2=188.76（元）~上市次日开盘价的 1.1 倍即 173.03×1.1=190.333（元）时，会停牌半小时。

（3）10:00 复牌后能涨多少，需要看正股的涨跌幅，再涨 10% 会再次引发停牌至 14:57。

由于在上市之前无法预估正股下跌幅度，所以，盘龙转债上市次日会涨到哪一档次，谁也不会提前知道，投资者能做的就是提前做好预案并严格执行。

2. **对策**

第一天中签的投资者不卖，没中签的投资者怎么办？

没中签的投资者可以提前下买单（隔夜买单或者集合竞价买单）碰运气，虽然买到的可能性不大，但碰碰运气未尝不可（提醒：在新规下隔夜下单143元、157.3 元会是废单，在新规下抢筹可以尝试于 9:25 之前下 130 元买单、于 9:25:00 下 143 元买单、于 14:57:00 下 157.3 元买单）。

第二天对于中签者而言，假如 2022 年 4 月 11 日开盘后转股价值还在 228 元，那么中签者可以等到 228 元左右这一档位再考虑卖出；假如 2022 年 4 月 11 日开盘后转股价值回到 205 元，如果可转债价格上涨到 200 元左右，那么中签者可以考虑落袋为安。

3. **假如采用回落 10% 卖出策略，那么中签的盘龙转债的卖出价格是多少**

上市第四个交易日即 2022 年 4 月 13 日从高点 245.5 元回落 10%，如下图所示，盘龙转债的卖出价格为 245.5×0.9=220.95（元）。

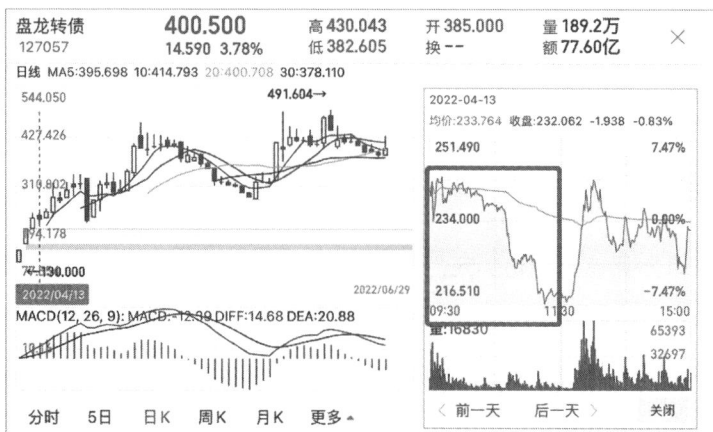

第5章

可转债的高级轮动策略

2022年大家普遍反映新债中签率越来越低，打新债的利润逐年下滑。很多朋友会问：有什么好的办法能从可转债上赚钱呢？当然有，基于可转债本身"上不封顶、下有保底"的特性，可转债组合轮动相对于股票组合而言，收益跟得上，风险更可控。

先补充一些基础知识。

轮动：一般会按照一定条件进行轮动，比如到期轮动，周期可选按月、按周、按日等。每次轮动都要卖出不在排名前列的可转债，重新买入排名前N的可转债。N的选择看资金量，小资金量可以选前五，大资金量可以选前十甚至前二十。轮动时不论个债盈亏，严格按照排名轮动。

阈值：又称临界值，比如阈值130表示该策略容纳的可转债的最高价格为130元，超过该价格的不纳入该策略排名。

2023年随着注册制的实施，A股市场退市节奏加快，可转债市场同步受到正股退市引发的违约风险影响，可转债投资出现了前所未有的新风险点。

5.1 低价策略

可转债低价策略的唯一轮动因子是"价格"，比如前 10 名低价策略就是选择价格最低的前 10 名可转债组成组合，等权（等金额）买入，直到下一个轮动时间节点，重新排名，把持仓调成新的低价前 10 名可转债。每次调仓时，按照等金额比例分配原则，组合内老持仓可转债的数量可能会随之调整。

下面进行 2022 年低价策略回测演示。

2021 年 12 月 31 日至 2022 年 9 月 2 日，每周五收盘前调仓，按照收盘价计算，投资者每次轮动买入价格最低的前 5 名可转债，同时规避强赎可转债，每个调仓日的收益率如下表所示。

日期	收益率	日期	收益率
2021/12/31	3.37%	2022/5/6	1.85%
2022/1/7	−0.52%	2022/5/13	1.47%
2022/1/14	0.40%	2022/5/20	1.16%
2022/1/21	−1.45%	2022/5/27	0.05%
2022/1/28	1.50%	2022/6/2	−0.15%
2022/2/11	−2.27%	2022/6/10	−0.37%
2022/2/18	0.60%	2022/6/17	−0.25%
2022/2/25	2.19%	2022/6/24	0.37%
2022/3/4	−2.13%	2022/7/1	−1.31%
2022/3/11	0.05%	2022/7/8	−1.28%
2022/3/18	−0.53%	2022/7/15	1.11%
2022/3/25	−0.50%	2022/7/22	0.59%
2022/4/1	−0.08%	2022/7/29	−0.23%
2022/4/8	−0.52%	2022/8/5	0.50%
2022/4/15	0.18%	2022/8/12	0.68%
2022/4/22	−1.51%	2022/8/19	−0.01%
2022/4/29	−0.23%	2022/8/26	−0.77%

众所周知，2022 年前四个月以回调风格为主，所以这里把前四个月和后面几个月分开统计，阶段性收益率如下表所示（统计截止日期：2022 年 9 月 2 日）。

起止日期	收益率
2021/12/31—2022/9/2	1.96%
2021/12/31—2022/4/29	−1.22%
2022/4/29—2022/6/2	4.30%
2022/6/2—2022/7/1	−0.40%
2022/7/1—2022/7/29	−0.89%
2022/7/29—2022/9/2	0.17%

2021 年 12 月 31 日至 2022 年 9 月 2 日，前 5 低价策略的收益率为 1.96%，同期可转债等权指数为 −1.86%，说明该策略有效。

5.2　到期收益率策略

到期收益率的简单计算公式如下：

到期收益率 = (到期赎回价格 + 未付利息 − 最后一次利息 − 买入价格) ÷ 买入价格 ×100%

如果到期收益率 ≥ 0，则说明按照约定利息，只要公司不违约，到期就会有收益；如果到期收益率 < 0，则到期按照约定利息也不能保本。所以，高到期收益率策略是一种保守吃利息的策略，回撤相对较小，非常适合保守稳健风格的投资者。

可转债到期收益率策略的唯一轮动因子就是"到期收益率"，比如前 10 名到期收益率轮动策略就是选择到期收益率最高的前 10 名可转债组成组合，等权（等金额）买入，直到下一个轮动时间节点，重新排名，把持仓调成新的高到期收益率前 10 名可转债。每次调仓时，按照等金额比例分配原则，组合内老持仓可转债的数量可能会随之调整。根据长期回测数据，税后到期收益率策略的表现好于税前到期收益率策略的表现。

下面进行 2022 年税后到期收益率策略回测演示。

2021 年 12 月 31 日至 2022 年 9 月 2 日，每周五收盘前调仓，按照收盘价计算，每次轮动买入税后到期收益率最高的前 5 名可转债，同时规避强赎可转债，每个调仓日的收益率如下表所示。

日期	收益率	日期	收益率
2021/12/31	3.24%	2022/1/28	1.68%
2022/1/7	−0.65%	2022/2/11	−1.96%
2022/1/14	0.88%	2022/2/18	0.60%
2022/1/21	−0.85%	2022/2/25	2.28%
2022/3/4	−1.42%	2022/6/2	−0.15%
2022/3/11	0.10%	2022/6/10	−0.31%
2022/3/18	−0.51%	2022/6/17	0.16%
2022/3/25	−0.58%	2022/6/24	1.03%
2022/4/1	0.01%	2022/7/1	−1.31%
2022/4/8	−0.28%	2022/7/8	−1.28%
2022/4/15	−0.20%	2022/7/15	1.11%
2022/4/22	2.06%	2022/7/22	0.59%
2022/4/29	0.10%	2022/7/29	−0.14%
2022/5/6	1.45%	2022/8/5	0.66%
2022/5/13	0.86%	2022/8/12	0.19%
2022/5/20	1.16%	2022/8/19	3.03%
2022/5/27	0.05%	2022/8/26	−3.92%

2022 年前四个月以回调风格为主，所以这里把前四个月和后面几个月分开统计阶段性收益率，如下表所示（统计截止日期：2022 年 9 月 2 日）。

起止日期	收益率
2021/12/31—2022/9/2	7.62%
2021/12/31—2022/4/29	4.44%

续上表

起止日期	收益率
2022/4/29—2022/6/2	3.66%
2022/6/2—2022/7/1	0.73%
2022/7/1—2022/7/29	−0.91%
2022/7/29—2022/9/2	−0.31%

2021 年 12 月 31 日至 2022 年 9 月 2 日，前 5 税后到期收益率策略的收益率为 12.01%，同期可转债等权指数为 −1.86%，说明该策略非常有效。而且在 2022 年前四个月大盘调整时期，税后到期收益率策略依旧获得 4.44% 的正收益率，表现出很强的抗跌性。

5.3　到期回售收益率策略

可转债回售是一项保护投资者利益的条款，上市公司在发行公告时已经事先约定。常见的回售条款为：在本次可转债最后两个计息年度内，如果公司股票收盘价在任何连续 30 个交易日低于当期转股价格的 70%，则触发回售。

可转债回售是投资者拥有的一项权利，即在可转债对应正股满足回售条款时，投资者拥有将可转债回售给上市公司的权利。

可转债到期回售收益率策略的唯一轮动因子是"到期回售收益率"，比如前 10 名到期回售收益率策略就是选择到期回售收益率最高的前 10 名可转债组成组合，等权（等金额）买入，直到下一个轮动时间节点，重新排名，把持仓调成新的高到期回售收益率前 10 名可转债。每次调仓时，按照等金额比例分配原则，组合内老持仓可转债的数量可能会随之调整。根据长期回测数据，税后到期回售收益率策略的表现好于税前到期回售收益率策略的表现。

下面进行 2022 年税后到期回售收益率策略回测演示。

2021 年 12 月 31 日至 2022 年 9 月 2 日，每周五收盘前调仓，按照收盘价计算，每次轮动买入税后到期回售收益率最高的前 5 名可转债，同时规避强赎可转债，每个调仓日的收益率如下表所示。

日期	收益率	日期	收益率
2021/12/31	3.65%	2022/2/25	2.19%
2022/1/7	−1.04%	2022/3/4	−2.13%
2022/1/14	0.23%	2022/3/11	0.05%
2022/1/21	−1.45%	2022/3/18	−0.53%
2022/1/28	1.50%	2022/3/25	−0.50%
2022/2/11	−2.27%	2022/4/1	−0.08%
2022/2/18	0.60%	2022/4/8	−0.52%
2022/4/15	0.18%	2022/6/24	0.37%
2022/4/22	−1.51%	2022/7/1	−1.31%
2022/4/29	−0.23%	2022/7/8	−1.28%
2022/5/6	1.76%	2022/7/15	1.11%
2022/5/13	1.43%	2022/7/22	0.59%
2022/5/20	1.16%	2022/7/29	−0.31%
2022/5/27	0.05%	2022/8/5	1.04%
2022/6/2	−0.15%	2022/8/12	0.83%
2022/6/10	−0.29%	2022/8/19	−0.27%
2022/6/17	−0.25%	2022/8/26	−0.97%

2022 年前四个月以回调风格为主，所以这里把前四个月和后面几个月分开统计阶段性收益率，如下表所示（统计截止日期：2022 年 9 月 2 日）。

起止日期	收益率
2021/12/31—2022/9/2	1.65%
2021/12/31—2022/4/29	−1.63%
2022/4/29—2022/6/2	4.17%
2022/6/2—2022/7/1	−0.32%
2022/7/1—2022/7/29	−0.89%
2022/7/29—2022/9/2	0.32%

2021 年 12 月 31 日至 2022 年 9 月 2 日，前 5 税后到期回售收益率策略的收益率为 1.65%，同期可转债等权指数为 −1.86%，说明该策略有效。

5.4　折价 / 低溢价率策略

溢价率即转股溢价率，它是衡量股性的主要指标，也称股性因子。其计算公式如下：

转股溢价率 = 可转债现价 ÷ 转股价值 −1

= （可转债现价 − 转股价值）÷ 转股价值 ×100%

转股价值 = 可转债的正股价格 ÷ 可转债的转股价 ×100（元）

在发行可转债后，转股价一般不变，除非下修或分红配股等。

如果溢价率为正数，则意味着可转债价格高于转股价值，此时投资者持有可转债更为划算。如果溢价率为负数，也称为折价，则意味着可转债价格低于转股价值，此时投资者将可转债换成股票更为划算。正股投资者可以通过关注对应可转债的溢价率，在折价时买入转债转股同时卖出正股来降低正股的成本。折价代表转股后套利有收益，溢价率为负值且越小，套利越有"肉"。

低溢价率策略是股性投资的典型策略，一般无阈值的低溢价率策略选出的可转债价格比其他策略选出的可转债价格要高。

低溢价率策略的唯一轮动因子是"转股溢价率"，而且从小到大排序。比如前 10 名低溢价率策略就是选择溢价率最低的前 10 名可转债组成组合，等权（等金额）买入，直到下一个轮动时间节点，重新排名，把持仓调成新的低溢价率前 10 名可转债。每次调仓时，按照等金额比例分配原则，组合内老持仓可转债的数量可能会随之调整。

下面进行 2022 年折价 / 低溢价率策略回测演示。

2021 年 12 月 31 日至 2022 年 9 月 2 日，每周五收盘前调仓，按照收盘价计算，每次轮动买入溢价率最低的前 5 名可转债，同时规避强赎可转债，分别按照阈值 130、150、170 和无阈值进行回测，每个调仓日的收益率如下表所示。

日期	低溢价率 130 TOP5 收益率	低溢价率 150 TOP5 收益率	低溢价率 170 TOP5 收益率	低溢价率无阈值 TOP5 收益率
2021/12/31	1.22%	−1.27%	−2.14%	−0.49%
2022/1/7	−1.04%	3.91%	3.13%	3.13%
2022/1/14	−0.07%	−1.64%	−2.17%	1.01%
2022/1/21	1.33%	−4.17%	−7.97%	−12.09%
2022/1/28	2.98%	3.79%	2.30%	0.80%
2022/2/11	−1.39%	−1.78%	−2.02%	−3.35%
2022/2/18	2.04%	0.02%	−0.52%	1.98%
2022/2/25	−2.07%	−2.11%	−5.05%	0.05%
2022/3/4	−4.53%	−4.85%	−7.24%	−7.54%
2022/3/11	2.08%	0.51%	−0.93%	0.42%
2022/3/18	−0.13%	−4.51%	−5.62%	−5.69%
2022/3/25	0.78%	−0.44%	1.46%	2.17%
2022/4/1	−1.62%	−2.88%	−0.61%	−4.49%
2022/4/8	−3.00%	−4.20%	15.32%	13.36%
2022/4/15	−0.36%	−1.16%	−3.27%	−4.92%
2022/4/22	−1.20%	4.15%	1.95%	4.94%
2022/4/29	−0.27%	0.15%	1.88%	1.46%
2022/5/6	0.96%	2.71%	14.08%	13.11%
2022/5/13	−0.53%	1.43%	1.48%	2.59%
2022/5/20	−1.12%	0.29%	1.39%	2.15%
2022/5/27	0.89%	−0.55%	0.69%	0.44%
2022/6/2	1.83%	3.42%	5.50%	11.73%
2022/6/10	1.07%	−0.33%	−1.71%	−1.78%
2022/6/17	−0.34%	0.28%	−0.45%	1.92%
2022/6/24	2.65%	1.04%	−2.19%	2.81%
2022/7/1	3.11%	2.68%	4.86%	3.83%
2022/7/8	−2.20%	−3.27%	1.76%	−3.44%
2022/7/15	0.10%	0.42%	−1.92%	6.94%
2022/7/22	2.80%	1.43%	1.43%	6.77%
2022/7/29	−1.38%	−1.45%	−1.45%	−6.06%

续上表

日期	低溢价率 130 TOP5 收益率	低溢价率 150 TOP5 收益率	低溢价率 170 TOP5 收益率	低溢价率无阈值 TOP5 收益率
2022/8/5	1.53%	1.67%	1.87%	−0.42%
2022/8/12	−0.72%	−1.39%	−0.24%	1.52%
2022/8/19	0.52%	−0.57%	−1.47%	−2.98%
2022/8/26	−1.46%	−6.01%	−5.91%	−7.31%

2022 年前四个月以回调风格为主，所以这里把前四个月和后面几个月分开统计阶段性收益率，如下表所示（统计截止日期：2022 年 9 月 2 日）。

起止日期	低溢价率 130 TOP5 收益率	低溢价率 150 TOP5 收益率	低溢价率 170 TOP5 收益率	低溢价率无阈值 TOP5 收益率
2022 年累计	1.94%	−14.67%	2.53%	18.89%
2022/1/1—2022/4/29	−5.41%	−15.82%	−12.82%	−11.17%
2022/4/29—2022/6/2	−0.09%	4.06%	20.41%	20.79%
2022/6/2—2022/7/1	5.29%	4.44%	0.97%	14.99%
2022/7/1—2022/7/29	3.77%	1.17%	6.15%	14.47%
2022/7/29—2022/9/2	−1.53%	−7.66%	−7.15%	−14.60%
2022/9/2—2022/9/9	0.20%	−3.55%	−3.84%	−1.84%
2022 年 4 月 29 日以来	9.59%	4.03%	20.20%	41.74%
2022 年 8 月 1 日以来	0.12%	−5.25%	−5.11%	−9.56%

2021 年 12 月 31 日至 2022 年 9 月 2 日，前 5 低溢价率策略的收益率中，无阈值的获利 28.26% ＞ 170 阈值的获利 8.97% ＞ 130 阈值的获利 3.45% ＞ 150 阈值的获利 −9.21%，同期可转债等权指数为 −1.86%，说明低溢价率策略无阈值、170 阈值非常有效，130 阈值也算有效，150 阈值无效。

在前四个月大盘调整时期，前 5 低溢价率策略中，130 阈值的跌幅（−5.41%）最小，无阈值的跌幅（−11.17%）次之，170 阈值的跌幅再次之，150 阈值的跌幅最大。

在 2022 年 4 月 29 日之后，前 5 低溢价率策略中，无阈值的涨幅最高（35.8%），170 阈值的涨幅（19.83%）次之，130 阈值的涨幅（7.49%）再次之。

总之，在回测时间段之内，前 5 低溢价率策略中，130 阈值的抗跌性最强，无阈值的弹性最好。

5.5 折中策略: 双低策略

可转债双低策略，顾名思义，有两个低因子: 价格和溢价率。其计算公式如下:

$$双低值 = 价格 + 溢价率 \times 100\%$$

可以看到，价格越低，溢价率越低，则双低值越低。在实际操作排序时，投资者不用自己进行计算，集思录、宁稳网都已经帮我们计算好了。集思录可以查看实时双低排名，而宁稳网可以下载过往任何一天的排名数据 (收费)。宁稳网的双低分为老式双低和新式双低，经过笔者的中短期测试，还是老式双低的回测结果更好。宁稳网的老式双低就是本书讲解的双低。

双低策略的轮动因子是 "双低值"，而且从小到大排序。比如前 10 名双低策略就是选择双低值最低的前 10 名可转债组成组合，等权 (等金额) 买入，直到下一个轮动时间节点，重新排名，把持仓调成新的双低值前 10 名可转债。每次调仓时，按照等金额比例分配原则，组合内老持仓可转债的数量可能会随之调整。

下面进行 2022 年双低策略回测演示。

2021 年 12 月 31 日至 2022 年 9 月 2 日，每周五收盘前调仓，按照收盘价计算，每次轮动买入双低值最低的前 5 名可转债，同时规避强赎可转债，每个调仓日的收益率如下表所示。

日期	收益率	日期	收益率
2021/12/31	1.02%	2022/1/28	2.65%
2022/1/7	−1.12%	2022/2/11	−2.97%

续上表

日期	收益率	日期	收益率
2022/1/14	0.33%	2022/2/18	0.77%
2022/1/21	−2.00%	2022/2/25	1.84%
2022/3/4	−2.68%	2022/6/2	1.31%
2022/3/11	1.27%	2022/6/10	0.93%
2022/3/18	−0.06%	2022/6/17	0.54%
2022/3/25	−0.43%	2022/6/24	2.69%
2022/4/1	−3.61%	2022/7/1	0.63%
2022/4/8	13.73%	2022/7/8	−2.30%
2022/4/15	−1.06%	2022/7/15	0.11%
2022/4/22	−1.92%	2022/7/22	1.53%
2022/4/29	−0.15%	2022/7/29	−0.69%
2022/5/6	1.29%	2022/8/5	0.60%
2022/5/13	0.05%	2022/8/12	0.13%
2022/5/20	−0.74%	2022/8/19	0.11%
2022/5/27	−0.37%	2022/8/26	−0.50%

2022 年前四个月以回调风格为主，所以这里把前四个月和后面几个月分开统计阶段性收益率，如下表所示（统计截止日期：2022 年 9 月 2 日）。

起止日期	收益率
2021/12/31—2022/9/2	10.17%
2021/12/31—2022/4/29	4.58%
2022/4/29—2022/6/2	0.07%
2022/6/2—2022/7/1	5.57%
2022/7/1—2022/7/29	−0.07%
2022/7/29—2022/9/2	−0.35%

2021 年 12 月 31 日至 2022 年 9 月 2 日，前 5 双低策略的收益率为 10.73%，同期可转债等权指数为 −1.86%，说明该策略非常有效。而且在前四个月大盘调整时期，双低策略依旧获得 4.58% 的正收益率，表现出很强的抗跌性。

5.6 几大策略对比

一是各大策略特点汇总，如下表所示。

策略名称	因子	逻辑特点
低溢价率策略	转股溢价率，越低越好	攻击型，只攻不守
税后到期收益率策略	到期收益率（税后）	保守吃息
双低策略	双低值 = 价格 + 溢价率 ×100%	攻守平衡
税后到期回售收益率策略	到期回售收益率（税后）	回售保护
低价策略	价格，越低越好	只守不攻

二是 2022 年各大策略回测对比。下表所示是按周回测收益率对比（每周五调仓，统计截止日期：2022 年 9 月 2 日）。

起止日期	低溢价率无阈值 TOP5 收益率	税后到期收益率 TOP5 收益率	双低 TOP5 收益率	税后到期回售收益率 TOP5 收益率	低价 TOP5 收益率
2021/12/31—2022/9/2	18.89%	7.62%	10.17%	1.40%	1.74%
2021/12/31—2022/4/29	−11.17%	4.44%	4.58%	−2.02%	−1.61%
2022/4/29—2022/6/2	20.79%	3.66%	0.07%	4.22%	4.36%
2022/6/2—2022/7/1	14.99%	0.73%	5.57%	−0.32%	−0.40%
2022/7/1—2022/7/29	14.47%	−0.91%	−0.07%	−0.91%	−0.91%
2022/7/29—2022/9/2	−14.60%	−0.31%	−0.35%	0.31%	0.16%

下表所示是按月回测收益率对比（每月 1 日或前一个交易日调仓，数据统计截止日期：2022 年 9 月 2 日）。

时间段内以下组合累计收益率	2018 年	2019 年	2020 年	2021 年	2022 年 1—8 月	累计	平均年化	最大回撤	最大回撤时间段
低溢价率前 10	−4.30%	65.99%	154.59%	61.97%	−5.12%	521.56%	48.98%	−30.17%	2021/12—2022/04
低价前 10	0.14%	17.89%	10.61%	49.49%	4.55%	104.10%	16.84%	−10.58%	2020/12—2021/01
双低前 10	−1.38%	52.28%	24.36%	30.84%	−3.65%	135.43%	20.54%	−12.58%	2020/12—2021/01
税后到期收益率前 10	−1.64%	15.95%	16.15%	56.07%	3.55%	114.08%	18.07%	−9.80%	2020/12—2021/01
税后到期回售收益率前 10	0.66%	14.92%	12.52%	61.13%	4.38%	118.93%	18.64%	−10.00%	2020/12—2021/01
所有可转债	−3.43%	28.16%	20.21%	32.70%	−4.74%	88.06%	14.78%	−7.74%	2018/04—2018/12

三是如何选择适合自己的策略。

低价策略选出的可转债攻击性较弱，策略短期收益率往往不乐观。很多人无法做到长期持有，平均年化排名比较靠后。

低溢价率策略波动大、回撤大，持仓很考验投资者的心态。但是高风险往往伴随着高收益，该策略平均年化可高达 48.98%，最大回撤也高达 30.17%。

在选择策略时，一定要选择适合自己风险承受能力的策略。同时，构建可转债组合需要综合考虑收益率目标、风险承受能力、资金容量等多个因素。低溢价率策略收益率最好，回撤也最大。

单只可转债规模有限，买入容量有限，大资金可能无法在单只可转债上像小资金那样快进快出，尤其弹性好的可转债规模大约在 2 亿元以下，这也是可转债基金业绩跑不过散户可转债组合的原因。所以，建议小资金的投资者可以选择 5 只可转债进行轮动，大资金的投资者可以选择 10 只可转债进行轮动，更大资金的投资者可以选择 20 只可转债进行轮动。

对于投资者选择可转债的高级轮动策略，有几点建议：首先，可以兼顾策略，不要对单个策略孤注一掷，或者自己建立多因子策略；其次，把组合的个债数量设置在 10 只甚至 20 只以上，以平滑风险；最后，在可转债等权指数创新高时入市，要做好回撤 10% 的心理准备。

在选择可转债的高级轮动策略这条路上，2019—2021 年低溢价率因子表现得非常优秀，而 2022 年小规模因子异军突起，其他因子表现不佳。回顾过去几年的可转债市场，没有一种策略可以自始至终高度有效。投资者只有跟着市场先生不断调整可转债组合以适应市场，才有可能获得超额收益。

第6章

可转债收益率的期权属性博弈

在了解可转债的基本属性之后，可以继续就可转债中包含的转股的权利做进一步探讨，其对应的就是可转债包含的一个到转股期可以执行转股的权利的期权概念，如何识别这里面包含的期权价值，以及如何利用期权属性进行可转债的定价呢？本章内容就此展开。

6.1 可转债的期权内涵

1.什么是期权

前面了解了可转债有一个转股期的概念，一般可转债刚发行时不能直接转股，需要到了转股起始日才能进行转股，相当于买入可转债后，包含了转股的权利，但是需要等一段时间后才能执行，从这个角度来看可转债和期权就有些类似了。期权按字面意思就是到期可以行使的权力。换个角度，从期权的视角来解析可转债的本质，以及其为什么可以做到进可攻、退可守。

2.期权的定义

一张看涨期权就是约定在一个特定时段以一个特定价格进行标的买入的权利。一张看跌期权就是约定在一个特定时段以特定价格进行标的卖出的权利。

3.期权的分类

期权分为美式期权及欧式期权，其中，美式期权可以在期权到期前任意一天行权（行使我们的权利），而欧式期权只有在期权到期日才可以行权。

4.期权的行权

期权的权利方有权利以执行价（期权约定的行权价）买入或者卖出标的资产，当然也可以放弃执行。而期权的义务方（卖出期权的人）必须以相应价格接受权利方的行权。

5.期权的到期收益

先从期权的基本概念开始，看涨期权买方、看涨期权卖方、看跌期权买方、看跌期权卖方、对应的到期损益如下图所示。

买入看涨

卖出看涨

买入看跌

卖出看跌

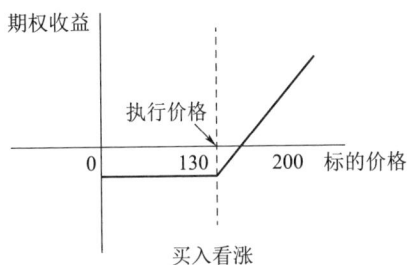

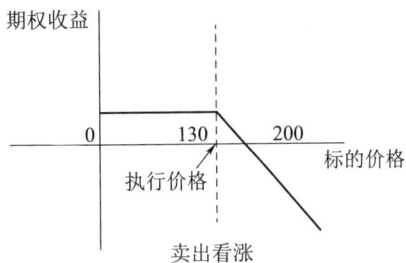

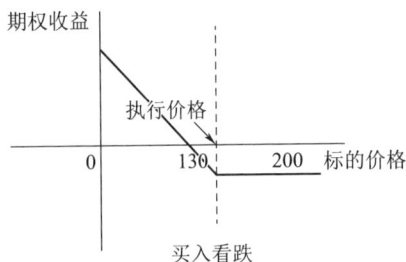

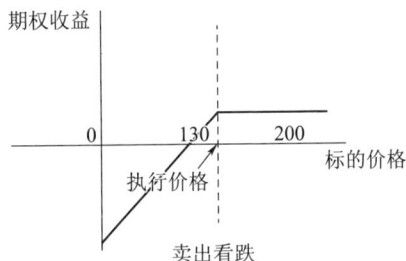

上面四个图形是经典的期权到期损益图，其中，横坐标对应的是标的价格，纵坐标对应的是期权收益。可以看到它们并不是一个和时间有关的坐标体系，而是根据标的到期不同价格的假设进行的一次截面数据的损益预估。

下图所示是一张看涨期权的到期损益图，在曲线的拐点处，比如 130 元，对应的转股价值 = 可转债面值 ÷ 转股价 × 正股当前价格。如果可转债价格小于这个转股价值，则说明转债折价买入转债、转股卖出可以获得收益，当可转债的价格超过转股平价期权行权，我们就可以获得相应折价的收益。

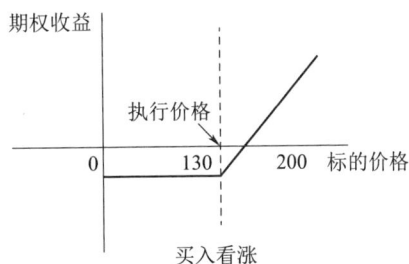

买入看涨

期权到期时的损益图对应期权行权的一个价值，被行内称为内在价值，可以看到，买入看涨期权与卖出看涨期权的到期损益图是关于标的价格（x 轴）对称的。虽然买入和卖出对应不同的收益形式，但是加总为零，这也是衍生品中所

161 .

谓的零和博弈。同时，期权的买方和卖方对应的权利和义务并不相等。对于期权的买方来讲，付出一定的期权费（或者称为权利金）去得到一项到期按约定好的行权价进行买入的权利，这项权利的概念意味着若期权到期，如果对买方有利，则可以行权获利；反之，买方可以放弃行权，仅仅损失期权费。

同样，对于期权的卖方来讲，期权的卖方收取一定的费用期权费，到期需要提供接受相应期权买方行权的义务，只要买方行权，卖方必须以约定的执行价格接受买方没有放弃的权利。由此可以看到，期权买方和卖方之间是零和博弈（如果包含交易所手续费，则甚至是负和博弈）。但是，买方和卖方是享受不同的权利和义务的。

6. 期权的组成

在持有期权的过程中，还有一些时间成本，由此可以得到：期权价值＝内在价值＋时间价值。其中，内在价值和标的的价格及执行价格有关。期权分为三种状态，对于看涨期权而言，当标的：

• 市场价格＞执行价格，称为实值期权，此时，行权有利。

• 市场价格＜执行价格，称为虚值期权，此时，行权不利，期权价值较低。同样，对于看跌期权而言，行权有价值为实质期权，行权没有价值为虚值期权。

• 市场价格＝执行价格，称为平值期权，此时，行权与不行权都是一样的效果。

时间价值对于买方而言是预测价格走势的点位，具体时间越接近预测范围，可以锁定的价格点位越窄，时间越长不确定性越大。对于一个特定执行价格的期权产品，期权的时间越长意味着可能性的广度越大，随着期权时间的到期临近对应的最终价格也越来越趋近，时间价值就会随着时间的流逝逐步减少。

同样的逻辑，将其放到可转债上，如果可转债发布强制赎回公告，则一般会引起可转债部分价值的下跌。这里就可以用期权的时间价值来解释了：一只正常交易的可转债突然发布了强制赎回公告，强制赎回的时间在一般情况是一个月左右，这样，本来预计还有好几年存续期的可转债突然就只剩一个月的交易时间，后面的想象空间就消失了，时间价值迅速衰减，造成可转债价值下跌。

7. 可转债的期权性质

可转债的买方对应的是持有看涨美式期权的权利方，在转股期后可以随时赎回；而可转债的发行方对应的是看涨期权的卖方，有义务接受买方以执行价即转股价进行转股。当然，可转债还附加了其他条款，比如满足一定条件强制赎回的权利。

大部分强制赎回的目的是希望买方转股以避免偿还债权。发行公司不用真金白银地把借款还回去，但是强制赎回需要正股标的的表现满足一定条件才可以进行，比如核广转债的强制赎回条件为"如果公司股票在任何连续 30 个交易日中至少有 15 个交易日的收盘价格不低于当期转股价格的 130%（含 130%）"，对于这个条件而言，相当于可转债发行方持有含有一定正股条件门槛的标的为可转债本身的看涨期权。这个期权对应的是可转债发行方附有条件的看涨期权，在期权中称这种期权为奇异期权。

综上，对于可转债投资者而言，买入一张可转债期权价值 = 买入基于正股本身的看涨期权 + 卖出基于正股涨跌的奇异期权。

6.2　可转债如何涵盖期权衡量

在明确了可转债的期权性质之后，就可以利用期权的定价体系来对可转债价值进行估计。主流的期权定价模型有二叉树、BS 公式等，下面就依次介绍这两种定价方法。

6.2.1　什么是期权二叉树

由于期权是根据时间变化及到期时间变化来进行价值估量的，所以，可以利用期权的定价来衡量可转债的价值。

先给大家介绍一种简洁的、但是涵盖精髓的定价方法——二叉树定价。下面对标的也就是正股或者转债平价的波动进行简化处理。假设转债正股在一个月后有上涨和下跌两种状态，假设当前转债平价为 100 元，如果上涨，那么假设会上涨 25%［上涨到 100×（1+25%）=125（元）］；如果下跌，那么假设会下跌 20%［下跌到 100×（1−20%）=80（元）］。每个月涨跌一次，由此可以获得转债平价的三个月的价格路径，如下图所示。

						S_{2uu}	156.3
		S_{1u}	125				
S_0	100					S_{2ud}	100
		S_{1d}	80				
						S_{2dd}	64

其中，S_0 表示当前的转债平价为 100 元，S_{1u} 表示转债平价一个月后上涨对应的价格 125 元，S_{1d} 表示转债平价一个月后下跌对应的价格 80 元。

第二个月的变化更多一些，其中，S_{2uu} 表示第一个月上涨后第二个月继续上涨对应的价格 100×1.25×1.25=156.3（元）；S_{2ud} 表示两条路径的价格，即第一个月上涨后第二个月下跌对应的价格，以及第一个月下跌后第二个月上涨对应的价格，这个价格最终都会收敛到一个价格，即 100×1.25×0.8=100×0.8×1.25=100（元）；S_{2dd} 表示第一个月下跌后第二个月继续下跌对应的价格 100×0.8×0.8=64（元）。

由此简化了可转债正股标的的价格路径，而对应的每条路径存在相应的概率，即转股获利的概率，转股获利存在与对应的概率相乘，可以估算出可转债期权部分的价值。

以上展示的是极简化的转债平价的价格运行轨迹，而实际中转债价格变动的预估路径是多样的，可以用同样的方法计算更多的路径及概率。

例如，假设转股的平价是 100 元，转债到期执行的是欧式期权，那么，可以分析转债到期的收益情况。第二期只有转债平价高于 100 元时进行转股才可以获得相应收益。这时看到只有 S_{2uu} 对应的节点价格超过 100 元。执行后可以获得 56.3 元的收益，对于 S_{2ud} 和 S_{2dd} 会选择不执行，对于期权到期时，期权的价值为 max（$S-K$，0），其中，S 表示现货标的价格，K 表示执行价格 100 元。

6.2.2 期权二叉树的概率该如何计算（一步二叉树）

站在理性人、理性世界的角度，是不是觉得这个收益应该和转债对应评级的债券利率差不多，可以利用此利率像之前估算纯债价值一样进行期权价值的估算？不过，在此之前，我们还需要解决一个问题：到达 S_{2uu} 的概率是多少呢？可以利用对应评级的债券利率和风险中性定价法来解决这个问题。

先以一阶段的二叉树进行假设，其中，S_0 表示初期价格；S_u 表示上涨对应的价格，u 表示上涨的幅度，比如 1.25 表示上涨 25%；S_d 表示下跌对应的价格，d 表示下跌的幅度，比如 0.8 表示下跌 20%。那么，经过一段时间，价格可能会出现两种状态，如下图所示。

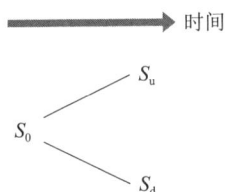

无套利定价原则会怎么处理这一问题？获取的期望收益无论是到达上涨状态还是到达下跌状态，结合概率可以得到的期望收益应该与同期同样评级的债券投资或无风险利率差不多（为了方便大家理解，假设 r_f 对标的是无风险利率），那么，可以根据价格状态得出如下计算公式：

现价 × 上涨的幅度 × 上涨的概率 + 现价 × 下跌的幅度 × 下跌的概率 = 现价 × （1+ 无风险利率）

其中，等式左边是转债平价的综合期望，应该与持有标的的收益（等式右侧）相等。

上涨的概率 p＝[（1+ 无风险利率）- 下跌的程度）]÷ （上涨的程度 - 下跌的程度）

由上面的公式可以求解出上涨的概率 p 及下跌的概率（1–P），即到达 S_u 状态的概率。

由此解决了概率问题，接下来进入估值阶段。在前面了解了期权有执行价的概念，买入看涨期权的持有方到期有选择执行的权利，如果执行有利，则会执行；如果执行不利，则不执行（只损失期权费）。

1. 看涨期权

下图所示是欧式看涨期权到期行权。如果 K 是行权价，S_u 表示上涨对应的价格，S_d 表示下跌对应的价格，那么对于到期看涨期权，买方有权利以行权价 K 买入标的证券，从而获得收益。当价格上涨到 125 元时，可以以 101 元的价格买入，随后在市场上卖出，获利 24 元。如果价格下跌到 80 元，那么此时行权是亏损的，期权持有方理性的选择应该是不行权。

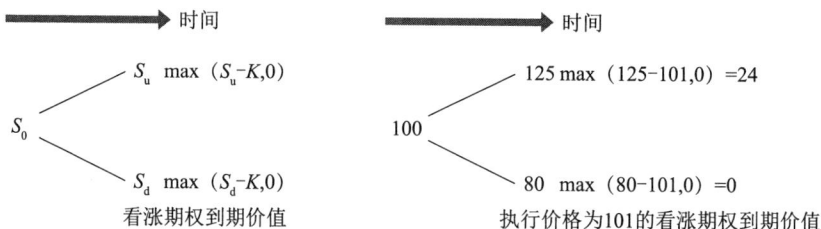

看涨期权到期价值　　　　　执行价格为101的看涨期权到期价值

2. 看跌期权

看跌期权对应的是到期可以以执行价进行标的卖出的权利。从下图中可以看出，看跌期权到期可以以 101 元的价格卖出标的，所以，如果价格上涨到 125 元，那么显然以市场价格卖出更有利，此时应选择不行权；反之，如果价格下降到 80 元，先以 101 元的价格卖出标的，再以市场价格 80 元进行买券还券，则会获得 21 元的收益。

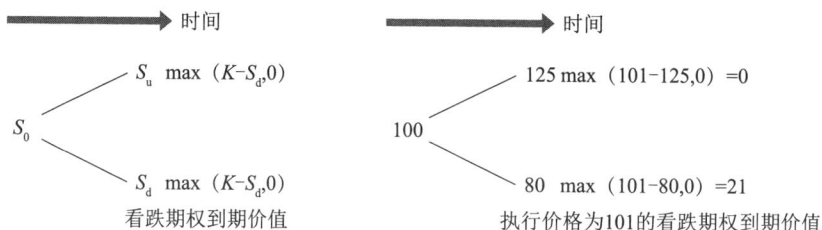

看跌期权到期价值　　　　　执行价格为101的看跌期权到期价值

假设债券对应的无风险利率 $r_f=5\%$，到期执行价 $K=101$ 元，估算一期二叉树三个月后的价格为上面右图表示，结合之前的概率公式，我们可以得到上涨及下跌概率，计算公式如下：

上涨的概率 $\times\max$（上涨获得的收益，0）+ 下跌的概率 $\times\max$（下跌获得的收益，0）= 投资时的现价 $\times$ 无风险利率

其中，下跌的概率 =1-上涨的概率。因此，由上述等式可得，上涨的概率 $p=0.472\ 4$，下跌概率 $1-p=0.527\ 6$。

结合到期损益，可以看到期权的到期期望价值为 24×0.472 4+0×
0.527 6=11.34（元）。

由于它是到期，即站在当前时间点对三个月后期权价值的估计，那么，据此
计算当前的期权价值需要再进行一步贴现，由此可以得出当前期权的估值如下：
期权二叉树估值 =11.34÷ 三个月的无风险利率收益（含本金）]=11.20（元）

其中，三个月的无风险利率本息收益是如何计算出来的？可以将其理解为
贴现率的概念，比如，拿 1 元钱存银行，一年按照 5% 的利率计算，一年后可
以获得本息 1.05 元。如果只存三个月，则可以在三个月后拿到 1+0.05×3÷12=
1.012 5（元）。反过来，可以这样理解，三个月后的 1.012 5 元相当于现在的
1 元。同理，上面公式中的 11.34 元是三个月到期后的期权估值，那么，对应现
在的估值就是 11.34÷1.012 5=11.20（元）。

由此可以计算出这个简单的一步二叉树的期权价值的估值，运用于可转债
中，由于可转债是一个复杂的衍生品体系，因此，还应包含可转债的债券性质的
票息收入。

6.2.3　二步二叉树估计

美式期权包含提前执行的权利。在通常情况下，如果标的没有分红及票息，
则不需要提前执行。但是，可转债是含有票息的，对应的正股也存在分红派息的
可能。

观察每个节点对应的情况，如下图所示。

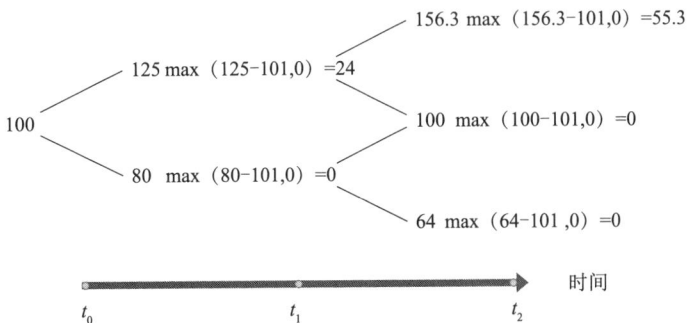

买入看涨期权，如果在三个月后，也就是 t_1 阶段执行，那么上涨的情况会

有 24 元的收益，结合概率，可以得出在 t_1 阶段行权的期望收益的现值是 11.19 元。使用同样的方法可以计算出在 t_2 阶段行权的期望收益，其中，对应的每个节点的上涨和下跌概率同一阶段二叉树模型是一样的，在这里我们可以直接套用，具体如下：

阶段 t_2 的期望收益 =max（现价 × 第一阶段上涨幅度 × 第二阶段上涨幅度 − 执行价格，0）× 第一阶段上涨的概率 × 第二阶段上涨的概率 +max（现价 × 第一阶段下跌幅度 × 第二阶段下跌幅度 − 执行价，0）× 第一阶段下跌概率 × 第二阶段下跌概率

六个月后（折合成年度，则为 6÷12=0.5 年）期权的期望收益变成：

$$55.3 \times p \times p + 0 \times p \times (1-p) + 0 \times (1-p) \times (1-p) = 12.34（元）$$

同样，需要针对当前的时间进行折现，得到当下的估值：

$$12.34 \div 三个月的无风险利率收益（含本金）=12.035\ 9（元）$$

由上面的计算可以得到，在没有分红和票息的情况下，t_2 阶段也就是六个月后行权价值的贴现现值为 12.035 9 元，大于三个月后行权的价值 11.196 7 元。这时，理性的投资者虽然拿的是可以随时行权的美式期权，但也要持有到期才是最划算的。

有人会问：含有分红收益的二叉树估值怎么计算？

假设标的正股在三个月后，也就是 t_1 时间点进行分红派息（分红派息只针对持有正股的投资者，而持有衍生品期权的投资者是拿不到这部分收益的），如下图所示。

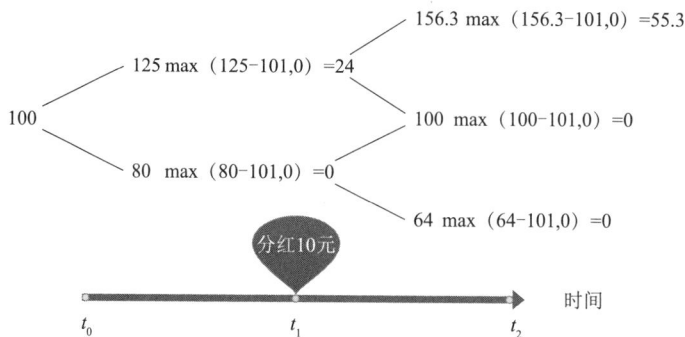

如果在 t_1 时间点进行转股，则投资者将会获得 10 元的分红收益。这样一来，对于 t_1 阶段的期望估值就需要涵盖这个 10 元分红收益，而 t_2 阶段的期望因为没有拿到分红等收益，所以，期望收益与之前的计算结果保持一致。此时，含分红收益的 t_1 阶段期权收益的现值为：

含分红 t_1 行权估值 ＝ [24×p＋0×（1－p）＋ 分红额] ÷（ 三个月的无风险利率收益含本金 ）＝21.072 6（元）

在这里发现 t_1 对应的现值估值为 21.072 6 元，高于 t_2 对应的现值估值 12.035 9 元，此时，美式期权提前行权会有更高的价值，提前行使权利就会划算得多。

那么，这个分红数额到底是多少才应该选择提前行权呢？

通过下面的不等式可以计算出：获取分红收益提前行权的条件是 t_1 阶段行权的价值现值高于 t_2 阶段行权的价值现值。

含分红 t_1 行权估值：[24×p＋0×（1－p）＋ 分红额] ÷ 三个月的无风险利率收益（含本金）＞ t_2 期权估值 [55.3×p×p＋0×p×（1－p）＋0×（1－p）×（1－p）] × $e^{（-0.5*5\%）}$ ＝12.035 9（元）

由此可以计算出：

$$分红额 > \frac{（12.035\ 9-11.196\ 7）}{三个月的无风险利率收益（含本金）} = 0.848\ 5（元）$$

可以看到，分红额高于 0.848 5 对于期权买方来讲，提前行权是更有利的选择。同时，通过上面的分析，可以对看涨或者看跌期权的价值有个大致范围。以看涨期权为例，首先，它的价格肯定要小于标的价格，不然直接买标的就可以了。其次，对应的下界是对于未来行权贴现的剩余价值，以表示看涨期权的价值边界，公式如下：

max（0，标的现值 − 执行价对应的现值 − 分红对应的现值）≤看涨期权价值≤标的现值

大家可以用同样的方式二叉树方式推导出看跌期权的价值。假设所有的条件同看涨期权一样，也是 101 的执行价，不同的是：它是以 101 的价格卖出标的的权力，每个节点的二叉树的表示情况如下：

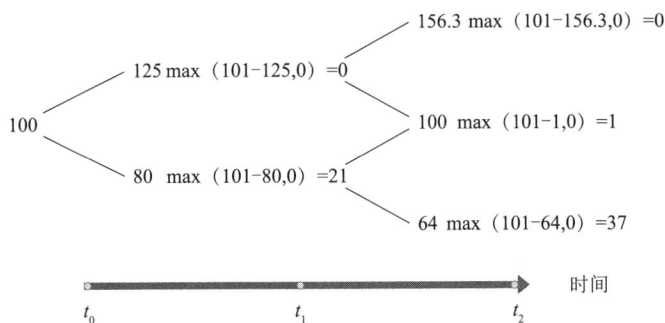

其中，可以看到，到 t_1 时间点，如果是美式看跌期权，可以在价格下降到 80 元时，获得相应的行权收益 21 元，而对应 125 元的价格时，看跌期权失去行权价值，价格继续分支到第三节点 t_2 时间，对应的标的价格为 100 元时，行权可以获得 1 元收益。价格下降到 64 元时，以 101 元行权卖出可以获得 37 元收益。

这里，注意到：无论是看涨还是看跌期权，假设条件一致，标的价格到达某个节点价格的概率 p 也是一致的。结合对应节点的概率及贴现，可以获得每个时间段看跌期权价值的现值：

t_1 阶段行权的现值：

$$\frac{0 \times p + 21 \times (1-p)}{\text{三个月的无风险利率收益（含本金）}} = 10.942\ 0$$

t_2 阶段行权的现值：

$$\frac{[(0 \times p \times p + 1 \times p \times (1-p) + 37 \times (1-p) \times (1-p)]}{\text{半年的无风险利率收益（含本金）}} = 10.288\ 3$$

看到一个有意思的现象：它和没有分红条件下的看涨期权并不相同，在 t_2 阶段看跌行权的价值现值为 10.288 3 小于 t_1 阶段行权的 10.942 的价值。理性的投资者应该选择在 t_1 阶段行权，注意：这里我们没有假设任何的分红情况，只是单纯地根据价格涨跌做出的估计，体现出了美式看跌期权的好处。

在标的价格上涨的过程中，理论上可以假设它上不封顶。但是对于下跌的情况就不同了，理论上，一只有价证券的价值最多跌为 0，所以，对于一些下跌幅度比较大，随后下跌空间有限的标的，可以提前行权以落袋为安，这就是美式看跌期权的一个特性。对于看涨期权来讲，如果标的没有分红派息等属性，一般持有到期行权为较优的行权方式，而对于美式看跌期权而言，根据价格的变化，尤其是中间节点出现深度实值时，提前行权是最优选择。

同样的逻辑，可以得出看跌期权的价格边界：

$$\max(0, 看跌期权的执行价 - 现货标的价 + 分红额) < 看跌期权价值 < 看跌期权的执行价$$

转债虽然有期权的性质，但是这一方面价值，可以用期权定价法来估算。另外，转债比期权还多了一个债券方面的价值，这是在对转债进行总体估值需要考虑进去的。

6.3 认识可转债收益率的速度与加速度

前面，了解到含有期权性质的可转债与标的价格相关的到期损益，那么，其中隐含的价值随时间或者随标的变化，应该如何衡量呢？这里需要引入期权速度与加速度的概念了。

既然可转债具有一些期权属性，那么，该如何衡量可转债的收益，这时，大家需了解衡量期权的五个希腊字母 delta、gamma、theta、vega 和 rho。

•delta：转债平价每变化一单位而引起的可转债价格的变化程度，称为转债的 delta。比如，一只转债的 delta 为 0.8，表明转债平价每上升一个单位会带来转债价格变动 0.8 个单位。

•gamma：衡量 delta 变化程度的指标，如果把 delta 理解为速度，gamma 就是加速度的意思。即转债平价每变化一单位对于转债 delta 的影响程度。比如，一只可转债的 delta=80%，gamma=3%，则转债平价每提高一个单位，可转债的 delta 提高到 83%。对于 delta=80% 而言，转债平价每提高一个单位，转债价格提高 delta 的单位为 0.8 个单位。

•vega：主要衡量波动敏感性，即转债平价的波动率每变动一个单位所影响的转债价格本身的变化程度。比如，某转债的 vega 为 30%，则当标的转债平价的波动率从 20% 提高到 21%，则可转债的价值提高 0.3 个单位。

• rho：主要衡量转债的利率敏感程度，即对应的比较贴现利率，每变化一单位对应的可转债价值的变化程度。如果 rho=2%，当对标利率从 6% 平行上升到 7%，则可转债价值提高 2% 个单位。

这些概念如何帮助我们进行转债投资呢? 首先，可以基于 delta 和加速度 gamma 来进行判断。对于一个转债组合，可以由此来分析其收益来源，不同转债处于的 delta 和 gamma 的情况也各有千秋，可以据此来构建自己的套利组合。

比如，当采用 delta 对冲的方式对冲掉组合的线性风险时，此时，无论价格的方向如何变动，几乎不受影响。只要波动情况加大，持有正向的 gamma 头寸就可以获得波动率提升的收益。

下面观察分析看涨、看跌期权对应不同价格状态的 delta 值的变化，如下图。转债的 delta 变化大致分为三个不同的阶段，这三个阶段和正股有相关性强弱的变化。当标的正股价格超过转股价，转股可直接获利。随着标的正股价格的上涨，转债股性愈发变强，此时 delta 不断向 1 趋近，股性主导转债价格变动。

对于正股价格较低，一些负溢价的转债直观体现在一些低价转债上，可以发现正股较大的波动，而对应转债的涨跌会处于一个比正股低一些的水平，因为，此时转债更多的是偏重于股性。

对于第一阶段正股下跌到一定程度，有退市风险时，这时转债更多地暴露于信用风险当中，和标的的价格呈现更多的强相关性。

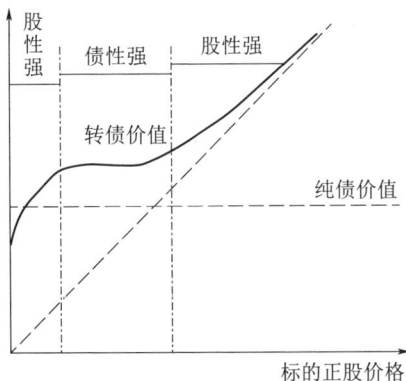

比如，在 2018 年第二季度到第三季度，很多转债跌破其对应的纯债价值，其中，不乏很多转债跌过纯债价值的 80% 以下，当然，对应的标的情况多传言一些公司停滞发展或者退市风险。以辉丰转债为例，从 2018 年 3 月 30 日的 95.15 元一路下降至 2018 年 10 月 31 日的 77 元，远低于其当时对应的纯债价值 89 元。如果发行公司能正常还本付息，买入转债持有至到期的收益都将达到 20% 左右（现在看来当时是转债的黄金坑），虽然，当时抱着转债市场还没有公司违约的历史情况做了一笔投资，但也是冒着整个市场崩溃及标的个股公司爆雷的风险做的，此时，转债的涨跌甚至超过了正股的涨跌。

只要大家了解了其中的利弊及收益风险比，相信大家都能做出较为理性的判断。当时，对于低于纯债价值的十几只债券都果断入手，最终都取得了不错的收益，当然，需要承担的市场风险及个股风险，还是要承担相当有分量的压力。

另外，除了一些基于价格事实性质的判断，还可以结合加速的情况去分析可转债的速度变化情况。对于可转债 delta 对冲策略而言，对冲掉方向性的不确定风险，价格的波动会带来相应的收益，而 delta 本身会根据标的价格变动而不断变动，比如，看涨期权从虚值变化到实值的过程中，delta 也由小变大，而且它不是匀速变动的。因此，以纯粹看涨期权的 delta 和 gamma 变动情况进行观察分析。

站在纯粹的看涨期权的角度观察分析，其中，对于同一个行权价、同一到期日的看涨期权而言，标的的价格越高看涨期权越趋近于标的，随着标的价格的一步步升高，深度实值的期权 delta 趋近于 1。此时，持有期权和标的几乎是一致的。相反，随着价格越来越低期权价值变低，它能变成标的价格的概率也随之变低，期权的 delta 越来越小，深度虚值的期权 delta 趋向于 0。中间点也处于平值附近 delta 的状态，这时标的往高处变化一点儿就变为实值期权，往低处变化一点就变为虚值，所以，此时 delta 的方向变动的敏感程度是最大的，对应着较高点的 gamma，如下图所示。

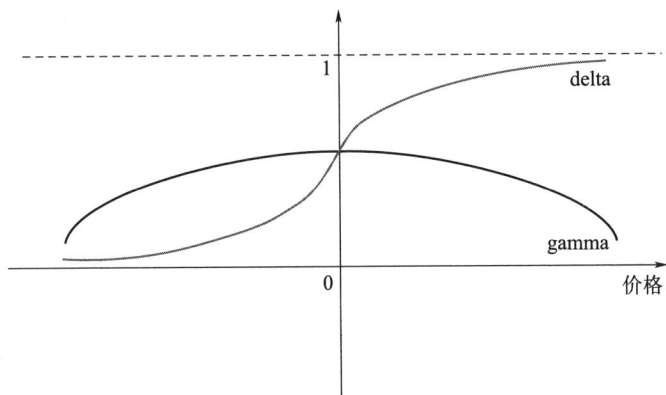

对于持有看涨期权的投资者而言，其对应的 delta 和 gamma 都是正向的，标的价格会越高，不过 delta 最高不会超过 1，平值附近的 gamma 值最大。gamma 越大，做 delta 对冲时需要调整的频率越高。

6.4　利用可转债的期权属性获利

通过前面几个小节的学习，我们已经较好地掌握了期权的二叉树定价方法和期权的一些性质，本节将介绍著名的布莱克 - 斯科尔斯欧式期权的定价公式，更有助于大家理解相应的期权内涵及估值意义。

6.4.1　蒙特卡罗模拟有什么用

它是指为有价证券的时间序列模型（离散），比如 $S(i)$，i=0，1，100，101，99，120……所对应的一些时间段的价格假设，我们知道最终标在千万条价格路线中走出确定的一条出来，如何在千万条路径中获得或者根据千万条路径中取得较好的估值呢？这时需要用到概率的理念，不同的路径对应不同的概率，众多条路径构成最终的预测值形成了对于价格分布情况的认知。

模拟价格走势（涨跌幅10%）

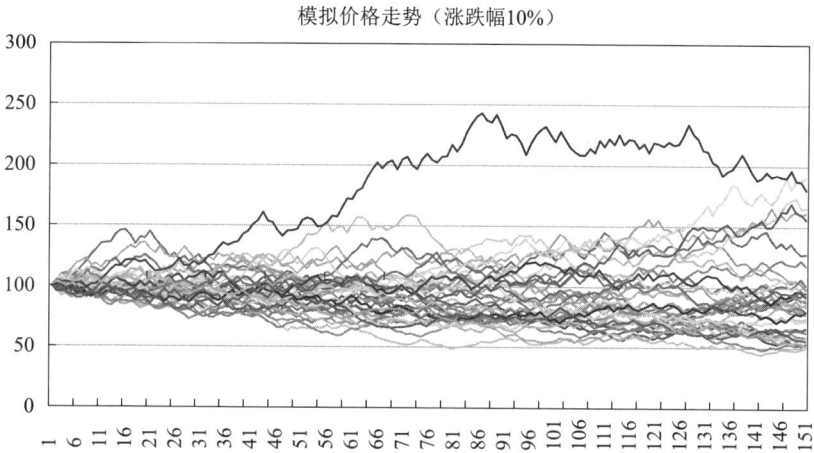

上图是采用随机数的方法进行模拟标的的价格走势，模拟了 37 条路径，通过 155 个点。同时，做模拟时采用了一些限制条件为每期的价格涨幅限制在 10%，以 100 元为初始起点且不考虑其他因素，股价乘以一个随机的涨跌幅的累计变化，看到这 37 条价格变化路径最终落在 50 ～ 200 的价格区间，大部分路径的价格终点落在 70 ～ 120。

下图是涨跌幅控制范围扩大到 20% 的情况。

模拟价格走势（涨跌幅20%）

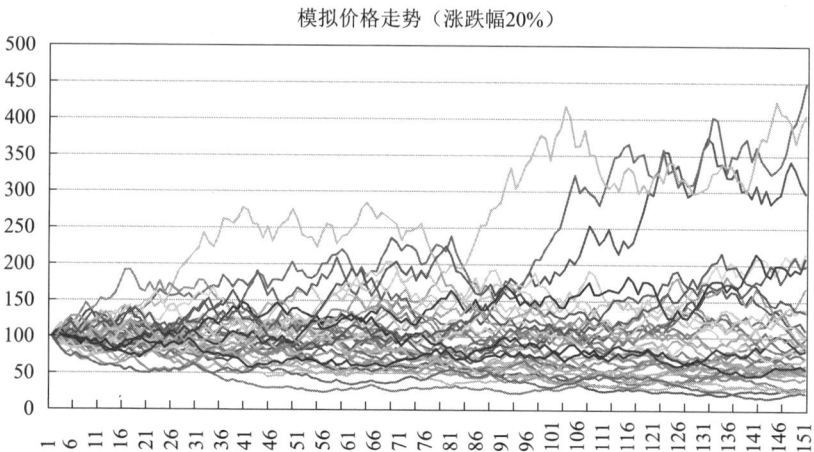

看到相对于 10% 的限制，20% 涨跌幅限制的价格变化路径更加宽广。波动幅度也有明显的增大，最终点的价格范围区间落在 20 ～ 320，比之前的波

动范围扩大了一倍还要多，而对应价格集中范围也扩大到 50 ~ 150。由此可以根据终点估算的价格得到一个类似于正态分布的价格分布概率，即落到价格 50 ~ 150 的概率比价格超过 250 或者低于 20 的概率要高得多。由此可以构建我们基于价格区间的概率分布。

6.4.2　期权 B-S 定价方法

在上面的例子中，假设价格走势有多条可能的路径，不过，实际上价格只会走出一条趋势，通过这套方法就可以依据概率和期望估算出的价格，并作出相对理性的决策。B-S 期权定价有一些一部分假设，相对于二叉树模型来讲，B-S 公式更加接近于市场，但是与真实的市场情况还存在一定程度差距。下面是 B-S 公式的假设条件：

• 股价是随机运动的，符合对数正态分布（事实是股价存在一定程度的时间序列的相关性）。

• 期权是欧式期权，即只能到期执行。

• 股票及期权的无交易费。

• 市场无摩擦（是有效市场）。

• 在期权存续期间无风险利率为固定不变的（连续复利形式的）。

其中，第一条表示股价是随机的，可以理解为股价的运动不可预测，站在当前时刻下一时刻的股价上涨还是下跌，不是由当前股票已经发生的涨跌来决定的。模拟的价格路径也是基于这一原理进行的。通常情况下我们用：描述花粉倒入水杯中的运动轨迹的布朗运动模型来刻画这一现象，公式如下：

$$\Delta z = \varepsilon \sqrt{\Delta t} \ \varepsilon \sim N(0,1)$$

其中，变量 Δz 表示每期价格变化幅度，Δt 表示时间间隔，ε 表示服从正态分布的随机变量，它的均值是 0，方差为 1。Δz 的任何变化对应不同的时间间隔是相互独立的。所以，对于一个特别短的时间都可以用下面的公式计算：

$$E(\Delta z) = E(\varepsilon \sqrt{\Delta t}) = 0$$

$$Var(\Delta z) = \Delta t$$

价格的变化幅度对应的期望是 0，方差就是 Δt，这里是短期假设的一个情况，但长期看股票价格走势有一定的趋势，说明长期看时间序列还有一定的相关性，那么，可以加一个依赖时间变化的趋势项。

价格走势预测

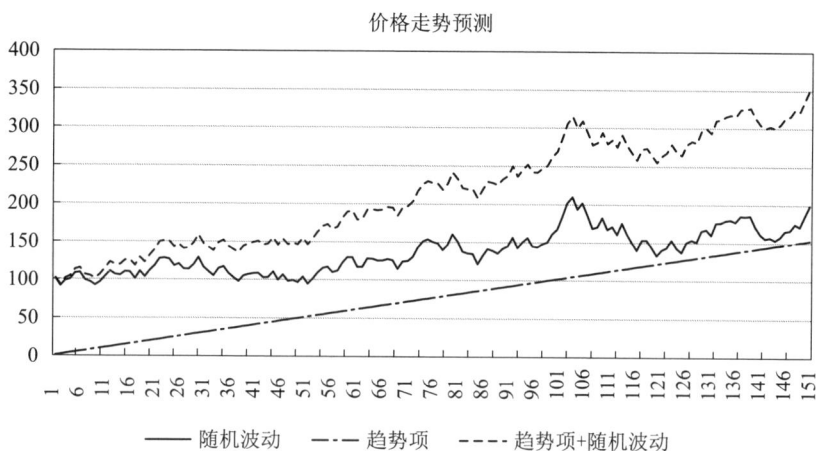

—— 随机波动　—·—·趋势项　----趋势项+随机波动

从上图中可以看到，趋势项是随时间变化递增的长期趋势序列，中间线条是随机波动的价格序列，长期趋势项目和短期波动项目相结合更符合股票价格走势，这样，是不是离真相更近了一步？理论上这个包含趋势项的过程通常称为维纳过程。

6.4.3　期权 B-S 的由来

下面是一组含趋势项目的几何布朗运动的计算公式：

$$\Delta S = \mu S \Delta t + \sigma S \Delta z$$

$$\frac{\Delta S}{S} = \mu \Delta t + \sigma \Delta z$$

其中，ΔS 表示在 Δt 时间内的价格变化幅度，μ 为股票的期望收益，σ 表示股票的收益的波动率。Δz 是假设的随机扰动项目。更多情况下用下面的公式来表示上面离散表达式的连续情况：

$$dS = \mu S dt + \sigma S dz$$

这里的 d_t、d_z 表示非常短的时间和扰动变化。其中，需要注意的是：d_S 价格的变化依赖于当前的价格 S，并且基于 d_z 进行波动，d_s 的期望是 $\mu S d_t$，对应的方差是 $Var(d_s) = \sigma^2 S^2 d_t^2$，并且，如果标的 S 的价格为 0，则 d_s 的变化为 0。

下面进入实操的估值阶段：

假设标的的预期收益公式如下：

$$\mu=10\%, \sigma=20\%$$

那么，一周后股票价格变化是多少呢？计算公式如下：

$$d_S=10\%\times100\times\left(\frac{1}{52}\right)+20\%\times100\times d_z$$

假设股部的收益服从对数正态分布（大家如果不了解也没有关系这里不做过度的展开，这个为类似正态分布的形态，其优势是可以做了线性变换后，可以避免价格出现负数的情况）。可以利用下方的公式进行计算：

$$E(S_T)=S\times(1+ 无风险收益)$$

上式分别表示价格的期望及方差。这里没有考虑相应的分红问题。对于B-S公式的推导过程，还需要引入一个伊藤引理。这里不给大家着重介绍推导过程，主要着重介绍如何应用。还是以上面那个例子假设为基础 $\mu=10\%$，$\sigma=20\%$，得到：

$$d_S=\mu S d_t+\sigma S d_z=0.1Sd_t+0.2Sd_z$$

根据对数正态分布的性质及假设检验的逻辑可以得到：在 90% 的置信区间里面未来 6 个月的标的的价格区间如下图所示。

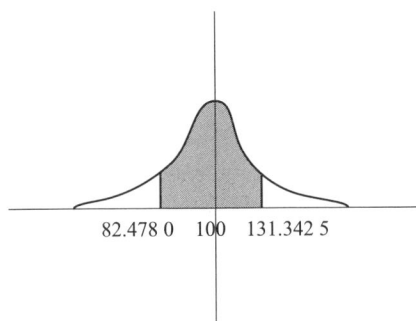

90% 的情况下标的 S 会落在 82.478 0 ～ 131.342 5。

通过上面的例子看到期权的价值其实相当于对到期标的价格和行权概率相结合来获得相应期权价值的估计，由此给出 B-S 公式的欧式看涨期权的定义：

$$c=S\times 期权实质的概率程度\ N(d_1)-K\times 到期看涨行权的概率\ N(d_2)$$

根据平价公式，我们可以推出欧式看跌期权定价公式：

$P=K\times$ 到期看跌期权行权的概率 $N(-d_2) - S\times$ 期权实值的概率 $N(-d_1)$

为了方便理解，对于欧式看涨期权的定价做进一步拆解，在 6.3 了解到期权的希腊字母的含义，现在结合定价公式，我们知道 delta 其实为标的价格对期权价值的影响，也就是对于 S 标的价格求一阶导数，即表示 delta。根据公式可以得出 $N(d_1)$ 其实就是标的 delta 和正股的线性相关的部分，而 $N(d_2)$ 就是对应的期权到期行权的概率，它们两部分相减就是期权能带来的价值。同样的逻辑，可以根据这个公司对 S 的二阶导数求出 gamma 的数值，由此可以依据 6.3 讲的内容进行对冲操作。

通过了解期权可以根据可转债的期权模型对可转债进行估值，可以根据定价模型对转债进行估值，然后基于当前价格和估值的高低进行交易，如果当前价格 > 估值价格，则当前价格为高估。此时，可以卖出可转债，如果当前价格 < 估值价格，则当前价格为低估。可以买入可转债，随着可转债价格的变动，当趋于合理估值水平时进行卖出操作。除了利用模型进行估值外，还可以利用 6.3 的速度与加速度的逻辑原理进行可转债对冲套利等策略。

第 7 章

股票轻松套利的其他技能

除了前面章节介绍的套利方式，本章还将介绍另外四种套利方式，把市场中的有些钱顺手就赚了。

7.1　可转债转股套利

同 ETF 套利一样，可转债套利也存在折价套利和溢价套利两种方式，因为转债和正股本身可以当作同一标的两种不同形式来看。当可转债价格低于转股平价时就产生了折价套利空间，当可转债价格高于转股平价时就产生了溢价套利空间。

按照套利需要遵循"低估买入，高估卖出"的原理，当存在折价套利空间时，可以执行买入转债同时卖出正股的操作。

如何计算两者的比例关系呢？以 2021 年 11 月 30 日的数据为例，如下图所示，中天转债的溢价率为 −0.49%，转债折价，买入转债卖出正股（假设正股可以融到券）。现在假设以 185.08 元的价格买入 1 000 张转债，对应以 18.58 元的价格卖出 [100÷9.99（转股价）] ×1 000=10 010 ≈ 10 000 股股票。然后将买入的转债进行转股操作还掉融券卖出的正股。此时完成了一圈折价套利操作，卖出正股获得 185 780 元，买入转债付出 185 080 元，转债转股后正好得到 10 000 股股票还券了结。由此操作完成共盈利 719 元。相对于本金，本次套利的绝对收益率为 0.38%。

代码	转债名称	现价	涨跌幅	正股名称	正股价	正股涨跌	正股PB	转股价	转股价值	溢价率	纯债价值	债券评级	期权价值	正股波动率	回售触发价	强赎触发价	转债占比	基金持仓
110051	中天转债！	185.080	3.31%	中天科技 R	18.58	4.09%	2.40	9.99	185.99	-0.49%	会员	AA+	增强	会员	6.99	12.99	4.10%	会员
113607	伟20转债	165.800	-0.34%	伟明环保 R	36.15	0.56%	7.22	21.71	166.51	-0.43%	会员	AA	增强	会员	15.20	28.22	1.80%	会员
123081	楷研转债！	161.958	5.03%	楷研科技	55.54	4.81%	4.32	34.15°	162.64	-0.42%	会员	AA-	增强	会员	23.91	44.40	4.00%	会员

下图所示是我们自己研发的一个专门针对可转债套利的交易面板。

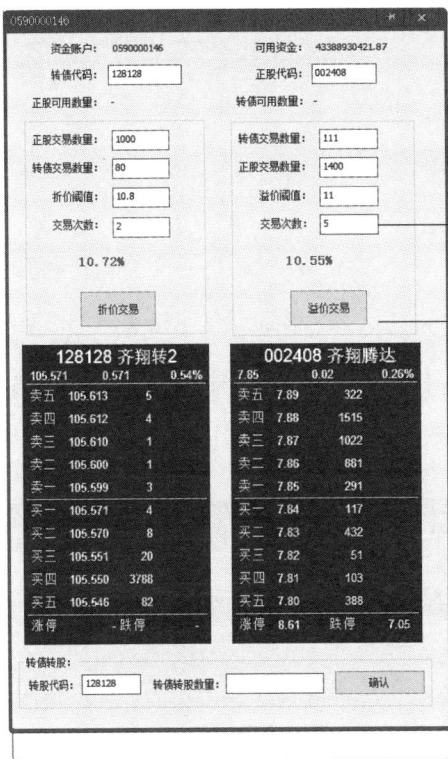

折价套利很好理解，就是转债相对正股折价（低估了）买入转债卖出正股。那么，溢价套利是如何实现的呢？它恰好与折价套利相反，只需卖出转债买入对应的正股即可。但大家知道转债一般是不能融券的，这种策略适合作为一种长期看好标的持有可转债的增强策略。在投资者看来持有正股和持有转债可以达到同样的策略效果，当持有的转债达到一定程度的溢价时，执行卖出转债买入正股的操作，就可以获得溢价率的增强收益。

在实盘操用中，溢价套利是如何进行的呢？

了解到可转债并不能融券卖出，这种策略针对的是持有可转债本身的投资者，前提是投资者看好相应标的，持有转债和持有正股对于投资者而言效果是一样的。此时，投资者可以通过匹配相应的正股进行操作，在卖出转债的同时买入正股。

对应正股的数量也是根据可转债的转股价计算得出的，和折价套利时一致。如果投资者想做 delta 对冲，则可以根据计算出来的 delta 值调整转债的交易量，从而达到对冲的目的。同样，折价套利也存在转债流动性不足的问题，如果投资者选择套利阈值，则需要根据盘口可以匹配的交易量来进行计算。

上图展示的就是专为可转债套利定制的半自动化交易面板，其中支持股票账户及信用账户，下方涵盖转债转股功能。软件本身根据不同方向的折价或者溢价套利给出了相应的盘口匹配，这是实盘用户才能体会到的交易细节化处理，这种处理能极大地提高预期收益和成交概率。另外，在进行转债套利时，通常还会遇到正股或者转债涨跌停或者停牌的情况，从而导致利润可以看到但实际不能获得。由于转债流动性的欠佳，可能一次性配对交易不能正常匹配成功，需要及时进行撤补单。这些都是在实盘操作中需要注意的地方。大家在选择软件时可以多多尝试对比。

大家还需要注意的是，可转债一般以 10 张为交易的最小单位，而且部分可转债的流动性不太好（这里主要指的是盘口的流动性）。比如在上图中可以看到，128128.SZ 这只转债买一的价格是 105.571 元，对应的盘口的量是 4 手；卖一的价格是 105.599 元，对应的委托数量是 1 手。此时，我们如果想买入转债成交 10 手，则必须把价格委托到卖五的价位 105.613 元才可以全部成交，这与此时的最新价 105.571 元有 0.042 元的价差。相当于每买入 10 手即 100 张滑点在 3.97‰左右。这一部分流动性损失相当于好几倍的手续费损失。所以，我们在做套利时一般会跟进转债的流动性水平，在套利阈值的设置上考虑流动性滑点的因素，实际进行折 / 溢价估算时采用可以成交的盘口价格更为合理。

7.2　要约收购

要约收购可以简单理解为收购人收购目标公司股份的行为。在执行过程中，可以通过判断，在合理价格出现时，在恰当时机通过买入股票来赚取低风险收益。

7.2.1　什么是要约收购

要约收购是指收购人向被收购上市公司发出收购的公告，待被收购上市公司确认后，方可实行收购行为。这是各国证券市场主要的收购形式，通过公开向全体股东发出要约，以达到控制目标公司的目的。要约收购是一种特殊的证券交易行为，其标的为上市公司全部依法发行的股份。

根据收购办法中的公平原则，第 23 条 "向被收购公司所有股东发出"；第 26 条 "收购人应当公平对待被收购公司的所有股东，持有同一种类股份的股东应当得到同等对待"；第 43 条 "预受要约股份的数量超过预定收购数量时，收购人应当按照同等比例收购预受要约的股份"。

这些条款体现了要约收购的最大特点，即在所有股东平等获取信息的基础上由股东自主做出选择，因此，要约收购被视为完全市场化的、规范的收购模式，有利于防止各种内幕交易，保障全体股东尤其是中小股东的利益。

7.2.2　要约收购的分类

要约收购包括全面要约与部分要约两种类型。全面要约包括强制全面要约与自愿要约。部分要约是指收购者依据目标公司总股本确定预计收购的股份比例，在该比例范围内向目标公司所有股东发出收购要约，当预受要约的数量超过收购人要约收购的数量时，收购人应当按照同等比例收购预受要约的股份。

1. 全面要约

一是强制全面要约：因协议转让 / 间接收购或交易等导致权益超过 30%，触发全面要约义务，须先发起全面要约，除非符合豁免。

二是自愿全面要约：私有化退市目的，可自愿全面要约。混改导致集团层面股东结构发生变化，由集团发起，赋予投资者选择权，比如云南白药（000538）、重庆百货（600729）等。

2. 部分要约

一是预定收购比例不低于 5%，预受低于预定比例按实际超过比例按同等比例收购。

二是原持股 30% 整数时，继续增持可以部分要约，比如 ST 景谷（600265）、汉商集团（600774）等。

三是原持股超过 30% 后，继续增持仍可以部分要约，比如云南能投（002053）。

7.2.3　要约收购的价格

收购人的要约价格不得低于要约收购提示性公告日前 6 个月内收购人取得该种股票所支付的最高价格。

要约价格低于提示性公告前 30 个交易日该种股票的每日加权平均价格的算术平均值的，收购人聘请的财务顾问应当就该种股票前 6 个月的交易情况进行分析，说明是否存在股价被操纵、要约价格是否合理等情况。

为了争夺被收购公司的控制权，收购方股东发起的要约价格往往高于市场价格 10% 以上。

7.2.4　要约收购的流程

（1）要约收购的期限一般不少于 30 个自然日、不超过 60 个自然日，出现竞争要约的可以延长要约期限。

（2）发布要约收购提示性公告，包括发布要约摘要、定价基准日、履约保证金等。

（3）在正式公告前，按照规定向证监会、交易所报送或作书面报告。

（4）要约收购报告书公告之后，次交易日为要约起始日（T 日），要约期间为 30 ～ 60 个自然日，一般 T+20 日上市公司出具董事会报告。

（5）要约期满（N 日）前 3 个交易日内预受要约不可撤销；期满后 3 个交易日内交割清算。截止日可以是非交易日。

7.2.5　要约收购案例——重庆百货（600729）

（1）背景：本次要约收购系因商社集团进行混合所有制改革，天津物美和步步高零售将通过增资方式分别取得商社集团 45% 和 10% 的股权，导致商社集团层面股东结构发生重大变化而触发要约收购义务。

（2）要约收购方式：全面要约收购——由商社集团对除商社集团所持股份以外的重庆百货全部无限售条件流通股进行全面要约收购。

（3）预定收购的股份数量：223 293 341 股，占被收购公司总股本的比例为 54.93%。

（4）要约价格：27.16 元 / 股。

（5）要约收购有效期：2020 年 4 月 1 日至 2020 年 4 月 30 日。

若重庆百货在要约收购报告书摘要公告之日至要约期届满日期间有派息、送股、资本公积转增股本等除权除息事项，则要约收购价格将进行相应调整。

1. 重庆百货要约收购程序

（1）2018 年 3 月 23 日，重庆百货对外发布《重庆百货大楼股份有限公司重大事项停牌公告》。

（2）2018 年 3 月 30 日，重庆百货对外发布《重庆百货大楼股份有限公司重大事项继续停牌公告》，重庆市国有资产监督管理委员会（以下简称"重庆市国资委"）筹划与重庆百货控股股东商社集团相关的重大事项，以推进商社集团开展混合所有制改革相关工作。

（3）2018 年 4 月 9 日，商社集团拟以公开征集方式引进两名战略投资者、实施混合所有制改革方案获得重庆市人民政府原则同意。

（4）2018 年 4 月 10 日，重庆百货对外发布《重庆百货大楼股份有限公司关于公司股票复牌的提示性公告》。

（5）2018 年 9 月 3 日，北京中企华资产评估有限责任公司出具的《重庆商社（集团）有限公司拟通过增资引进战略投资者事宜涉及的重庆商社（集团）有限公司的股东全部权益价值项目资产评估报告》获得重庆市国资委核准。

（6）2018 年 10 月 19 日，商社集团混改增资项目在重庆联合产权交易所（以下简称"重庆联交所"）公开挂牌征集投资方。

（7）2018 年 11 月 20 日，重庆联交所通过多轮竞争性报价方式遴选出物美集团和步步高集团为本次混改的投资方，并于次日出具遴选结果确认意见函。

（8）2019 年 6 月 21 日，商社集团依相关程序召开董事会确认投资方，并根据重庆市国资委、物美集团、步步高集团各自出具的《关于同意重庆商社（集团）有限公司履行要约收购义务的函》相关安排，决议由商社集团履行对除商社集团所持股份以外的重庆百货全部无限售条件流通股的全面收购要约义务。

（9）2019 年 6 月 25 日，重庆市国资委、商社集团分别与物美集团、天津物美以及步步高集团、步步高零售签署了《增资协议》。

（10）2019 年 8 月 12 日，国家市场监督管理总局出具关于物美集团、步步高集团收购重庆商社股权案《经营者集中反垄断审查不实施进一步审查决定书》，同意三方可以实施集中。

（11）2020 年 1 月 10 日，重庆市国资委与物美、步步高签订补充协议。

（12）2020 年 3 月 9 日，重庆市国资委、商社集团分别与物美集团、天津物美及步步高集团、步步高零售签署了《增资协议》的补充协议二。

（13）2020 年 3 月 24 日，商社集团股东会作出决议，同意吸纳天津物美、步步高零售为公司新股东。

（14）2020 年 3 月 26 日，商社集团股东会作出决议，同意以商社集团为主体履行不以终止重庆百货上市地位为目的的要约收购义务。

（15）2020 年 3 月 27 日，重庆百货发布《要约收购报告书》。

（16）2020 年 4 月 2 日，重庆百货接到控股股东商社集团通知：商社集团办理完成增资引入天津物美和步步高零售的工商变更登记并换领了新的营业执照。

（17）2020 年 4 月 30 日，重庆百货全面要约收购结束。

（18）重庆百货于 2020 年 5 月 6 日晚间公告称，公司于 2020 年 3 月 28 日公告了《重庆百货大楼股份有限公司要约收购报告书》，公司之控股股东重庆商社（集团）有限公司（简称"商社集团"或"收购人"）向公司除商社集团所持股份以外的全部无限售条件流通股发出全面收购要约，要约收购期限为 2020 年 4 月 1 日至 2020 年 4 月 30 日。目前，本次要约收购已经实施完毕。现要约收购结果已确认，公司股票自 2020 年 5 月 7 日开市起复牌。

2. 重庆百货要约收购套利机会

2020 年 3 月 27 日，重庆百货发布《要约收购报告书》之后的交易日 2022 年 3 月 29 日，最高价为 27.55 元 / 股，最低价为 26.5 元 / 股，与 27.16 元 / 股的收购价格相比，并没有多少套利空间。此笔交易的最大套利机会存在于 2020 年 2 月 8 日及其前、后两个月，当时，最低不到 23 元 / 股的价格是不错的套利机会，有接近 20% 的套利空间。当时已经完成了本次要约收购的大多数程序，最后的工商登记变更、执行要约收购出现问题的可能性非常低。

从下图中可以看出，2020 年 4 月 1 日至 2020 年 4 月 30 日重庆百货要约收购期间，最低价为 22.93 元 / 股，最高价为 30.83 元 / 股，最低价跌破了要约收购价格，低于市场预期。这次要约收购比历史上的几次要约收购表现要差。

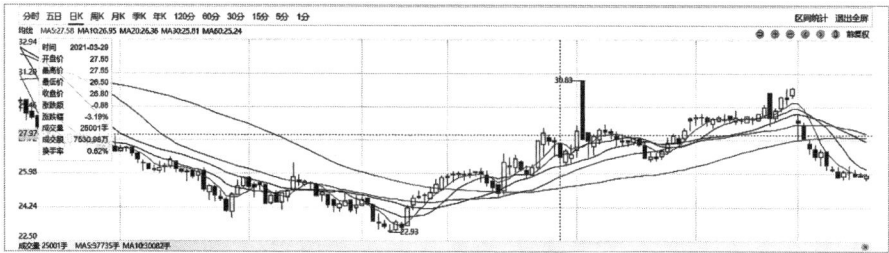

本次套利总结：在股价低于要约收购价格的 5%、10%、15%、20% 时分批建仓，持股至全面要约收购结束停牌前分批卖出，在正常情况下能收获一定的低风险收益。

7.2.6　如何挖掘要约收购套利机会

在集思录网站中打开"实时数据"→"套利股"页面，截至 2022 年 2 月 25 日的数据如下表所示。

名称	现价（元 / 股）	涨幅	现金选择权（元 / 股）	选择权溢价率	类型	说明
华图山鼎	42.02	1.50%	48.32	−13.02%	部分要约收购	本次要约收购为收购人华图投资向除收购人以外的华图山鼎全体股东发出的部分要约收购，要约收购股份数量为 29 21 100 股，占华图山鼎总股本的比例为 20.71%
浙商中拓	11.92	0.76%	6.14	93.65%	全面要约收购	本次要约收购系浙江交通集团协议受让中植融云持有的浙商中拓 55 191 732 股股份（占浙商中拓股份总数的 8.18%）而触发。本次转让前，浙江交通集团直接持有浙商中拓 256 413 920 股股份，占比为 38.02%；本次转让完成后，浙江交通集团直接持有浙商中拓 311 605 652 股股份，占比为 46.20%

续上表

名称	现价 （元/股）	涨幅	现金选择权 （元/股）	选择权 溢价率	类型	说明
钱江水利	13.83	0.44%	11.09	24.71%	全面要约收购	电建集团合计控制中国水务 51.42% 的股权，成为中国水务的控股股东。中国水务为上市公司钱江水利的控股股东，直接及间接合计持有上市公司已发行股份的 39.99%。本次交易完成后，电建集团通过控股中国水务间接拥有钱江水利的权益将超过钱江水利已发行股份的 30%，且钱江水利实际控制人将由水利部综合事业局变更为国务院国有资产监督管理委员会，从而触发全面要约收购义务

如何从上表中挖掘要约收购套利机会？要点为：收购份额越高越好；收购价格越高越好；参与要约收购的人数、股数越少越好；买入成本越低越好。

7.3　合并换股

合并换股可以简单理解为两家上市公司通过换股进行合并。在执行过程中，可以通过判断，在合理价格出现时，在恰当时机通过买入股票来赚取低风险收益。

7.3.1　什么是合并换股

合并换股是公司合并的一种形式。

回顾过往，国内发生的几次吸收合并案例基本上都采用了以股换股的方式。这种吸收合并的方式不会涉及现金流动。采用这种方式的优势是 A 公司作为合并方不必通过现金支付的方式来购买被合并方 B 公司的全部资产和股份，可避免吸收合并过程中大量的现金流出，保存合并方 A 公司的实力以存续公司,有利于企业的长远发展。

7.3.2　合并换股的程序

可以将换股吸收合并分解为公司吸收合并和换股并购两个方面逐步理解。

所谓公司吸收合并,可以简单理解为公司 A 吸收公司 B,被吸收公司 B 解散的行为。两家或两家以上公司合并设立一家新的公司,合并各方全部解散重新组合,称为新设合并。

换股并购是指并购公司 A 将目标公司 B 的股权按一定比例换成本公司的股权,目标公司 B 解散,成为并购公司的子公司。

换股吸收合并具备特定的法律程序,具体如下:

(1)拟合并的公司 A 必须通过股东会分别作出合并决议。

(2)合并各方分别编制资产负债表和财产清单。

(3)各方签署《合并协议》。

换股吸收合并的流程大致为:双方董事会通过→双方股东大会通过→证监会审批→确定换股时间表→换股吸收合并。

(1)董事会提出合并方案或者合并计划。《中华人民共和国公司法》授予公司董事会"拟订公司合并方案"的职权。

(2)股东大会表决通过合并决议。《中华人民共和国公司法》规定,合并要由合并各方股东大会作出特别决议。

(3)签订合并合同并编制资产负债表和财产清单。合并各方必须对合并的形式、条件、支付方式及双方的其他权利与义务作出规定并编制资产负债表和财产清单。

(4)实施债权人的保护程序,即在作出合并决议后通过邮寄、公告等方式通知债权人,要求其在规定的时间内可对合并提出异议。《中华人民共和国公司法》规定,自作出合并决议之日起 10 日内通知债权人,并于 30 日内在报纸上公告。债权人自接到通知书之日起 30 日内,未接到通知书的自公告之日起 45 日内,有权要求公司清偿债务或者提供担保。既不清偿债务又不提供担保的,公司不得合并。

(5)公司合并应当办理相应的登记手续。合并其他公司的公司应当于公司合并之后就发生变化的登记事项向登记机关申请办理变更登记；被合并的公司应到登记机关依法办理注销登记手续。

7.3.3　合并换股案例——美的集团吸收合并小天鹅 A 和小天鹅 B

2018 年 9 月 9 日晚，美的集团与小天鹅双双宣布停牌。美的集团表示，正在筹划与小天鹅相关的资产重组事项。

2018 年 10 月 23 日，美的集团（000333）和小天鹅 A（000418）双双发布公告称，美的集团拟以发行 A 股方式换股吸收合并小天鹅。公告称，本次换股吸收合并系美的集团为实现集团内部资产优化整合目的而实施，本次换股吸收合并完成后，小天鹅将终止上市并注销法人资格，美的集团或其全资子公司将承继及承接小天鹅的全部资产、负债、业务、人员、合同及其他一切权利与义务。美的集团因本次换股吸收合并所增发 A 股将申请在深交所主板上市流通。

美的集团股份有限公司通过发行 A 股股份吸收合并无锡小天鹅股份有限公司，实现两家上市公司的资产整合，并同步解决小天鹅 B 股。本案例是我国资本市场上首例 A 股上市公司换股吸收合并 A+B 股上市公司的重组项目。

本次交易方案包括两部分内容。

• 换股：美的集团向小天鹅除美的集团及美的集团子公司 TITONI 外的所有换股股东发行股票，交换该等股东所持有的小天鹅 A 股股票及小天鹅 B 股股票；美的集团及 TITONI 所持有的小天鹅 A 股及 B 股股票不参与换股，该等股票将在本次换股吸收合并后予以注销；美的集团因本次换股吸收合并所增发 A 股股票将申请在深交所主板上市流通。

• 吸收合并：本次换股吸收合并完成后，小天鹅将终止上市并注销法人资格，美的集团或其全资子公司将承继及承接小天鹅的全部资产、负债、业务、人员、合同及其他一切权利与义务。

1. 交易方案

• 换股价格：美的集团的换股价格为 42.04 元 / 股。小天鹅 A 的换股价格为 50.91 元 / 股。小天鹅 B 的换股价格为 48.41 港元 / 股，折合人民币 42.07 元 / 股。

• 换股比例：每股小天鹅 A 可以获得 1.211 0 股美的集团股票，每股小天鹅 B 可以获得 1.000 7 股美的集团股票。美的集团将因本次换股吸收合并新增 3.42

亿股（占原总股本的比例约为 5.16%），对应市值金额为 143.83 亿元。

• 现金选择权定价：方案通过后，异议股东可以按定价基准日前一个交易日收盘价的 90% 行使现金选择权，获得相应的现金。

• 后续流程：方案后续需美的集团及小天鹅再次召开董事会审议通过、美的集团及小天鹅股东大会审议通过及中国证监会核准。

2. 套利空间

虽然方案最终是否通过具有不确定性，但考虑到吸收合并方案提供了明确的换股比例，在一定程度上锚定了美的集团与小天鹅的股价。

美的集团股价 = 小天鹅 A 股价 ÷1.211 0= 小天鹅 B 股价 ÷1.000 7。

如果相应股价偏离上述公式，则出现套利空间。

以美的集团 2018 年 10 月 29 日的收盘价 36.27 元 / 股为例，按换股比例测算，小天鹅 A 对应的股价为 43.92 元 / 股，而小天鹅 A 当日收盘价为 42.82 元 / 股，即小天鹅 A 超跌或美的集团被高估，存在套利空间。2018 年 10 月 30 日，美的集团的开盘价为 34.10 元 / 股，小天鹅 A 对应的股价为 41.30 元 / 股，而小天鹅 A 的开盘价 41.52 元 / 股，套利空间缩窄。

之后直到收购结束（2019 年 5 月初），只要相应股价偏离上述公式较多，就会出现套利空间。

7.3.4 合并换股套利模式

合并换股套利模式是在老股退市之前买入，在新股上市之后卖出。该模式的成功率（胜率）较高，过往案例大多数能跑赢大盘同期涨幅。

但是，也许是因为参与套利的人多了，在 2015 年之后，该模式在大多数情况下不能跑赢大盘同期涨幅。此时，就像配债一样，必须把套利模式升级成 2.0 版本。那么，何为合并换股的升级套利模式呢? 由于首日破发的案例增多，所以聪明的投资者会把套利时间点提前至方案公告后，如果当时股票涨停，就等开板后买入，持有到退市前最后一个交易日卖出。统计显示，这种套利模式的胜率超过 90%。这种套利模式通过放弃上市后的不确定性来换取较为稳定的收益，至今仍是一种可取的合并换股套利模式。

7.3.5　合并换股套利机会在哪里看

在集思录网站中打开"实时数据"→"套利股"→"A 股套利"页面。截至 2022 年 3 月 7 日的换股合并标的如下表所示。

名称	币种	现价	涨幅	现金选择权	选择权溢价率	换股价	换股溢价率	类型
王府井	人民币	24.28	-4.56%	33.540	-27.61%	33.54	-27.61%	换股合并
首商股份	人民币	8.93	0	8.510	4.94%	10.21	-12.54%	换股合并
徐工机械	人民币	5.49	-1.79%	5.650	-2.83%	–	–	吸收合并
冀东水泥	人民币	12.28	0.49%	12.780	-3.91%	–	–	换股合并

7.4　期权套利

我们在第 6 章中了解到期权的到期损益情况，可以利用期权的性质来进行标的的复制。在下图中，通过买入一张看涨期权，同时卖出一张同一执行价格、同一到期时间的看跌期权，可以合成标的的多头头寸；通过买入一张看跌期权，同时卖出一张同一执行价格、同一到期时间的看涨期权，可以合成标的的空头头寸。

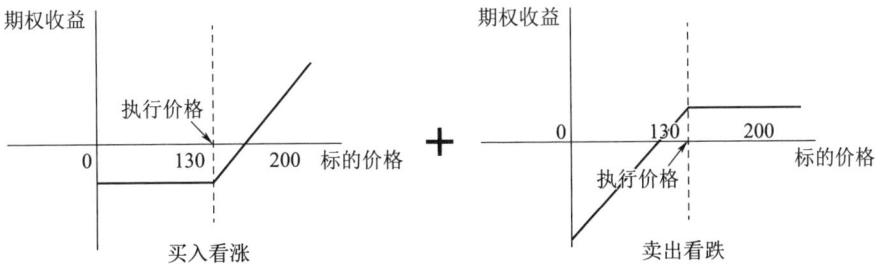

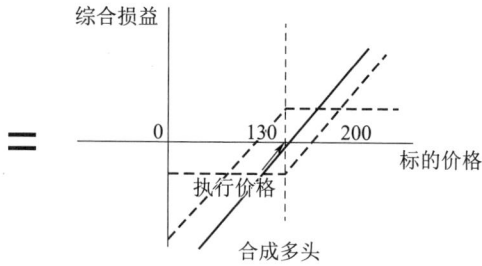

期权平价公式如下：

$$c+Ke^{-rt}=P+S$$

其中：c 表示欧式看涨期权价格，P 表示欧式看跌期权价格，K 表示执行价格，r 表示无风险利率，e 表示自然对数的底，S 表示标的证券当前价格，t 表示期权的到期时间。

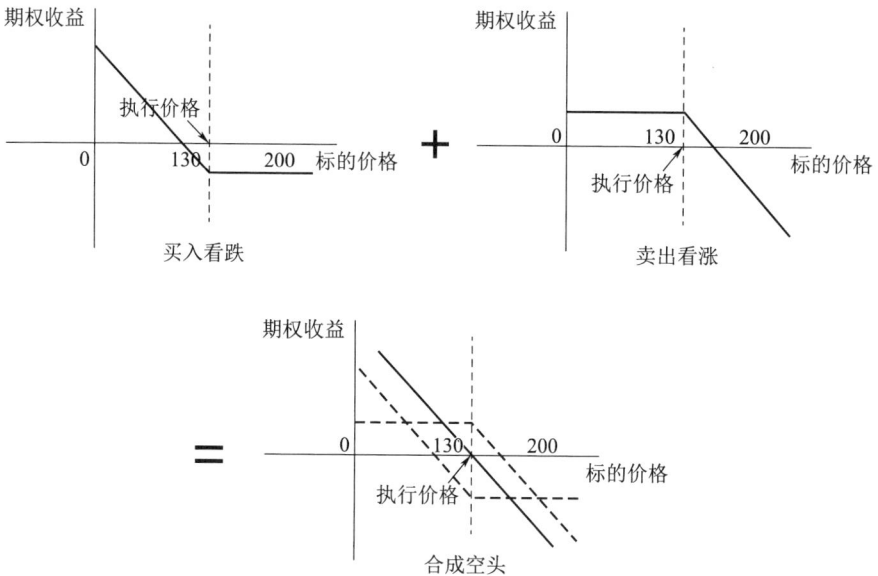

当期权到期（$t=0$）时，会出现以下情况：$K>S$、$K=S$、$K<S$。

● 当 $K>S$ 时，看涨期权为虚值期权（$c=0$），而看跌期权为实值期权（$P=K-S$）。

等式左边 $c+Ke^{-rt}=0+Ke^{-rt}=K$，等式右边 $P+S=K-S+S=K$，由此可以得到等式两边相等。

● 当 $K<S$ 时，看涨期权为实值期权 $c=S-K$，而看跌期权为虚值期权 $P=0$。

等式左边 $c+Ke^{(-rt)}=0+Ke^{(-rt)}=K$，等式右边 $P+S=K-S+S=K$。由此可以得到等式两边相等。按照同样的逻辑可以证明，当 $S=K$ 时，等式两边相等。得到这个平价公式后就可以利用实际市场中产生的不平衡来进行套利操作。

$$c+Ke^{-rt}-P=S$$

通过上面的公式，可以得到买入一个看涨期权，同时，卖出一个看跌期权（同样到期日，同样行权价），可以复制得到标的多头头寸，所以，基于此当期权市场复制标的的成本和现货市场的价格不一致时就产生了套利空间，比如 2022 年 1 月 17 日收盘，沪深 300 点数为 4 767.28。

其中，平值看涨期权（沪深 300 指数期权 2201C4750）价格为 69 元，上涨 63.51%，平值看跌期权（沪深 300 指数期权 2201P4750）收于 7.2 元，下跌 73.53%。平值期权合成标的贴水 0.1%，此时可以卖出标的，买入看涨、卖出看跌来获取这个套利机会。这个套利机会通常称为反向套利机会，因为标的做空有相应成本比如融券成本，而 0.1% 的空间可能覆盖不了。通常这种瞬时出现的套利空间比较小，很多都是程序化的套利策略去捕获，所以，这里提出一个更加普适性的套利策略——期权基差套利。

7.4.1　股票期权基差套利

要想进行股票期权基差套利，需要先了解基差的计算公式，具体如下：

基差 = 现货价格 – 期货价格（现货衍生品）

从公式中可以看出，基差其实就是标的衍生品（未来的价格现值）和当前价格的差。为什么会存在基差呢？

首先，期货是现货价格未来的预期，理性层面这个远期的价格要包含现货未来的预期走势，如果现货是商品，那么期货的预期价格中还会扣减现货的一些仓储成本和持有现货带来的收益，比如金融产品的一些分红收益。

简单模拟沪深 300 的现货基差情况。下图所示是 2019 年 5 月至 2022 年 1 月沪深 300 指数减去 IF 沪深 300 指数期货主力的价差走势及统计直方图。

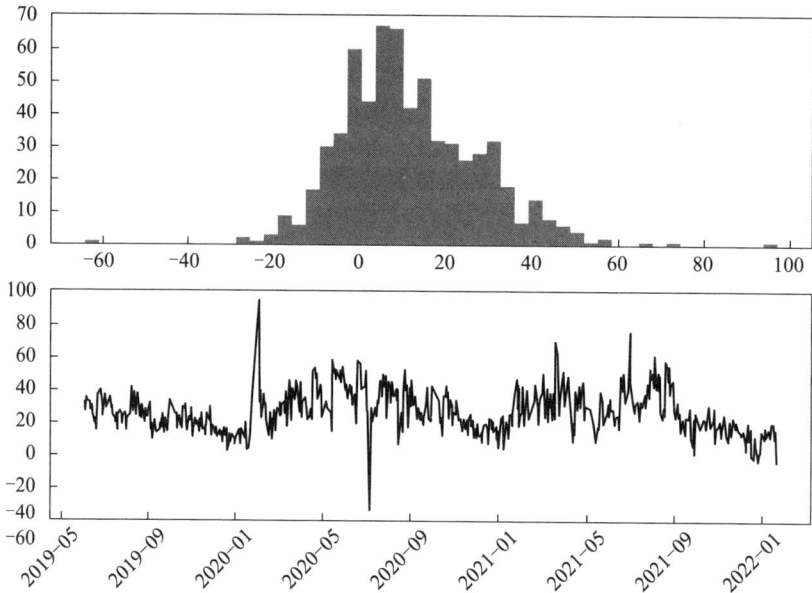

可以看到，基差是在一个区间内的震荡走势，这个区间大部分时间在 −30 到 +60，目前这两年多的时间基差为正的时间较多，说明基差经常处于一个贴水的状态，还发现另一个情况是：基差的均值为 11.77，中位数为 9.17，众数为 −2.58。一是它得益于期货作为衍生品来讲其追踪现货的紧密程度，二是它得益于期货合约到期的交割制度，所以，越是临近合约交割日，这个期现基差就越逐渐向 0 附近收敛。对于 IF 股指期货一般当月合约的交割日期是合约到期月的第三个周五（遇法定节假日顺延）。

下表所示是 IF 的合约标准（沪深 300 期货合约）。

合约名称	合约代码	交割月份	涨跌幅	保证金	上市日	最后交易日	交割日
2202 合约	IF2202	202202	10%	12%	20211220	20220218	20220218
2203 合约	IF2203	202203	10%	12%	20210719	20220318	20220318
2206 合约	IF2206	202206	10%	12%	20211018	20220617	20220617
2209 合约	IF2209	202209	10%	12%	20220124	20220916	20220916

注：合约信息来自中国金融期货交易所最低保证金为 8%，通常期货公司会设置 12% 左右的保证金率。

下表所示是合约材料。

沪深 300 股指期货合约表			
合约标的	沪深 300 指数	最低交易保证金	合约价值的 8%
合约乘数	每点 300 元	最后交易日	合约到期月份的第三个周五，遇国家法定节假日顺延
报价单位	指数点	交割日期	同最后交易日
最小变动价位	0.2 点	交割方式	现金交割
合约月份	当月、下月及随后两个季月	交易代码	IF
交易时间	9:30—11:30；13:00—15:00	上市交易所	中国金融期货交易所
每日价格最大波动限制	上一个交易日结算价的 ±10%		

数据来源：中国金融期货交易所。

看到这里，大家应该清楚了，沪深 300 股指期货合约的现存合约一般是当月、次月与后面的连续两个季月合约组成。主力合约一般是成交量最大的那个合约，一般情况下是当月或者次月合约。当月进行基差套利交易时，我们一般根据交易合约的到期情况去估算到期收益率，从而进行基差套利。

同样的逻辑，看期权合约对应的情况，以沪深 300 期权合约的情况为例进行说明。

下图所示是沪深 300 期权合约。

其中，上海证券交易所有 50ETF（标的代码 510050.SH）和 300ETF（标的代码 510300.SH）股票期权合约、中国金融期货交易所发行沪深 300 股指期权。深圳证券交易所有沪深 300ETF（标的代码 159919.SZ）股票期权合约。

下表所示是上海证券交易所沪深 300ETF 期权合约的基本条款。

当日合约

510300 ▼　2022-02 ▼　查询

当日合约

合约编码	合约交易代码	合约简称	标的券名称及代码	类型	行权价	合约单位	期权行权日	行权交收日	到期日	新
10003883	510300C2202A04400	300ETF购2月4332A	300ETF(510300)	认购	4.332	10156	20220223	20220224	20220224	否
10003879	510300C2202A04500	300ETF购2月4431A	300ETF(510300)	认购	4.431	10156	20220223	20220223	20220223	否
10003859	510300C2202A04600	300ETF购2月4529A	300ETF(510300)	认购	4.529	10156	20220223	20220223	20220223	否
10003860	510300C2202A04700	300ETF购2月4628A	300ETF(510300)	认购	4.628	10156	20220223	20220223	20220223	否
10003861	510300C2202A04800	300ETF购2月4726A	300ETF(510300)	认购	4.726	10156	20220223	20220223	20220223	否
10003862	510300C2202A04900	300ETF购2月4825A	300ETF(510300)	认购	4.825	10156	20220223	20220223	20220223	否
10003863	510300C2202A05000	300ETF购2月4923A	300ETF(510300)	认购	4.923	10156	20220223	20220223	20220223	否
10003864	510300C2202A05250	300ETF购2月5169A	300ETF(510300)	认购	5.169	10156	20220223	20220223	20220223	否
10003865	510300C2202A05500	300ETF购2月5416A	300ETF(510300)	认购	5.416	10156	20220223	20220223	20220223	否
10003866	510300C2202A05750	300ETF购2月5662A	300ETF(510300)	认购	5.662	10156	20220223	20220223	20220223	否
10003867	510300C2202A06000	300ETF购2月5908A	300ETF(510300)	认购	5.908	10156	20220223	20220223	20220223	否
10003913	510300C2202M04400	300ETF购2月4400	300ETF(510300)	认购	4.400	10000	20220223	20220224	20220223	否
10003914	510300C2202M04500	300ETF购2月4500	300ETF(510300)	认购	4.500	10000	20220223	20220223	20220223	否
10003915	510300C2202M04600	300ETF购2月4600	300ETF(510300)	认购	4.600	10000	20220223	20220223	20220223	否
10003916	510300C2202M04700	300ETF购2月4700	300ETF(510300)	认购	4.700	10000	20220223	20220223	20220223	否
10003917	510300C2202M04800	300ETF购2月4800	300ETF(510300)	认购	4.800	10000	20220223	20220223	20220223	否
10003918	510300C2202M04900	300ETF购2月4900	300ETF(510300)	认购	4.900	10000	20220223	20220223	20220223	否
10003919	510300C2202M05000	300ETF购2月5000	300ETF(510300)	认购	5.000	10000	20220223	20220223	20220223	否
10003920	510300C2202M05250	300ETF购2月5250	300ETF(510300)	认购	5.250	10000	20220223	20220224	20220223	否

资料来源：上海证券交易所（20220124 股票期权数据）。

合约标的	华泰柏瑞沪深 300 交易型开放式指数证券投资基金（"沪深 300ETF"，代码为 510300）
合约类型	认购期权和认沽期权
合约单位	10 000 份
合约到期月份	当月、下月及随后两个季月
行权价格	9 个（1 个平值合约、4 个虚值合约、4 个实值合约）
行权价格间距	3 元或以下为 0.05 元，3 元至 5 元（含）为 0.1 元，5 元至 10 元（含）为 0.25 元，10 元至 20 元（含）为 0.5 元，20 元至 50 元（含）为 1 元，50 元至 100 元（含）为 2.5 元，100 元以上为 5 元
行权方式	到期日行权（欧式）
交割方式	实物交割（业务规则另有规定的除外）
到期日	到期月份的第四个星期三（遇法定节假日顺延）
行权日	同合约到期日，行权指令提交时间为 9:15—9:25、9:30—11:30、13:00—15:30
交收日	行权日次一交易日
交易时间	9:15—9:25、9:30—11:30（9:15—9:25 为开盘集合竞价时间） 13:00—15:00（14:57—15:00 为收盘集合竞价时间）

续上表

委托类型	普通限价委托、市价剩余转限价委托、市价剩余撤销委托、全额即时限价委托、全额即时市价委托以及业务规则规定的其他委托类型
买卖类型	买入开仓、买入平仓、卖出开仓、卖出平仓、备兑开仓、备兑平仓及业务规则规定的其他买卖类型
最小报价单位	0.000 1 元
申报单位	1 张或其整数倍
涨跌幅限制	认购期权最大涨幅 = max｛合约标的前收盘价 ×0.5%，min［（2× 合约标的前收盘价 – 行权价格），合约标的前收盘价］×10%｝ 认购期权最大跌幅 = 合约标的前收盘价 ×10% 认沽期权最大涨幅 = max｛行权价格 ×0.5%，min［（2× 行权价格 – 合约标的前收盘价），合约标的前收盘价］×10%｝ 认沽期权最大跌幅 = 合约标的前收盘价 ×10%
熔断机制	连续竞价期间，期权合约盘中交易价格较最近参考价格涨跌幅度达到或者超过 50% 且价格涨跌绝对值达到或者超过 10 个最小报价单位时，期权合约进入 3 分钟的集合竞价交易阶段
开仓保证金最低标准	认购期权义务仓开仓保证金 =［合约前结算价 +max（12%× 合约标的前收盘价 – 认购期权虚值，7%× 合约标的前收盘价）］× 合约单位 认沽期权义务仓开仓保证金 = min［合约前结算价 +max（12%× 合约标的前收盘价 – 认沽期权虚值，7%× 行权价格），行权价格］× 合约单位
维持保证金最低标准	认购期权义务仓维持保证金 =［合约结算价 +max（12%× 合约标的的收盘价 – 认购期权虚值，7%× 合约标的的收盘价）］× 合约单位 认沽期权义务仓维持保证金 = min［合约结算价 +max（12%× 合标的的收盘价 – 认沽期权虚值，7%× 行权价格），行权价格］× 合约单位

从上表中可以看出，合约单位为 10 000 份，行权价为 4.6 元，2022 年 2 月期权合约 300ETF 购 2 月 4600 合约的交易价格为 0.153 7 元，300ETF 沽 2 月 4600 为 0.039 7 元，买入一份 300ETF 购 2 月 4600 合约花费 0.153 7× 10 000=1 537 元，到期可以以 4.6 元的执行价格买入 10 000 份 300ETF。

同样的逻辑，买入一份 300ETF 沽 2 月 4600 花费 0.039 7×10 000=397 元，到期可以以 4.6 元的执行价格卖出 10 000 份 300ETF。对应的期货合约一份合约乘数为每点 300 元，报价单位对应的是指数点，而 300ETF 与对应的指数沪深 300 指数的差距为 1 000。所以对应一手沪深 300 期货合约对标的 300ETF 为 300×1 000=30 万份，一份期权合约对应的是 1 万份，所以，为了达到完全对冲获得基差收益的目的，需要买入 30 份看涨和看跌期权来复制 30 万份的

300ETF 现货头寸。

根据之前学到的平价公式可以根据看涨期权和看跌期权来复制现货合约，期货合约作为远期的价格预期，由此，可以进行相应的期权复制现货的套利模式。根据历史基差走势进行相应分析，确定一个交易阈值，并根据历史到期收敛的价位结合到期天数进行收益率预估，符合相应预期后就可以进行操作。

由于沪深 300- 沪深 300 期货 =-12.35 是升水状态，可以通过做空一份 IF 期货 202202 合约，同时做多现货（买入 30 张 300ETF 购 2 月 4600 合约，同时卖出 30 张 300ETF 沽 2 月 4600 合约。由此这个对冲组合就做好了，如果预期基差为 0。预计到期获得 12.35 个点的收益。

同样的逻辑，如果基差处于贴水状态，即沪深 300- 沪深 300 期货 > 0，则说明现货价格高于期货价格，除去手续费，如果满足收益率预期，则可以用期权复制现货然后做多期货来获得相应利润。

目前，市场上有四个品种的指数类期权标的对应期货，当然，也有对应的期货品种。目前，指数包含上证 50 指数和沪深 300 指数对应的期权品种。对于套利可行性来讲，可以做相应指数的套利。大家可能还会注意到中证 500 的基差相对较大，而对于贴水的基差来讲，没有对应的期权衍生品复制空头实现不了相应贴水基差的收益。而沪深 300 和上证 50，可以采用期权复制空头的方式来获得贴水收益。

下图所示为 2019 年 8 月 5 日至 2022 年 1 月 28 日上证 50 指数 -IH 期货的基差图。

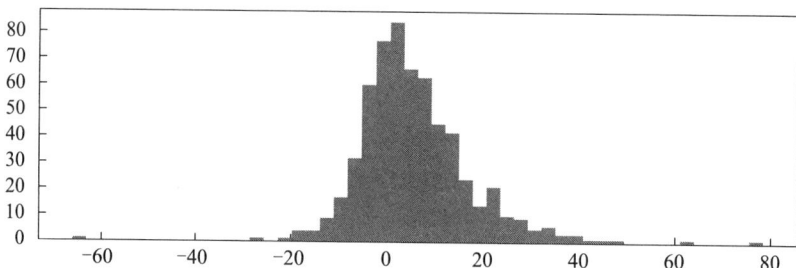

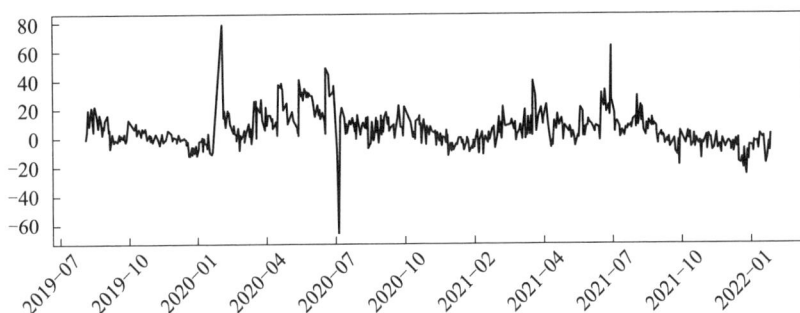

通过统计相应数据可以得出：期间上证 50 的基差最高为 78.49，最低为 -65.86，均值为 5.72，中位数为 3.825，标准差为 11.73。根据上图的统计直方图也可以看出，大部分时间 IH 基差处于 -20 ～ 40，可以由此建立相应的套利阈值。

同样的逻辑，当 IH 基差为负数时比低于 -20 时，可以采用买入现货、卖出期货的操作；当 IH 的基差为正数时，比如高于 30 时，可以采用卖出现货（此时可以用期权复制现货空头头寸），买入期货进行相应的基差套利。当基差临近交割期收敛时获得预期收益，可以了结相应的头寸，以此套利完结。

可以看一组具体的实操：以 2022 年 1 月 28 日收盘为例。

收盘基差数据为 17.22，此时为正数，说明现货价格高于期货价格，可以买入 IH202202 合约，同时利用期权复制现货空头，可以选择 510050.SH 对应的平值附近的看涨和看跌合约来复制空头。比如，卖出 30 张 50ETF 购 2 月 3000 合约，同时，买入 30 张 50ETF 沽 2 月 3000 合约，由此就构建完成我们的套利头寸。待基差收敛后了结头寸。2022 年 2 月 8 日基差收敛到 -0.50，此时，可以进行平仓操作，买入平仓 30 张 50ETF 购 2 月 3000 合约，同时，卖出平仓 30 张 50ETF 沽 2 月 3000 合约，另外，期货端卖出平仓 IH202202 合约。下表所示是具体的收益统计。

日期	方向	简称	价格（元）	数量（张）	价值（元）	保证金率	实际占款（元）
2022/1/28	卖出	50ETF 购 2 月 3000 价格	0.088 8	30	26 640	12%	3 196.8

续上表

日期	方向	简称	价格（元）	数量（张）	价值（元）	保证金率	实际占款（元）
	买入	50ETF 沽 2 月 3000 价格	0.061 6	30	18 480	12%	2 217.6
	买入	IH2202	3 036.8	1	911 040	13%	118 435.2
							123 849.6

日期	方向	简称	价格（元）	数量（张）	价值（元）	实际盈亏	收益率
2022/2/8	买入	50ETF 购 2 月 3000 价格	0.115	30	34 500	−7 860	
	卖出	50ETF 沽 2 月 3000 价格	0.011	30	3 300	−15 180	
	卖出	IH2202	3117	1	935 100	24 060	
					总收益	1 020	0.82%

7.4.2　商品期货期权基差套利

目前，国内市场上除了股票期权，还有部分商品期货期权。商品期货期权目前涵盖了上期所、大商所、郑商所。

在主力期货的信息中，期货期权对应的标的为期货本身，一个主力期货合约根据其到期情况的不同，分为不同的执行价格对应的认购及认沽期权，以 AL2204 沪铝主力合约为例子，围绕价格 23570 产生平值附近合约 23600 和 23400，通常平值附近的期权合约交易量最大，其他合约随着离平价越远交易量越小越不活跃。

下表所示是 2022 年 3 月 4 日含有期权品种的主力期货合约表现及对应期权成交量。

代码	名称	现价（元）	涨跌幅	成交金额（亿元）	期权成交量（张）	期权持仓量（张）	成交量 PCR
AL2204.SHF	沪铝 2204	23 570	0.26%	459.532 225 8	27 365	41 660	0.433 8
AU2206.SHF	沪金 2206	394.6	0.45%	702.723 522 6	2 447	12 846	0.421 8
C2205.DCE	玉米 2205	2 886	0.03%	162.369 726 6	224 675	487 449	0.482
CF205.CZC	郑棉 2205	21 080	−0.61%	189.485 4	25 737	153 082	1.542 2

续上表

代码	名称	现价（元）	涨跌幅	成交金额（亿元）	期权成交量（张）	期权持仓量（张）	成交量PCR
CU2204.SHF	沪铜2204	72 890	0.41%	446.111 016 5	36 326	30 691	0.591 3
I2205.DCE	铁矿石2205	812.5	2.78%	729.932 42	175 686	278 479	0.987 4
L2205.DCE	塑料2205	9 132	−0.70%	238.999 971 3	21 563	33 140	0.840 6
M2205.DCE	豆粕2205	3 902	0.49%	622.519 111 9	174 686	454 881	0.864 6
MA205.CZC	甲醇2205	3 060	−0.58%	394.384	100 696	98 373	0.778 1
P2205.DCE	棕榈油2205	11 720	−6.42%	1674.216 888	238 739	334 456	3.657 2
PG2204.DCE	LPG2204	6 492	−2.99%	313.243 840 8	70 988	23 454	0.872 6
PP2205.DCE	聚丙烯2205	8 945	−0.84%	382.462 534 8	18 054	36 733	0.595 2
RM205.CZC	菜粕2205	3 688	0.90%	214.106 4	37 480	87 745	1.089 3
RU2205.SHF	橡胶2205	13 725	−1.93%	399.962 281	17 691	55 221	0.390 8
SC2204.INE	原油2204	693.2	0.93%	1859.035 07	17 401	15 645	1.163
SR205.CZC	白糖2205	5 795	−0.17%	232.688 1	103 140	215 008	0.661 1
TA205.CZC	PTA2205	6 042	−1.95%	686.892 4	107 300	120 610	1.325 4
V2205.DCE	PVC2205	8 931	0.06%	47.566 254 9	19 181	58 705	0.414 3
ZC205.CZC	动力煤2205	852.2	−1.21%	3.954 5	2 745	13 375	0.445 5
ZN2204.SHF	沪锌2204	25 870	−0.73%	243.928 180 8	12 776	16 103	0.430 2

同样的逻辑，可以利用期权和期货标的进行套利操作，而其原理是一样的。比如，可以利用期权的平价公式来复制期货标的和期货本身直接做价差套利。

比如，利用铝期权 AL2204C24000 和铝期权 AL2204P24000 来进行复制，其中，这个期权的命名也是有规律的，AL 是对应的品种信息 2204，它对应的是期货的到期月份，表示 2022 年 4 月，C 表示看涨期权，P 表示看跌期权。24000 表示到期行权价格，所以，看期权合约的名字，就知道标的到期月份、行权价和看涨看跌的信息了。

1. 看跌期权构建宽跨式组合

除了价差套利，还可以用期权构建多种组合来实现不同的策略效果。比如，针对于某个商品，类似 AL 生产厂商一些关于 AL 矿开掘预期的消息，但不确定这个消息的真假，其后，发掘到或者未发掘到都会造成市场剧烈的震荡，但方向不明,此时就可以利用看涨、看跌期权来构建跨式组合来捕获标的波动的增加（方向不明的情况下），如下图所示。

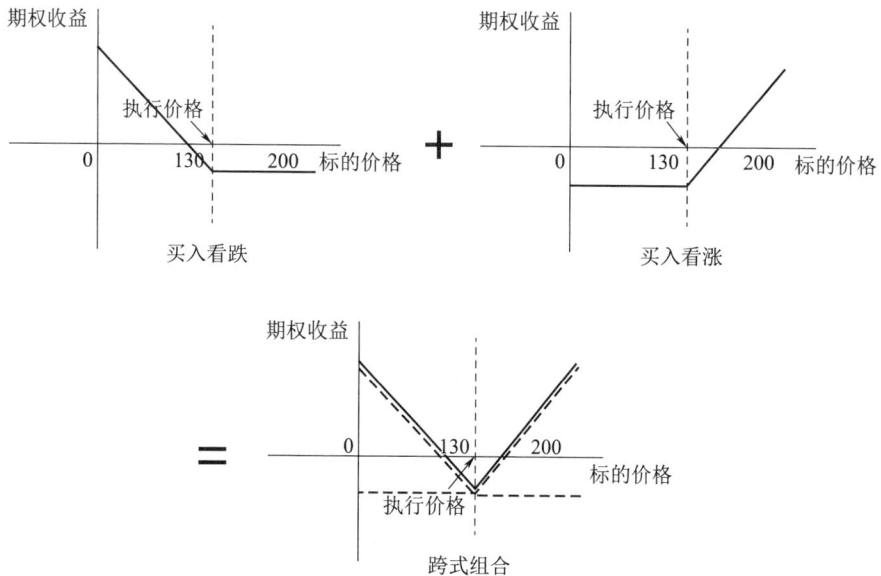

可以看到，通过买入一个看跌期权，同时买入一个同到期日和执行价格的看涨期权，构成了到期损益图。对于一个执行价格为 130 元的买入同期看涨、看跌的期权，假设这个看涨看跌的期权费为 10 元，如果到期价格仍为 130 元，看涨看跌期权都不行权，这时对应的最大亏损是买入两个方向的期权费损失为 2×10=20 元。如果价格不是 130 元，而是 150 元，则到期损益为看涨期权行权（150-130）-2×10=0，看涨行权获得的 20 元正好抵消期权费 20 元，这是策略的盈亏平衡点。

若到期价格在 110 元，看到期损益为看跌期权行权，获得 130-100=20 元的到期收益，20-2×10=0 元抵扣手续费后盈亏相抵。那么，价格高于 150 元时，比如到期 AL 发生利好消息，AL 价上涨到 160 元，可以获得 160-130-2×10=10 元的收益，这时策略组合就产生了正向收益。同样的价格低于 130 元时，看跌期权变为实值期权。100 元时同样可以获得 10 元收益。因此，对于整个策略组合可以得出如下结论：

到期标的价格，如果在 110～150 元，组合会亏损，最大亏损值为价格为

130 元时看涨看跌期权均不行权损失 20 元期权费。如果价格在 110 元以下或者 150 元以上，组合盈利，理论上随着价格的偏离幅度越大组合收益越高。

如果预计会有比较大的波动，想付出较少的成本，该如何做呢？

通过可转债的期权属性，已经了解到期权的价值为内在价值和时间价值的加总，可以了解到：同样到期日的实值期权价格往往比虚值期权的价格高，因为其有更多的内在价值。如果想降低捕捉波动率加大但方向不明的事件，可以选择宽跨式期权组合来进行。比如，当期价格为 130 元，可以选择买入执行价格为 140 元的虚值看涨期权，与同样到期日执行价格为 120 元的虚值看跌期权来构建宽跨式期权组合，如下图所示。

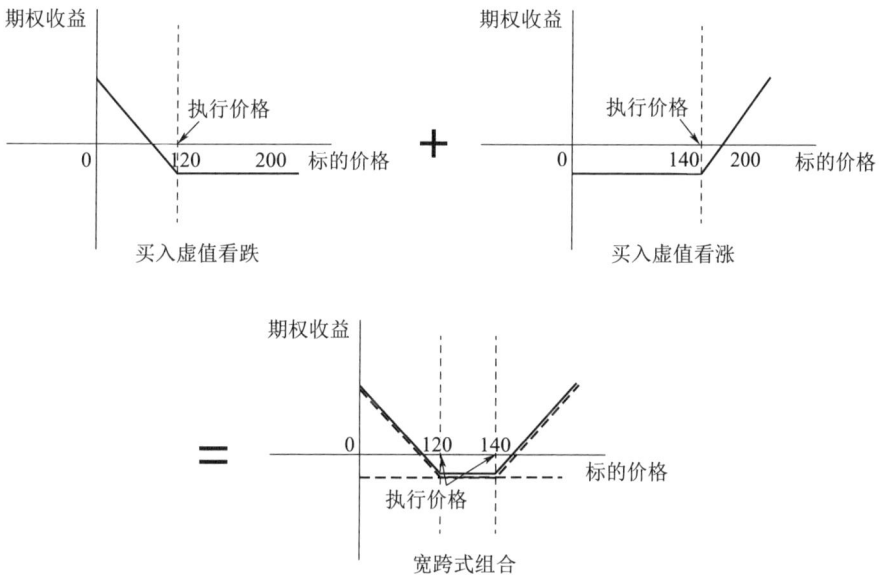

因为虚值看跌和看涨期权的期权费一般是低于平值，假设它们的期权费为每张 8 元，则构建一个宽跨式期权组合的成本为 8×2=16（元）。那么，对应的盈亏平衡是如何实现呢？

因为购买的为虚值期权，要变为实值的价格就需要标的运动范围扩大一个幅度，价格要么大幅下降、要么大幅上涨，整个组合才能最终盈利。而付出了期权费总计 16 元，若价格下降需要让看跌期权的行权收益超过成本整体才能获利。假设到期标的价格为 S，则 120−S > 16 元才能使整体组合赚钱，此时，看涨期权不会行权。当 $S<104$ 时，整体组合开始盈利，超过这个门槛，整体组合随着标的价格的下跌而增加盈利。

那么，涨到多少我们可以获利呢? 同样，当 $S-140>16$ 元时，看涨期权的行权收益才能覆盖整体策略组合的成本，可以得到 $S>156$ 时整体组合开始盈利，随着标的价格上涨会继续增加。可以根据组合的到期损益总结出下列信息:

- 标的价格在 120 ~ 140，组合策略不行权，损失期权费 16 元。
- 标的价格在 106 ~ 120 和 140 ~ 156，组合策略会产生一定盈利但是覆盖不了期权费，假设标的价格为 S 其对应的收益为 $\max(120-S, S-140)-16$。
- 标的价格在 106 元以下或者 156 元以上，组合策略会产生正收益，盈亏平衡点为 106 元和 156 元。

现在了解了宽跨式期权组合的情况，它与跨式期权组合一样都是用于获取波动率扩大的收益，但是其成本比跨式组合略低，想达到盈利状态也需要标的有更大的涨跌幅。

2. 卖出宽跨式组合

前面大家学习了在预期价格大幅波动时买入跨式期权组合。那么，卖出方对应的想法可能就是相反，他们认为价格会稳定在一个区间里面，从而获得相对稳定的收益。由于期权本身是零和博弈的，所以，同样可以利用到期损益图来模拟组合到期后不同标的价格对应的组合损益情况。

以上文中提到的宽跨式期权为例进行讲解，卖出一个执行价格 120 元的虚值看跌期权，同时，卖出相同到期日的执行价格为 140 元的虚值看涨期权。知道价格在一个长期的区间内可能会有时间序列上的自相关性，尤其是在一些弱有效市场中，这种现象更为显著，即便如此，可以估计出一个理论的概率并分布出来，相关价格出现的概率对应的收益就可以得到这个组合的期望收益。下图是一般情况下，标的到期的价格及对应的概率。

可以看到: 根据模拟的结果，这个价格有 60% 的可能性落在 104 ~ 156 区间，对应该区间卖出跨式期权组合的投资者是盈利的，虽然最大盈利是有限的，即卖出看涨的期权费收入 8 元 + 卖出看跌期权费收入 8 元 =16 元，但其对应着较高的概率值。当然，整个组合的弊端也是很明显的: 当标的价格大幅变化超过这个价格区间时，整个头寸会产生亏损，而且随着标的价格变化程度的加大，对应的损失也扩大。而且在理论上这个亏损是没有兜底的。因此，可以总结出卖出宽跨式期权组合的到期损益情况：

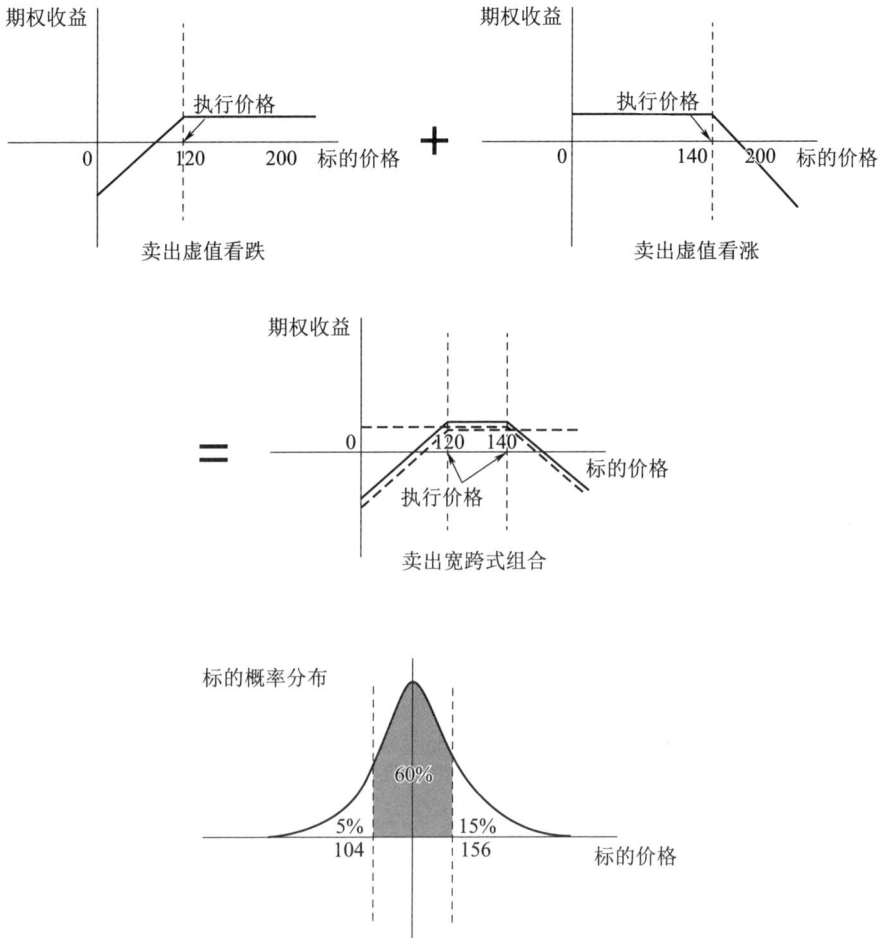

卖出虚值看跌　　　卖出虚值看涨

卖出宽跨式组合

- 标的价格在 120 ～ 140 元，组合策略不被行权，16 元期权费收入囊中。

- 标的价格在 106 ～ 120 元和 140 ～ 156 元，组合策略会产生一定亏损，但是小于期权费收入，假设标的价格为 S 其对应的收益为：$16-\max(120-S, S-140)$。

- 标的价格在 106 元以下或者 156 元以上，组合策略会产生亏损，盈亏平衡点同样为 106 元和 156 元，随价格偏移而持续增加亏损。

综上，可以总结出这样几点：预计有大的价格波动、方向不明时，可以选择跨式或者宽跨式期权来获取预期收益；如果预期价格表现平稳且持续在一定区间震荡，我们可以选择卖出跨式或者宽跨式策略来获得相应高概率组合收益。

3.更偏方向性的期权策略组合

下面为大家介绍更偏方向性的期权策略组合。

● 牛市价差

牛市价差，顾名思义，它主要偏向牛市使用，整个策略组合有一定的方向性，就是对市场偏向多头的观点，但和普通的纯多头标的组合又有明显的区别，牛市价差到期的损益下有保底的同时，也有封顶收益限制。它博取的是一段时间内小范围上涨的收益。牛市价差组合可以用两个相同到期日、不同执行价的看涨期权组成，或者用两个相同到期日、不同执行价的看涨期权组成。

下面是组合的情况：以买入一个较低执行价格的看涨期权，同时，卖出一个相同到期日的执行价格较高的看涨期权来构建牛市价差组合。

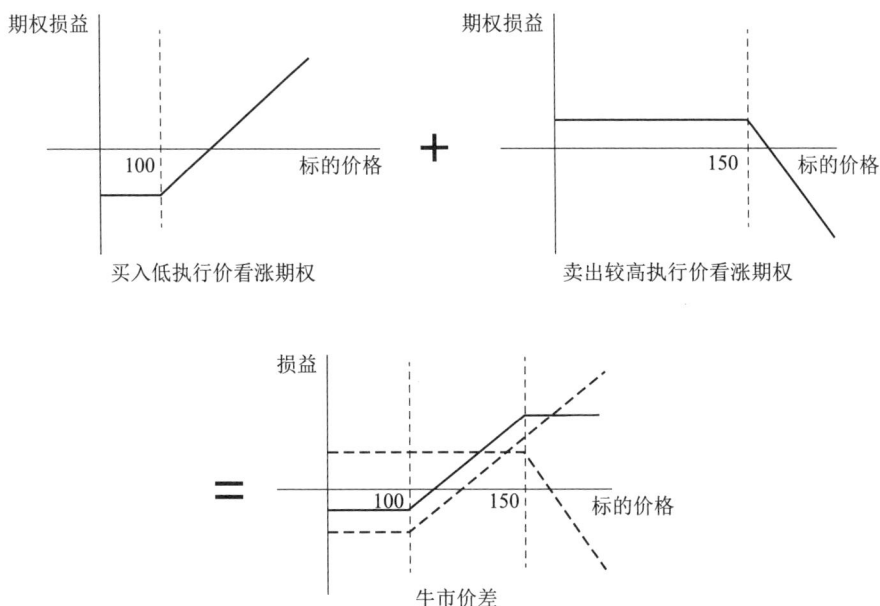

买入低执行价看涨期权　＋　卖出较高执行价看涨期权

＝　牛市价差

假设买入一个执行价格为 100 元的欧式看涨期权，其对应的期权价格为 10 元，同时卖出一个执行价格 150 元的同一到期日的欧式看涨期权，其对应的期权价格为 6 元。这时就可以获得牛市价差的到期损益。

因为牛市价差的整个组合本是带有方向的组合，看到到期标的价格越高其对应的组合收益就越高，但是这个损益有一个上限。可以基于实例组合来判断具体的情况。假设当前标的价格是 110 元，如果到期价格低于 100 元，则牛市价差组合中涵盖的期权到期都没有触发实值行权。这时收益 = 卖出较高执行价格获得期权费 − 买入较低执行价格期权所付出的期权费 =6−10=−4，这时候整个组合是处于亏损的状态，相比于单买一个低执行价看涨期权（亏损 10 元）而言，亏损也变得比较少。

假设标的价格到期高于 100 元且小于 150 元的情况，此时，假设标的到期价格为 x，在这个价格区间内，执行价格为 100 元的看涨期权被行权，执行价格 150 元的看涨期权不被行权。那可以得到组合的收益 =x−100+6−10=x−104。由此可以得到这个组合的盈亏平衡点是 104，只要到期标的的价格高于 104 元，则整个组合开始盈利。

假设标的价格到期高于 150 元、标的到期价格为 x，此时两个期权都为实值期权，均会被行权。组合的整体收益 = 高执行价格期权被行权的损失 + 低执行价格期权行权的收益 + 组合期权费损益 =（150−x）+（x−100）+（6−10）=150−100−4=46 元。看到如果价格超过了 150 元，此时，无论标的价格如何继续上涨，这时两个期权行权和被行权会对冲，使得总体组合的最大收益封顶到 46 元。

综上，可以比较清晰地得出结论：牛市价差组合适用于上涨单幅度有限的市场行情，比如慢牛行情。价格在较高执行价格期权的行权价附近是最好的情况，大家在做此类投资组合时，可以结合对市场行情的研判来进行。此组合相比于单纯的多头有对冲保护损失较低。而且我们看到最终标的组合的最大收益、损益平衡点、最小收益与建立这个组合时对应的当前价格 110 元并没有太大关系，甚至不知道减仓时的标的价格也不影响我们对到期损益的分析，但这并不代表建仓时的标的的价格不重要，其影响着建仓时的不同执行价格的期权费用，所以，它也是构建组合过程中需要动态考量的一个部分。

• 熊市价差

熊市价差主要应用在偏向熊市的下跌市场中，整个策略组合的方向性是偏空头，它与单纯的融券做空不同，属于下有保底、上有封顶的投资组合，在同样的杠杆情况下，熊市价差组合有更好的策略安全垫。它也可以用两个相同到期日不同执行价的看涨期权组成，或者用两个相同到期日不同执行价的看涨期权组成。

以卖出一个较低执行价格的看跌期权，同时，买入一个相同到期日的执行价格较高的看跌期权来构建熊市价差组合。

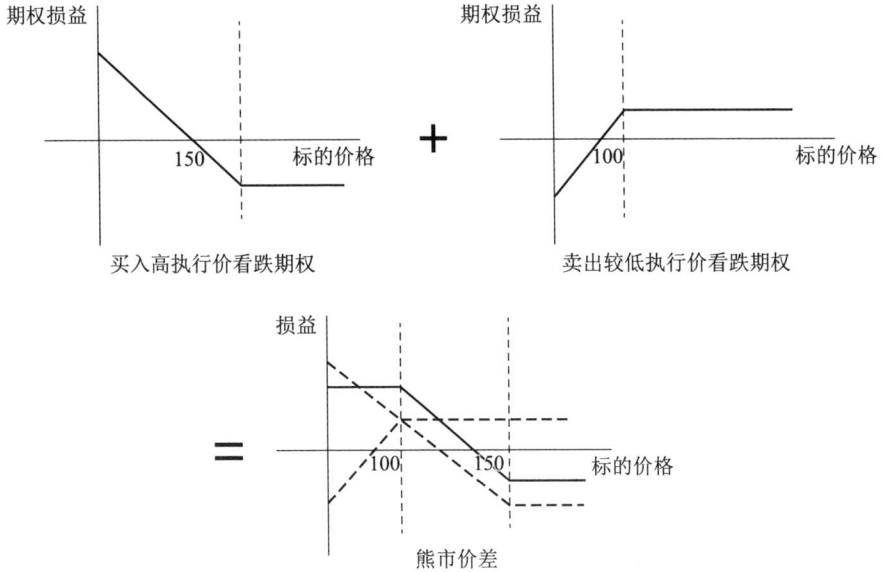

买入高执行价看跌期权   +   卖出较低执行价看跌期权

=   熊市价差

以买入一个执行价格为 150 元的看跌期权，期权费价格为 12 元，同时，买入一个执行价格为 100 元的看跌期权，假设其期权费为 7 元（注：对于看跌期权而言，同一到期日执行价格越高期权费越高）。

分别观察到期标的价格在不同区间组合的表现情况。这里同一假设标的价格为 x。

当标的价格 x 到期小于 100 元。看到买入的较高执行价格 150 元的看跌期权可以行权，同时，卖出的 100 行权价格的看跌期权被行权，两个期权此时均为实值期权。可以获得的收益 = 高执行价看跌期权行权收益 + 低执行价格看跌期权被行权损失 + 期权费损益 =（150-x）+（x-100）+（7-12）=45（元）。这里注意到在 100 元价格节点就达到这个组合的最大收益，后面无论标的如何下跌最大收益都为 45 元。

当标的价格 x 到期在 100 ～ 150 元。看到此时买入高执行价格的看跌期权处于实值状态，可以行权获取收益（$150-x$），而较低价格的看跌期权处于虚值状态，此时不会被行权，可以获得期权费收入。综合此阶段熊市价差的到期损益 =（$150-x$）+（$7-12$）=$145-x$，在 100 ～ 150 元价格区间里价格越低越盈利，其中，对应的盈亏平衡点是损益 =0 也就是 145 元的标的价格可以使得整个组合不赚不亏，低于 145 元的价格就可以产生盈利。

当标的价格 x 到期高于 150 元。高出了该组合期权的行权价，两个看跌期权均变为虚值期权，没有行权价值，此时整体组合的损益为综合的期权费损益 =$7-12=-5$。在这个价格区间内组合达到最大亏损 5 元。但值得庆幸的是随着标的价格的进一步升高，组合的最大损失并不会因此增大，最大亏损控制在 5 元。

通过上面的分析，看到熊市价差组合主要应用于下跌市场尤其是"慢熊"阶段。标的价格在一段时间有缓慢下跌的趋势，且研判的下跌幅度最好在卖出较低行权价期权的行权价附近，此时可以获得最大收益。相比于单纯买入看跌期权或者融券做空而言，熊市价差期权有更好的安全垫、更低的做空成本。但同时对应大幅下跌的快牛行情可能会以损失部分收益为代价。

下面以实例来观察熊市价差组合的情况：

假设 2022 年 3 月开始，感觉市场会震荡走熊至少最近两个月会有小幅下跌。以沪深 300ETF 为标的，选择 2022 年 5 月到期的认沽期权构建熊市价差组合。买入 300ETF 沽 5 月 4100 合约，同时，卖出 300ETF 沽 5 月 3700 合约。如果从 2022 年 3 月 29 日建仓，持有至 2022 年 5 月 12 日。下表是价差的每日变动及标的的变动情况。

300ETF 沽 5 月 3700/300ETF 沽 5 月 4100							
周期：日线　时间交集							
时间	价差（开）	价差（收）	300ETF 沽 5 月 3700（开）	300ETF 沽 5 月 3700（收）	300ETF 沽 5 月 4100（开）	300ETF 沽 5 月 4100（收）	300ETF（收）
2022/3/29	0.098 5	0.110 7	0.027	0.028 5	0.125 5	0.139 2	4.126
2022/3/30	0.103 2	0.065 9	0.025 9	0.012 9	0.129 1	0.078 8	4.249
2022/3/31	0.067 8	0.070 8	0.013 4	0.016 1	0.081 2	0.086 9	4.218
2022/4/1	0.077	0.058 2	0.018 8	0.011 7	0.095 8	0.069 9	4.269

时间	价差（开）	价差（收）	300ETF沽5月3700（开）	300ETF沽5月3700（收）	300ETF沽5月4100（开）	300ETF沽5月4100（收）	300ETF（收）
2022/4/6	0.062 1	0.058 7	0.013 1	0.008 7	0.075 2	0.067 4	4.257
2022/4/7	0.062 9	0.071 9	0.008 9	0.013 1	0.071 8	0.085	4.205
2022/4/8	0.070 1	0.061 1	0.012	0.010 1	0.082 1	0.071 2	4.233
2022/4/11	0.063 6	0.106 9	0.010 1	0.023 3	0.073 7	0.130 2	4.101
2022/4/12	0.111 3	0.076 8	0.023 6	0.015	0.134 9	0.091 8	4.171
2022/4/13	0.079 5	0.084 8	0.016 4	0.015 6	0.095 9	0.100 4	4.139
2022/4/14	0.066	0.067 8	0.014 1	0.011 3	0.080 1	0.079 1	4.183
2022/4/15	0.075 6	0.066 8	0.012 4	0.010 5	0.088	0.077 3	4.181
2022/4/18	0.079 4	0.075 1	0.011 6	0.011 1	0.091	0.086 2	4.161
2022/4/19	0.074 8	0.081 8	0.011 2	0.011 8	0.086	0.093 6	4.134
2022/4/20	0.083 3	0.113 2	0.011 7	0.020 8	0.095	0.134	4.064
2022/4/21	0.117 5	0.137 5	0.021 3	0.034 4	0.138 8	0.171 9	3.996
2022/4/22	0.142 6	0.129 7	0.043	0.029 5	0.185 6	0.159 2	4.006
2022/4/25	0.160 2	0.227 9	0.040 8	0.094	0.201	0.321 9	3.813
2022/4/26	0.234 5	0.249 1	0.074	0.090 6	0.308 5	0.339 7	3.783
2022/4/27	0.250 4	0.197 2	0.094 5	0.052 4	0.344 9	0.249 6	3.889
2022/4/28	0.202	0.180 7	0.053 1	0.035 8	0.255 1	0.216 5	3.915
2022/4/29	0.171 2	0.122 8	0.030 9	0.018	0.202 1	0.140 8	4.015
2022/5/5	0.131	0.127 5	0.014 1	0.013 9	0.145 1	0.141 4	4
2022/5/6	0.164 8	0.197 7	0.021 1	0.030 4	0.185 9	0.228 1	3.903
2022/5/9	0.211 4	0.221 2	0.034 6	0.031 9	0.246	0.253 1	3.871
2022/5/10	0.247 1	0.183 4	0.048	0.020 1	0.295 1	0.203 5	3.916
2022/5/11	0.183 6	0.150 4	0.019 4	0.012 2	0.203	0.162 6	3.971
2022/5/12	0.163 9	0.160 8	0.014 1	0.012 1	0.178	0.172 9	3.951
2022/5/13	0.136 5	0.159 1	0.008 5	0.010 9	0.145	0.17	3.951

数据来源：Wind，单位：元。

构建买入300ETF沽5月4100合约，同时，卖出300ETF沽5月3700合约组合，单位持仓盈亏变化，如下图所示。其中，知道期权的合约乘数为10 000，构建这样一个熊市价差的初始价值大概为：−0.028 5×10 000

（买入花费）+0.139 2×1 000（空头收入）=1 107（建仓日期各合约对应的收盘价计算）持有至 2022 年 5 月 12 日，以收盘价算出的组合价值为 −0.010 9×1 000+0.17×10 000=1 591（元）。

此时，平常可以获得 1 591−1 107=484（元）。以 30% 的合约保证金计算，此头寸建仓 1 手大概支出 503 元，收益率接近 96.2%。同期，沪深 300ETF 整体呈现震荡下跌走势，跌幅为 4.24%。看到熊市价差组合用较少的成本，在标的震荡下跌的情况中取得了不错的收益。在期权保证金杠杆的加持下收益倍增。熊市价差组合有效的前提就是对市场走势研判大体可控。

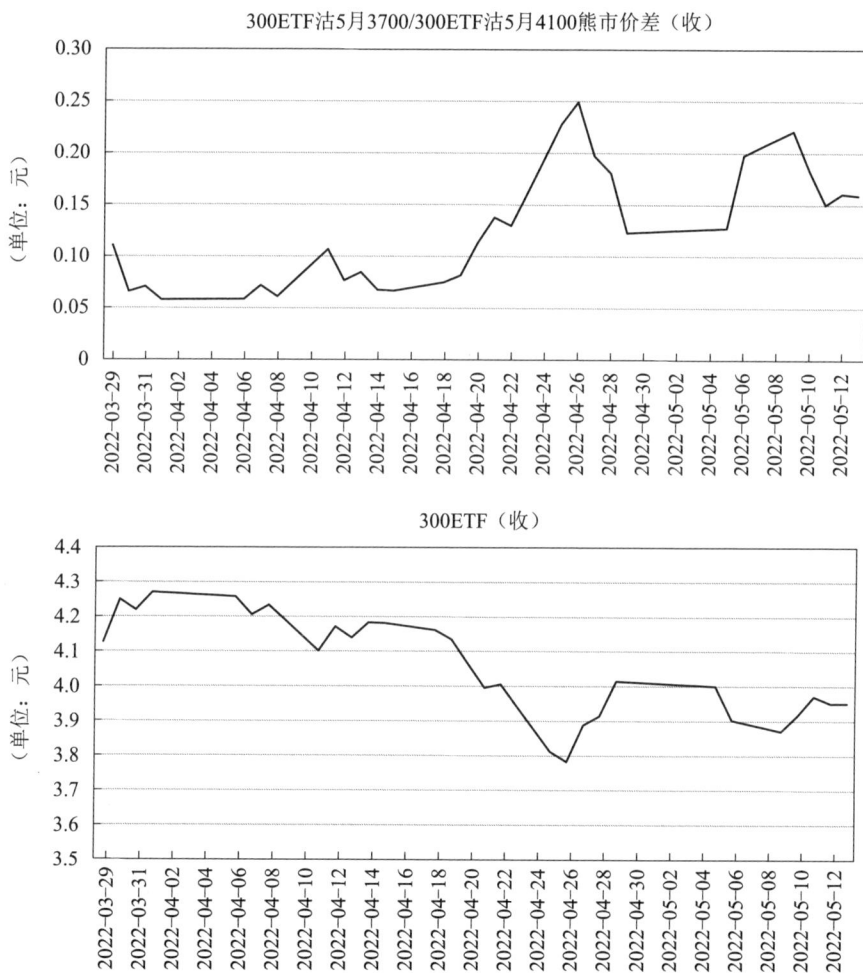

300ETF沽5月3700/300ETF沽5月4100熊市价差（收）

300ETF（收）

• 日历组合

上面都是利用相同到期日的期权构建组合以应用于不同的市场形态，下面介绍一个利用时间来获取相应波动收益的期权组合——日历组合。

顾名思义，它是利用两个不同到期日的期权组合，应用于同方向相同执行价格的期权组合。比如，认为最近市场波澜不惊不会有什么大变化，那可以利用期权的时间价值属性来获取时间收益。比如，可以卖出离到期还有1个月的执行价格为100元的看涨期权，同时买入到期还有2个月时间的执行价格同样为100元的看涨期权。这样就组成了一个标准的日历期权组合。在方向性方面看涨期权的一买一卖基本互相对冲掉了。目标获得就是离到期日越近的期权，其期权的时间价值衰减得越快，这个衰减的速度要高于到期日长的期权。这个期权组合的收益来源主要是基于不同到期日期权的时间衰减幅度不同。所以，想要基于此获利还需要整个市场在其他期权组合性质方面表现平稳。

下面以一组实例组合来说明日历价差组合的情况，假设我们2022年3月24日建仓一组卖出50ETF购5月2700合约，同时买入50ETF购6月2700合约的日历组合。其中价差=50ETF购6月2700合约−50ETF购5月2700合约。下表是每日统计的价差走势及对应的期权价格信息。

50ETF 购 5月 2700/50ETF 购 6月 2700 周期：日线 时间交集							
时间	价差（开）	价差（收）	50ETF 购 5月 2700（开）	50ETF 购 5月 2700（收）	50ETF 购 6月 2700（开）	50ETF 购 6月 2700（收）	50ETF（收）
2022/3/24	0.016 8	0.016 6	0.198 7	0.206	0.215 5	0.222 6	2.884
2022/3/25	0.010 1	0.023 5	0.208	0.172 5	0.218 1	0.196	2.838
2022/3/28	0.013 5	0.023 5	0.158	0.176 1	0.171 5	0.199 6	2.836
2022/3/29	0.025 7	0.024 4	0.179 3	0.168 6	0.205	0.193	2.823
2022/3/30	0.019 1	0.020 3	0.184	0.227 5	0.203 1	0.247 8	2.898
2022/3/31	0.028	0.024 1	0.218 3	0.213	0.246 3	0.237 1	2.881
2022/4/1	0.032	0.021 9	0.198	0.246 1	0.23	0.268	2.923
2022/4/6	0.018 5	0.021 8	0.232 8	0.225 7	0.251 3	0.247 5	2.911
2022/4/7	0.006	0.021 4	0.235	0.209 9	0.241	0.231 3	2.884

续上表

时间	价差（开）	价差（收）	50ETF 购 5 月 2700（开）	50ETF 购 5 月 2700（收）	50ETF 购 6 月 2700（开）	50ETF 购 6 月 2700（收）	50ETF（收）
2022/4/8	0.027	0.025 1	0.212 3	0.227 1	0.239 3	0.252 2	2.909
2022/4/11	0.014 2	0.022 4	0.220 8	0.172 6	0.235	0.195	2.832
2022/4/12	0.026 5	0.015	0.173 5	0.200 6	0.2	0.215 6	2.876
2022/4/13	0.021 7	0.026	0.194 6	0.202	0.216 3	0.228	2.866
2022/4/14	0.030 4	0.019 9	0.211 2	0.235 1	0.241 6	0.255	2.911
2022/4/15	0.019 7	0.017 3	0.229 9	0.244 1	0.249 6	0.261 4	2.914
2022/4/18	0.017 2	0.025 1	0.227 8	0.196 8	0.245	0.221 9	2.871
2022/4/19	0.021	0.020 5	0.196 7	0.176 8	0.217 7	0.197 3	2.844
2022/4/20	0.009 7	0.024 7	0.180 1	0.161 8	0.189 8	0.186 5	2.816
2022/4/21	0.025	0.019 9	0.155	0.138 5	0.18	0.158 4	2.78
2022/4/22	0.019 1	0.024 7	0.133	0.142 5	0.152 1	0.167 2	2.795
2022/4/25	0.026 7	0.029 5	0.121 6	0.082	0.148 3	0.111 5	2.662
2022/4/26	0.029 5	0.030 4	0.084 9	0.069 6	0.114 4	0.1	2.664
2022/4/27	0.034	0.031 8	0.065 8	0.085 5	0.099 8	0.117 3	2.714
2022/4/28	0.034 4	0.028 7	0.081 3	0.098	0.115 7	0.126 7	2.749
2022/4/29	0.025 5	0.032 1	0.109 5	0.123 1	0.135	0.155 2	2.793
2022/5/5	0.031 9	0.03	0.124 9	0.11	0.156 8	0.14	2.781
2022/5/6	0.034 9	0.033 4	0.085	0.057 9	0.119 9	0.091 3	2.703
2022/5/9	0.033	0.035 4	0.052 9	0.042 1	0.085 9	0.077 5	2.677
2022/5/10	0.035 5	0.037 9	0.031 1	0.054 9	0.066 6	0.092 8	2.701
2022/5/11	0.037 2	0.037 8	0.052 9	0.058	0.090 1	0.095 8	2.722
2022/5/12	0.040 9	0.037 6	0.052 9	0.050 7	0.093 8	0.088 3	2.702

数据来源：Wind，单位：元。

下表是收盘价差数据统计信息。

均值	中值	最高	最低
0.025 894	0.024 7	0.037 9	0.015

该期权组合构建的是基于对于标的50ETF而言，其价格最好稳定在一个区间，到期时间的长短并不产生明显的价格波动。下图是3月24日～5月11日的标的表现情况。

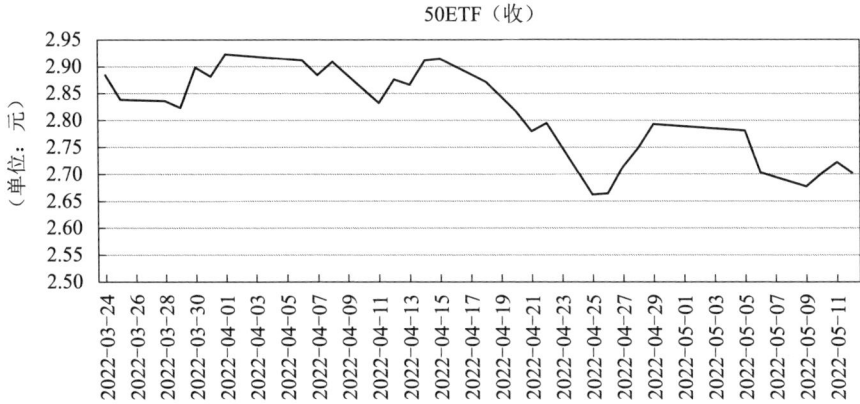

50ETF（收）

从上图中可以看出：这段时间50ETF一直处于一个震荡下跌的过程。

选择的是偏实值的看涨期权构建的日历价差，同样，可以选择两个看跌期权构建，以基于这个组合获取期权时间价值的收益。

可以看到买入50ETF购6月2700合约同时卖出50ETF购5月2700合约得到的动态损益如下图（日历价差的趋势）。虽然标的50ETF处于震荡下跌（上图），但是，由于偏实值认购期权组成日历期权价差组合仍可以获得收益，其中，因为5月到期的期权时间价值衰减幅度高于6月到期期权的时间价值的衰减幅度。所以，这个组合的收益来源主要为期权组合的时间价值衰减所带来的收益。

同样，也可以使用看跌期权来构建日历价差组合。仍以2022年3月24日为起点构建认沽期权日历价差组合。选择买入一张50ETF沽6月2750合约，同时，卖出一张50ETF沽5月2750合约。观察随着时间变化组合变化的损益情况。下表是关于组合价差及对应期权的日线行情。

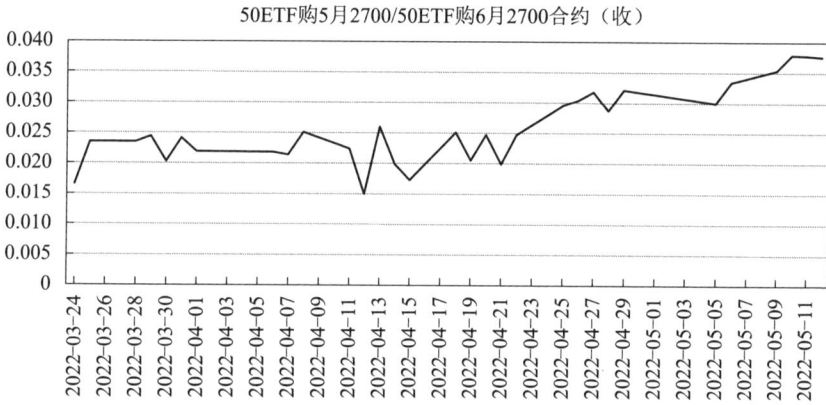

50ETF购5月2700/50ETF购6月2700合约（收）

50ETF 沽 6 月 2750/50ETF 沽 5 月 2750 周期：日线　时间交集							
时间	价差（开）	价差（收）	50ETF 沽 6 月 2750 （开）	50ETF 沽 6 月 2750 （收）	50ETF 沽 5 月 2750 （开）	50ETF 沽 5 月 2750 （收）	50ETF （收）
2022/3/24	0.016 5	0.015 9	0.057 1	0.053 8	0.040 6	0.037 9	2.884
2022/3/25	0.014 9	0.015 6	0.054 6	0.072 1	0.039 7	0.056 5	2.838
2022/3/28	0.018	0.013 2	0.082 5	0.072 3	0.064 5	0.059 1	2.836
2022/3/29	0.010 4	0.016 1	0.067 6	0.078 5	0.057 2	0.062 4	2.823
2022/3/30	0.012	0.014 9	0.070 2	0.049 5	0.058 2	0.034 6	2.898
2022/3/31	0.016 5	0.015 3	0.052 2	0.053	0.035 7	0.037 7	2.881
2022/4/1	0.015 8	0.014 5	0.057 4	0.041 7	0.041 6	0.027 2	2.923
2022/4/6	0.015 1	0.015 1	0.045 2	0.041 3	0.030 1	0.026 2	2.911
2022/4/7	0.016 9	0.016	0.044 4	0.050 5	0.027 5	0.034 5	2.884
2022/4/8	0.014 8	0.014 8	0.048	0.041 7	0.033 2	0.026 9	2.909
2022/4/11	0.015	0.018	0.043 5	0.070 7	0.028 5	0.052 7	2.832
2022/4/12	0.012 5	0.016 4	0.064 4	0.053 4	0.051 9	0.037	2.876
2022/4/13	0.015 3	0.016 8	0.054	0.053 6	0.038 7	0.036 8	2.866
2022/4/14	0.015 9	0.015 6	0.048 1	0.040 1	0.032 2	0.024 5	2.911
2022/4/15	0.017 3	0.014 7	0.043 2	0.037 7	0.025 9	0.023	2.914
2022/4/18	0.015 9	0.017 7	0.041 5	0.05	0.025 6	0.032 3	2.871
2022/4/19	0.015 1	0.020 1	0.046 7	0.057 3	0.031 6	0.037 2	2.844
2022/4/20	0.020 4	0.022 1	0.057 3	0.069 4	0.036 9	0.047 3	2.816
2022/4/21	0.021 7	0.022 6	0.070 4	0.089 2	0.048 7	0.066 6	2.78

续上表

时间	价差（开）	价差（收）	50ETF 沽 6 月 2750（开）	50ETF 沽 6 月 2750（收）	50ETF 沽 5 月 2750（开）	50ETF 沽 5 月 2750（收）	50ETF（收）
2022/4/22	0.025 9	0.024 1	0.099 4	0.081 5	0.073 5	0.057 4	2.795
2022/4/25	0.019 7	0.025 1	0.099 7	0.167	0.08	0.141 9	2.662
2022/4/26	0.025 8	0.026	0.157 9	0.154 5	0.132 1	0.128 5	2.664
2022/4/27	0.021 4	0.028	0.152 3	0.119 6	0.130 9	0.091 6	2.714
2022/4/28	0.030 1	0.030 3	0.121 8	0.094 3	0.091 7	0.064	2.749
2022/4/29	0.031 1	0.027 1	0.088 7	0.070 1	0.057 6	0.043	2.793
2022/5/5	0.033 4	0.027 8	0.069	0.069 2	0.035 6	0.041 4	2.781
2022/5/6	0.028	0.026	0.089 8	0.11	0.061 8	0.084	2.703
2022/5/9	0.024 3	0.026 4	0.116 2	0.124 9	0.091 9	0.098 5	2.677
2022/5/10	0.014 3	0.031 5	0.139 3	0.108	0.125	0.076 5	2.701
2022/5/11	0.032 2	0.033 7	0.111 3	0.096 5	0.079 1	0.062 8	2.722
2022/5/12	0.030 1	0.034	0.1	0.107 5	0.069 9	0.073 5	2.702

数据来源：Wind，单位：元。

下表是 50ETF 沽 6 月 2750 合约～ 50ETF 沽 5 月 2750 合约价差收盘统计信息。

单位：元

均值	中值	最高	最低
0.021 14	0.018	0.034	0.013 2

再看组合的价差走势：在标的 50ETF 震荡下跌的期间，认沽期权组成的日历价差也可以取得不错的正收益，如下图所示，正是利用了不同到期日同执行价期权的非线性的时间衰减获得其时间价值差。但其中要注意的是，虽然尽量使得方向性地判断对冲，但实际操作中不太可能完全对冲，仍存在其他方面的风险。

50ETF沽6月2750-50ETF沽5月2750价差（收）

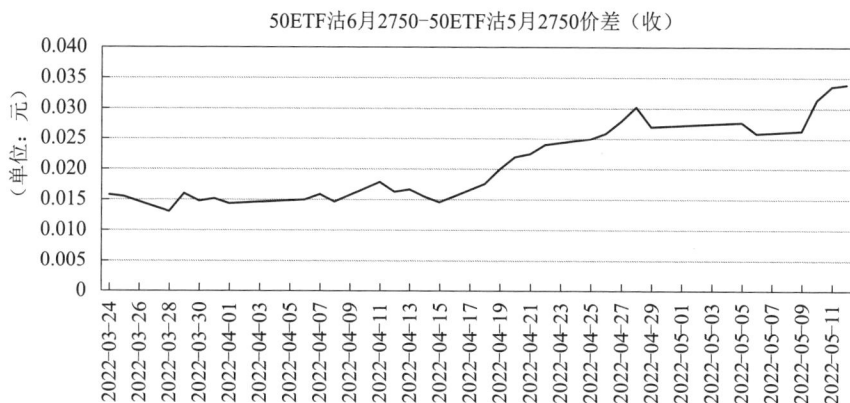

综上，如果有方向性研判的标的趋势，可以选择对应方向的牛市价差、熊市价差进行组合构建。如果是关于波动程度的研判，可以使用买入或卖出跨式期权组合；如果想获取标的表现平稳区间中时间价值，可以使用日历价差组合。各位投资者可以根据自身行情的研判选择适合的期权策略组合。